タクトは踊る

風雲児・小澤征爾の生涯

中丸美繪
Nakamaru Yoshie

Seiji Ozawa

文藝春秋

タクトは踊る

風雲児・小澤征爾の生涯◉目次

主な登場人物

音楽界の関係者

斎藤秀雄
鬼教師と恐れられながら今なお独創的な演奏解釈により尊敬され「サイトウ・キネン・オーケストラ」に名を残す名教育家。チェリスト、指揮者。著書に『指揮法教程』。

ヘルベルト・フォン・カラヤン
ベルリン・フィル終身指揮者。独特の美学と解釈で「音の魔術師」と呼ばれ、録音、映像を重視。ザルツブルク音楽祭の芸術監督など欧州のポストを兼任した二十世紀を代表する指揮者。

レナード・バーンスタイン
ユダヤ系アメリカ人で作曲家、指揮者。「ウエスト・サイド物語」は世界的ヒットに。カラヤンと比肩され、ニューヨーク・フィル音楽監督を作曲のために辞任後、世界一流楽団に客演した。マーラーを復活させ世界初の交響曲全集を録音した。

渡邉曉雄
日本フィルハーモニー交響楽団創立指揮者。フランス音楽の移入に尽力。日本人作曲家に作品を委嘱し、日本作曲界を全盛に導いた。

丸山勝廣
群馬交響楽団の父。映画「ここに泉あり」事務局長のモデル。

ムスティスラフ・ロストロポーヴィチ
ロシア出身の二十世紀後半を代表するチェリスト、指揮者。亡命直後に小澤と共演。小澤が兄貴と慕う。

山本直純
クラシック・映画音楽・CMソングなど四千曲余りを作曲した昭和の作曲家。斎藤指揮教室に学び、小澤の兄弟子で、新日本フィルを小澤と共に創立。

岩城宏之
東京芸術大学在学中からの親友山本直純と学内オーケストラを作り、斎藤に入門。小澤より早くベルリン・フィルを振り、比肩された。N響終身正指揮者。

堀伝
ヴァイオリニスト。桐朋女子高校音楽科(共学)一期生で小澤と同期。卒業後、N響コンサートマスターとなる。サイトウ・キネンの中心的人物で、水戸室内管弦楽団楽団長を務める。

秋山和慶
小澤の弟弟子。桐朋卒業後すぐに東京交響楽団でデビュー。同響ほかヴァンクーバー交響楽団音楽監督など歴任。小澤と共に「斎藤秀雄メモリアルコンサート」を開催。

井上道義
小澤の弟弟子。小澤のブザンソンコンクール優勝を知り斎藤の門を叩く。桐朋卒業後、スカラ座主催の指揮者コンクール優勝。新日本フィルほか音楽監督。オペラの作曲もした。

武満徹
作曲家として映画やテレビで前衛的な音楽活動を展開後、「ノヴェンバー・ステップス」が小澤によりニューヨークで世界初演。それ以降世界的名声を得た。小澤の親友。

豊嶋泰嗣
学生時代に新日本フィル・コンサートマスターに就任。サイトウ・キネン、水戸室内管弦楽団などで、小澤を最後まで支える。京都市立芸術大学教授。新日本フィル桂冠名誉コンサートマスター。

店村眞積

斎藤秀雄最晩年の弟子で、読響、N響でソロ首席。ヴィオラ奏者。都響ヴィオラ名誉首席奏者。桐五重奏団。小澤をサイトウ・キネンなどで四十年支える。

堤剛

斎藤門下のチェリスト。N響の世界一周演奏旅行に十八歳で抜擢される。カザルス国際コンクール第一位。インディアナ大学教授などを歴任。二〇二四年、文化勲章受章。

岩崎洸

斎藤門下のチェリスト。ミュンヘン、チャイコフスキーなどの国際コンクール上位入賞。直截な提言で小澤の信頼を得て、サイトウ・キネン・オーケストラに三十年以上招かれる。

江戸京子

ピアニスト。「子供のための音楽教室」一期生。桐朋女子高校音楽科一期生。井口基成門下の俊秀としてパリ国立音楽院に留学中、パリで小澤と再会。

政財界の関係者

江戸英雄

三井不動産社長。「子供のための音楽教室」に三人の娘が通っていたことから、桐朋女子高校音楽科創立時から関与。桐朋学園理事長。日本演奏連盟会長ほか。

水野成夫

文化放送社長として日本フィル創立。フジテレビジョン初代社長。フジサンケイグループの基礎を築き「財界四天王」と称された。小澤の有力な支援者。

大賀典雄

ソニー会長。タングルウッドの「セイジ・オザワ・ホール」建設に関わる。

武井勇二

セイコーエプソン社員。二十代で小澤に出会い、サイトウ・キネン・フェスティバル開催に尽力する。

文化人の関係者

田中路子

留学先のウィーンで声楽家デビュー。ベルリンの政財界、音楽界に強力なパイプを持ち、日本人音楽家を支援し続け「民間大使」と称された。斎藤秀雄の元恋人。

浅利慶太

劇団四季創立者、演出家。小澤の友人。

石原慎太郎

政治家、作家。小澤の友人。

入江美樹

トップモデル。映画「他人の顔」に出演。「シャボン玉ホリデー」のマスコットガールや紅白歌合戦の審査員を務めた。

小澤家家系図

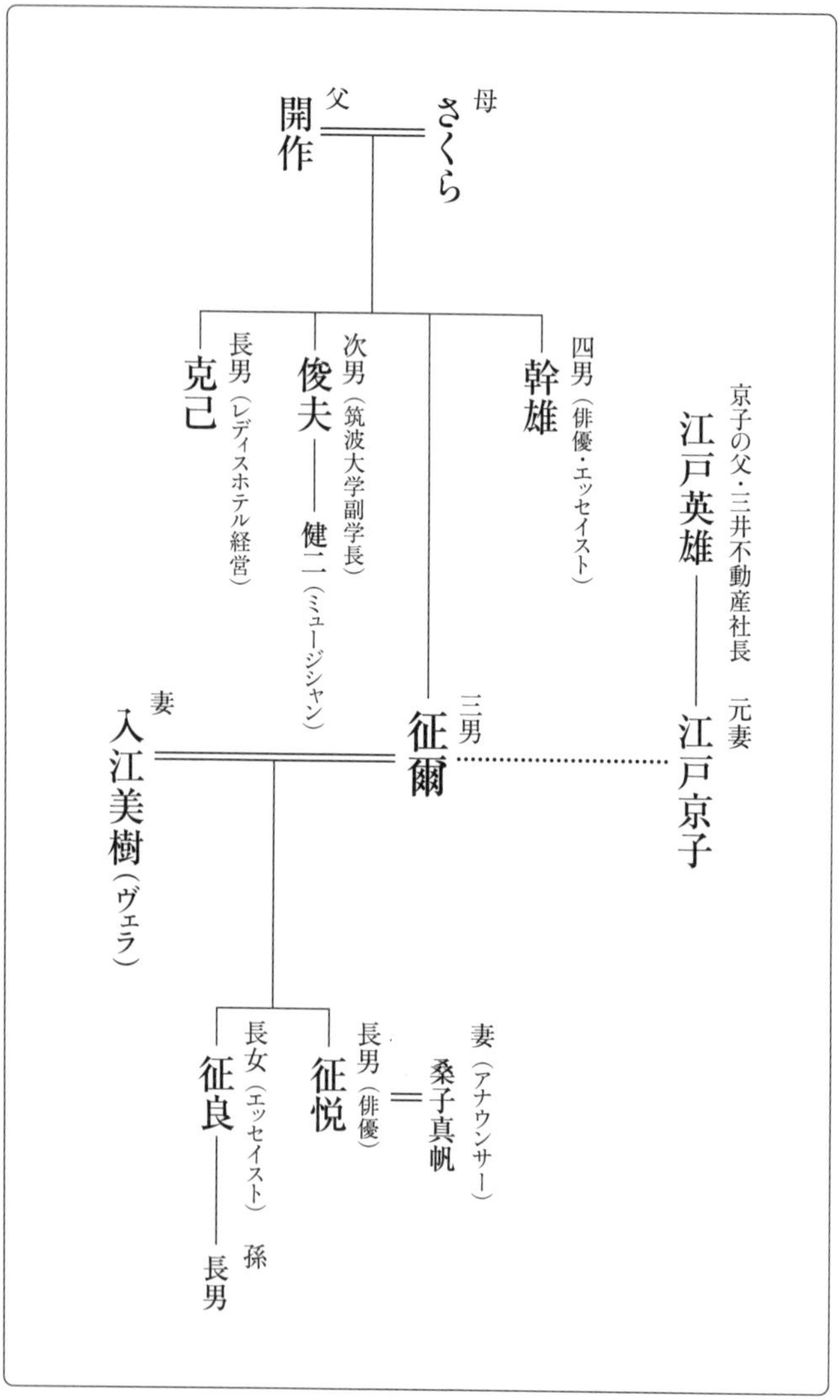
父
開作
母
さくら
長男
克己
（レディスホテル経営）
次男
俊夫
（筑波大学副学長）
健二
（ミュージシャン）
三男
征爾
四男
幹雄
（俳優・エッセイスト）
京子の父・三井不動産社長
江戸英雄
元妻
江戸京子
妻
入江美樹
（ヴェラ）
長女
征良
（エッセイスト）
孫
長男
長男
征悦
（俳優）
妻
桑子真帆
（アナウンサー）

プロローグ

一九六一年四月二十四日、若葉が萌えだした頃、アメリカから太平洋上を飛んできた一機の旅客機が羽田空港に着陸した。小さな車輪で滑走路をゆっくりとタクシングしはじめた同機は、やがて駐機場に止まった。

しばらくすると、乗客用ドアが静かに開き、タラップを下りてきたのは、身長一七二センチほどの、アメリカ生まれとして初の世界的指揮者となった四十二歳のレナード・バーンスタインと、彼に優しく肩を組まれた小柄で痩せた日本人の若者だった。二十五歳の小澤征爾である。

GHQ占領下でハネダ・エアベースと呼ばれていた東京飛行場は、この三年前に日本に全面返還されて東京国際空港と呼ばれるようになった。しかし、国際とはまだまだ名ばかりで、ジェット化が進む世界の航空界の発展に乗りおくれまいと、滑走路延長などの工事が空港のあちこちで行われていた。日本では一般人の海外旅行がまだ自由化されていない時代である。

小澤は近くの見学場に迎えに出てきた一人ひとりを指差して、バーンスタインに紹介しているように見えた。彼の二年ぶりの帰国を待ちわびた家族、友人たち、さらに恩師の斎藤秀雄までが、金網をへだてただけの粗末な見学場から懐かしい顔をのぞかせていたのである。

ハンサムな大指揮者と駆け出しの青年は、気心が知れあった関係のように思われた。バーンスタインは、小澤のまだ流暢であるはずのない英語にいちいちうなずき、金網越しにのぞいている人々が旧知の友人であるかのように笑顔を見せて、大きく手を振った。

彼とニューヨーク・フィルハーモニックは、開館したばかりの東京文化会館の〈開場記念・東京世界音楽祭〉に招かれていた。そのため同フィルのアシスタント・コンダクター（補助指揮者）の一人となった小澤は、二年ぶりに帰国を果たしたわけだった。

この日、桐朋女子高校音楽科第一期の同級生堀伝《ほりただし》はその場にいた。この三年後にはNHK交響楽団にコンサートマスターとして入団、後年にはサイトウ・キネン・オーケストラの中心となる人物である。

「僕ら桐朋音楽科の一期生五十人のうち男は四人。中でも小澤は指揮科で入学してきたから驚きました。高校から指揮科なんて、と。

ふつう指揮者を目指す人は、楽器をまず勉強するもの。それなのに、指揮を専門にする指揮科ってなんだ？　と当時は思っていました。どんな勉強をしているのか、昼食時などに聞くと、毎週日曜日に斎藤先生の指揮教室が開かれていて、志望者がずらりと並んで、脱力して腕をおろす運動をしているとか。これが〝叩き〟という大切な指揮法なんだ、お前もこないか、と誘われた。でも、こちらはヴァイオリンで手一杯だった」

チェリストとして出発し、指揮者となった斎藤秀雄は、弦楽器の弓の動きから着想を得て、指揮を七つの基本的運動に分類し、言葉を発しなくても手の動きだけでオーケストラに指揮者の意図が伝わる指揮法を確立した音楽家であり、教育家である。これは世界でも類を見ない、指揮の技術や動きについての著書『指揮法教程』として結実し、ある時期、日本人で指揮者を志す者すべてが斎藤の門を叩いたといっていい。

小澤も、「斎藤先生がいなかったら、僕も秋山和慶も、そして岩城宏之さんも若杉弘さんも出なかっただろうと思う。斎藤先生みたいにとことんまで教えてくれた先生は、東洋にも西洋にもいないんですよ。西洋音楽の伝統がない日本人だから創れる音楽があると先生は考えた」と振り返っていた。明治の文明開化以降移入された西洋音楽後進国に育ち、海外で学んでいない小澤を世界に飛翔させた恩師である。

小澤は桐朋学園短期大学に進み、卒業後も斎藤のアシスタントをしていたが、やがて単身フランスへ渡り、スイスとの国境の町で開かれた第九回ブザンソン国際若手指揮者コンクールに優勝した。その知らせは恩師の元へ国際電報で届けられた。

——タタキハサイダイノブキデアル

「小澤からこんな電報が来たぞ」と斎藤は喜び、小澤の六歳年下の後輩指揮者・秋山和慶に見せたものだった。斎藤の指揮法が海外で認められた嚆矢となった。

「でもね」と堀は続ける。

「歴史あるジュネーヴ国際音楽コンクールには指揮部門もあるけれど、指揮だけのコンクールがあることは知らなかった。僕らは、ブザンソン？　そんなところにコンクールなんてあるのか？という感じでしたね。桐朋のオーケストラには小学生でヴァイオリンをバリバリ弾くような子がたくさんいたし、ピアノ科や弦楽器科では、世界の三大音楽コンクールといわれるベルギーのエリザベート王妃国際音楽コンクール、ショパン国際ピアノコンクール、チャイコフスキー音楽コンクールなんかでも、続々入賞者が出ていた時代だったから。

だから僕らが驚いたのは、ブザンソンのコンクール優勝の時ではなくて、小澤がバーンスタイン率いるニューヨーク・フィルといっしょに帰国したときだった」

作曲家でもあるバーンスタインのミュージカル「ウエスト・サイド・ストーリー」はニューヨークのブロードウェイを席捲し、この年には世界的ヒットとなる映画版が封切られた。

カラヤンと世界の人気を二分している指揮者が、親しげに小澤と肩を組んでいる！　アメリカにわたった彼は、いったいどんなステップを踏んだのか？　誰もが知りたがった。

フランスにわたった一九五九年からの小澤の活躍は目まぐるしい。

当時、円は一ドルが三百六十円の固定相場で海外渡航制限もあったが、裕福な家庭の子女が多い桐朋からは生徒たちが次々と海外へと巣立っていった。卒業しても小澤はいつも見送る側で、桐朋の学生オーケストラでタクトを振ったり、斎藤のアシスタントをしたりする毎日だった。

ある日、斎藤からアメリカのシンフォニー・オブ・ジ・エアの来日公演リハーサルに行けと言われた。驚愕したのは「音色が日本のオーケストラのものと完全に違う」ことだった。この瞬間こそが、小澤が世界の音楽界で何が起こっているか知らなくてはと、自覚しはじめたきっかけだった。外国に留学するための奨学金給付の試験を受けたが落ちた。それでも諦められずツテを辿って渡航費をかき集め、フランス行きの三井船舶の貨物船に無賃で乗せてもらえることになった。マルセイユ港で下船すると、車体に日の丸が描かれている富士重工のスクーターに、貸与条件の音楽家であることを示すために、ギターを背負うという珍妙な姿でまたがり、憧れのパリに乗り込んだ。数ケ月後、ブザンソンの指揮者コンクールに挑戦して見事優勝した。

しかし、優勝すれば仕事にありつけると思った当てははずれた。フランス東部の人口十万人ほどの街で行われる音楽祭のコンクールに優勝しても、仕事が舞い込むわけではなかった。空白の多いスケジュールのなか、観光ビザの日限が迫ってくる。日本に帰国するしかないのだろうか。焦燥感にかられるなかで、パリから日本に仕事の斡旋を依頼する手紙を書き続けた。

恩師斎藤秀雄からベルリン在住のある女性を紹介されて、彼女からカラヤンの弟子を選ぶコンテストに応募するように言われた。課題曲を勘違いしていたが、なんとか譜読みが間に合い、めでたく第一位をとった。おかげでカラヤンを「先生」と呼ぶことができるようにはなったが、かといってやはり、仕事にありつけるわけではない。

渡欧翌年の夏にはアメリカに向かい、シャルル・ミュンシュの教えを乞おうとマサチューセッツ州の避暑地で開かれるボストン交響楽団のバークシャー・センター音楽祭（現・タングルウッド音楽祭）で開かれる夏季セミナーに参加するチャンスを得た。若い音楽家を養成するために作られた音楽祭である。

セミナー最後に行われる指揮コンクールで第一位をとり、ミュンシュに教えてもらう資格を得たが、憧れのミュンシュは教育に興味がなく、とりつくシマもなかった。合わせてクーセヴィツキー賞をとったことが幸いとなった。ニューヨーク・フィル音楽監督のバーンスタインにベルリンで面会し、やっと彼のアシスタントの一人として一年余りの契約にこぎつけたのだ。そして、同フィルの日本公演に同行しての帰国を遂げたのである。

その当時の心境についての小澤の回想である。

「外国で通用する自信はなかった。外国で仕事するなんて、思ってなかった」

小澤はニューヨーク・フィルの日本ツアーの後、休暇をとって九月上旬まで日本にとどまり、将来に続く仕事を探すことにしていた。

この年の小澤の日本デビュー演奏会を企画したのが、音楽マネージメント業界の最古参でミリオンコンサート協会を設立したばかりだった、まだ三十代の小尾旭《おびあきら》である。

「小澤くんはなんてったって、日本の音楽界の一本の芯を作ってくれたと思います。でも、あのころは彼といえど、お客さんがいっぱいというわけではなかった。当時は大町陽一郎、岩城宏之、山本直純が指揮者の三羽ガラスといわれていた時代でした」

日本に指揮者は数人しかいないという時代である。そこに新しく小澤が加わってきた。

小澤の日本でのお披露目は、五月二十七日の日比谷公会堂における「日本フィルハーモニー交響楽団特別演奏会」となっていた。

ところが、意外な形で、小澤はこれ以前に指揮台に上ってしまうのである。

四月二十六日にニューヨーク・フィルハーモニックは東京公演を行い、その後地方公演のあと再び東京に戻り、日本公演を打ち上げることになっていた。その五月五日、東京文化会館での演奏会でバーンスタインは突如、小澤に黛敏郎作曲の「響宴」を一曲だけ指揮させた。

このニューヨーク・フィルの舞台を、秋山和慶が聴いている。

「斎藤先生と一緒に聴きにいったら、小澤さんが突然、舞台に出てきたのです。もちろんプログラムにも載っていない。数年ぶりに見た小澤さんの指揮は振りも大きく、時に踊ることもあるようなバーンスタイン風になっていました」

本人にしても、よもやこのような形で指揮台に立つとは想像していなかった。

楽譜から読み取った音楽に感情を打ち震わせたように、小澤のタクトは宙に舞い踊った。ここから小澤の指揮者人生が始まるのだが、その生涯もまた、拳を振り上げ、叩きつけ、全身を使って踊る、激烈な時間の積み重ねとなっていくのである。


時計の針を進めて二〇一三年夏、若い音楽家が対象のマスターコース〈小澤国際室内楽アカデミー奥志賀〉の取材を許された私は、休憩時間に爽やかな高原の風の吹き抜ける窓辺で、講師役の音楽家たちと談笑していた。小澤は一〇年のがんの手術以降、体力温存をはかり音楽にのみ集中するために、練習が終わると、長女征良とともに別室に引っ込むようになっていた。

「父はすぐに無理をするから、私は手綱を引き締めるための監視役」と明るく言う征良は、常に同伴して健康管理を引き受けているようだった。

ところが、この日は小澤の体調が芳しいのか、珍しく休憩時間に現れ、話の輪に入ってきて、自身のニューヨーク時代と同フィル来日時の逸話を突然披露しはじめた。外国人講師や私の取材に対するサービス精神からかもしれなかった。英語での会話だった。

「黛敏郎って作曲家いるよね。彼の『バカレール』という曲は日本語でなんというんだっけ?」

小澤が私の方を見たので、「響宴」と言い添えた。

「その曲をニューヨーク・フィルがアメリカ初演することになったわけ。リハーサルをするわけだけど、その時、レニー(バーンスタインの愛称)は僕に振れっていう。それで練習ではずっと僕が振った。

カーネギーホールでのニューヨーク初演の日がきた。ところが、その本番でもレニーは僕に振れと言うのよ。それで僕が振ったわけ」

SEIJI OZAWAの名前は同ホールのプログラムに残っていなかったが、ニューヨークの聴衆は、バーンスタインがよくアシスタントを突然指名して指揮台に立たせるのを熟知していた。

「その後、ニューヨーク・フィルは日本ツアーがあって、僕もアシスタントとして帰国するんだけど、その日本に向かう飛行機のなかで、レニーは、『バカレール』はお前が振れと言った。初日の東京文化会館では『バカレール』はなかったけど、その後、地方でも最後の東京でもミスター黛の曲は毎回、僕が指揮したんだ。結局、レニーは黛の『バカレール』を一回も振らなかった」

小澤は、痩せて皺が目立つようになった顔に愉快そうな笑顔を浮かべた。

バーンスタインとの帰国は話題を呼び、その後いくつかの仕事をこなしながら、小澤は日本の最高峰と言われた老舗オーケストラ、NHK交響楽団の指揮者のポストを得ようと可能性をさぐり、その交渉はうまくいった。ところが翌年、数回の演奏会を指揮した後、オーケストラのボイコットに遭い、それは「N響事件」と言われるほどマスコミを巻き込んだスキャンダルとなった。

ここから小澤は、海外での仕事を模索しはじめたのである。

小澤の次兄である俊夫を訪ねたのは、二〇一三年十二月のことだった。

拙著『オーケストラ、それは我なり——朝比奈隆 四つの試練』を差し出すと、俊夫は目次から丁寧にたどりはじめた。そんなふうに渡したばかりの本を丹念にたどられたのは初めてのことだった。

「朝比奈さんもN響とごたごたしたんだね?」

それは目次にある〈NHK大阪中央放送局との確執〉という章を見た時だった。

「征爾もN響のことがなかったら、日本にずっといたでしょうねえ。でもあのことがなかったら、今の征爾もないわけだしね」

小澤はこの事件後、世界的指揮者といわれるようになってもNHKホールに立つことはなかった。その後、三十二年を経てある人物の仲介で特別演奏会で共演することになるまで、N響との共演はなく、楽団にとって重要な定期演奏会への出演はその後もなかった。それほど両者を頑なにさせたのがこの事件である。

こちらが質問するまでもなく、俊夫はつぎつぎと当時のことを思い出すようだった。

「あのときの雰囲気としては、岩城宏之くんとコンサートマスターの海野《うんの》義雄くんが征爾に嫉妬したんだよね。それが基本なんじゃない。それまでN響の常任指揮者といえばドイツ人ばかりで、征爾がそこで常任指揮者になってしまったからね。それで征爾が時間に遅れるとか、音楽会の時の奥さんの切符を要求したからとか、あとからいろいろ理由をつけられたけど」

俊夫は、弟がN響での決定的なポスト、つまり常任指揮者に就任したと理解していたようだった。N響側は客演指揮者と考えていたが、小澤は半年以上にわたってすべての演奏会を指揮することになり、N響の常任といっていい活躍を展開するようになっていたのだ。

「でも、この事件のあとで、外国に行くことになったからよかった」

穏やかな優しい眼を向けながら話は続けられた。

「これは征爾にも言ったんだけど、大当たり。N響に感謝しなくちゃ、と。結果からするとそうでしょう？　あのままN響の常任になってずっといたら、日本の指揮者で終わっていたよね。

もう一つは、征爾の気質は日本ではおさまらなかったよね。親父の影響があると思うけど。親父は田舎の人で、野人だった。満州では偉い人たちと仕事をしていて、失礼があったかもしれないけど、人間だれでも腹を割って話せば通じるものがある、と開き直ったところがあった。信頼感みたいな。だから地位とか全然気にしないし、偉い人に会っても、あまり偉いと思わず、人間はみな裸で生まれたんだから同じで、肩書きや地位は関係ないという考えでした。だから征爾にもそういうところがあった。

僕らの家族は特別へりくだるわけでもなく、おごるわけでもなく、外国人と付き合うのも平気なんですね。そういうの、日本人はちょっと難しいんじゃない？

征爾は英語も下手だけど、日本語も下手なんだよね。でもコミュニケーション能力はある。親父も真心は通じる、人間それ自体の価値が大事なんだと徹底していた。でも、そういうのは日本じゃだめですよ。征爾は日本の社会にそもそも合わなかった。だから飛び出してよかった」

二〇〇〇年、日本で発行される英字紙「デイリー・ヨミウリ」のための読売新聞欧州総局長によるインタビューに小澤は応じている。それは英訳されるからか、ヨーロッパでの解放感からか、日本ではこれほど直截に口にしない言葉で心情を吐露した。

「ぼく、日本人だから、死ぬ前に教育のことも含めて、日本でちゃんと仕事がしたいと思っている。だけど、できない。環境がない。入る余地があまりない。じゃまなのかも知れない。日本には日本のしきたりがあるという、そのことです」

小澤に「入る余地がない」と言わせ、海外へと仕事を求めさせることになった「N響事件」とはどのようなものだったのか。なぜ事件とまで言われるような事態を招いてしまったのか。

小澤征爾は日本クラシック界にそびえたつ金字塔である。

N響事件の後、海外での足がかりを模索し、日本人離れしたリズム感と爆発的なエネルギーで聴衆を魅了し、チャンスを手中に収めた。二十代で〈世界のオザワ〉と称され、若くして世界一流のボストン交響楽団の音楽監督となり、いわば世界マーケットにのった。

半世紀以上の長きにわたって日本の音楽界を牽引し、日本の若者たちは彼の背中を見て音楽家となり、世界の楽壇を目指した。しかし、小澤の歩いた道以上に先を行く音楽家はまだ出現していない。音楽的業績のみならず、小澤はその人柄や生き方でも人気を誇る。SEIJI OZAWAの名前を求めて、世界中をめぐるファンもいた。

ただ小澤の周りには多くの嵐が巻き起こってきた。小澤が生まれた旧満州・奉天（現・瀋陽）から順を辿って、その一つひとつを探る旅に出たいと思う。

第1章

スクーターと貨物船で

北京の四合院

二〇〇二年一月、ウィーン・フィルハーモニー管弦楽団のニューイヤー・コンサートに小澤が出演した。この年の九月に、世界最高峰のオペラハウスであるウィーン国立歌劇場の音楽監督に就任することを見すえての登場と思われた。何度もこのコンサートに登場する指揮者がいるなかで、世界中でタクトを振ってきた小澤が、初登場というほうがむしろ驚きだった。

毎年正月のニューイヤー・コンサートでは、演奏中に笑いをとるような演出もある。世界に同時中継されるために、ステージにはいつも以上に強いスポットライトが当てられ、むせかえるように飾りつけられた花々や着飾った聴衆たちが、新年の高揚感を伝えてくる。〈世界のオザワ〉の初登場ではどんな趣向がほどこされるのか。

シュトラウスの軽快な曲がつぎつぎと演奏され、アンコールまで進んだところで、団員が立ち上がり、まず英語で、フランス語で……と世界各国の言語をつかって新年を寿《ことほ》いだ。そして「新年アケマシテオメデトウゴザイマス」と日本語で挨拶をしたのはコンサートマスターのライナー・キュッヒルで、最後が小澤だった。

「新年好！」（「チンニェンハオ！」）

日本語でなく、中国語である。このとき中国の人口が世界一だったためだろうか。

小澤の公式プロフィールを見ると、必ず冒頭に〈1935年、中国のシャンヤン（旧・奉天）

生まれ〉と書かれている。ネット上に書かれた英語のプロフィールを読んだことがあるが、これが直訳されていて、これでは小澤が中国人と思われても不思議ではないと感じたことがあった。

さらに、この挨拶で彼が中国人という認識をもった人が多かったと思うのは、つぎのような後日譚からである。

この翌月、小澤はウィーン国立歌劇場で恒例の舞踏会にデビューし、続いて歌劇「イエヌーファ」を指揮した。九月の音楽監督就任だったが、ウィーン入りしたのは遅れて十一月となった。

年末にはオーストリア・テレビ2チャンネルが「小澤征爾―巨匠―先生―生徒」と題するドキュメンタリーを放映し、出生から、長野県松本市のフェスティバルやアメリカでの活動を紹介した。番組の最後に小澤がわざわざ「ぼくは日本人です」と語った。オーストリアでは、国の象徴といえるウィーン国立歌劇場の新音楽監督は中国人と思っていた国民が多かったため、それを否定するために最後に、小澤自身が「日本人」と話す場面を挿入したのだ。

小澤は、典型的日本人というより、行動形態は大陸的といえる。ときには常人の想像力の範疇を超える突飛な行動も起こしてきた。

その根源は中国に原風景をもっているからだろうか。小澤の、いや小澤家の中国に対する思い入れは強い。母さくらは「おとうさんも私も中国に骨を埋めるつもりでいました」と振り返っていて、父開作は戦後、中国入りを模索していて、お前は音楽家なんだから政治に関係なくいけるはずだと言い続けた。小澤は文化大革命の最中から中国入りを模索し、一九七六年にはテレビ番組の企画で、征爾とさくら、俊夫の三人で北京などを訪ね、住んでいた家を訪問することもできた。北京の楽団の練習場に拍手で迎えられた小澤は、「ぼくにとって今日がいちばん、音楽家になって嬉しい日です」と絶句し、人目もはばからず大粒の涙を流した。場内が水を打ったように静まりかえった。小澤は途切れ途切れに語りはじめた。

東洋人でありながら西洋の音楽を勉強してさまざまな国で演奏活動をしているが、その間には人には言うことのできない苦しいことがあった。そんなとき中国の音楽家の皆さんはどんな風に音楽をしているのか、といつも考えてきたと話した。

中国のオーケストラに相対したとき、小澤に「共生感」が溢れ出してきたのだ。その言葉は小澤が好んで使う言葉だった。

「最後にもう一回申し上げますけど、ぼくは音楽家になって今日がもっとも幸せな日だと思います。どうもありがとう」（萩元晴彦「北京の小澤征爾」「中央公論」一九七九年五月号）

中国は小澤家にとって忘れられない幸せな思い出の地であり、小澤の記憶も北京から始まっている。

小澤の父開作は山梨県甲府盆地の高田村（現・市川三郷町）の生まれである。

「父は百姓の出ですよ。百姓の生活って、田んぼで苗を植えるときに一人ではできないでしょう。皆でやるという考えがあって、それが父の生きる基本。満州で親父は、〈情の小澤〉と言われていた」と俊夫は振り返った。

貧しかったために中学進学を反対された開作は、富士川の川原でトロッコを引いて少しばかりの賃金をもらっていたが、それを見かねた親戚が近所の歯科医院で技術を学ばせ、その後開作は上京して夜の盛り場で流しの「演歌師」までして学費を稼ぎ、歯科医専に通い資格を得た。しかし、国内での展望は見えず、二十四歳のとき、中国東北部、いわゆる満州に向かった。日露戦争の勝利によって、日本陸軍は南満州を植民地化していて、国内の極貧の農村部で増え続ける人口調節の安全弁として満州移住を促進し、働く者には富も約束されていると宣伝していた。開作は、歯科医見習いののち新京（現・長春）で開業して、写真の交換だけによって仙台出身の若松さくらと結婚した。さくらにはすでに満州に渡って幸せになっている姉もいた。

渡満前は東京でタイプを学び、英語を勉強していた。さくらの通っていた英語学校が、小澤の恩師となる斎藤秀雄の父秀三郎が神田に開いた正則英語学校（現・正則学園高校）だった。

秀三郎は日本の英文法を確立した英語学者で、二百冊を超える文法書は戦後も教科書として採用され続けた。米英で出された文法書でもまだ触れていなかった「経験を表わす現在完了」すら説かれていた。「先生にノーベル賞を」という声もあった。

戦後、斎藤秀雄は桐朋オーケストラを一緒に指導していたヴィオラ奏者の河野俊達に「今朝、英国から面白い電話がかかってきたんだ」と語ったことがあった。「英語の文法上の問題が出てきて話がまとまらない。ミスター・サイトウはどう説明しているか」との問い合わせで、斎藤は秀三郎の本を送ってやったというのである。英国に行ったこともない父がそんな業績を打ちたてたことに、秀雄は意を強くした。父からもらった頭脳があるのだから、自分も西洋音楽の分野で本場を凌ぐ音楽上の新境地を開ける可能性を感じたのだった。秀三郎の生涯の仕事は『和英大辞典』で、編纂でなくいわば書き下ろし、全てオリジナルで、寸暇を惜しんでそれに没頭していた。

この学者を支えたのが妻とらで、さくらの縁戚にあたる。さくらは結婚の際、帰国することのない渡満を覚悟し、最後の別れを告げに親類を回っていた。麴町五番町の英国大使館脇の千坪ほどの敷地にある元旗本屋敷の斎藤宅を訪れた時、長男の秀雄はチェロの本格的奏法を学ぶためにドイツ留学中だった。この時、さくらは斎藤とらの勧めで洗礼を受けた。

「若い人は結婚をすごく華やかな、幸せ一杯のものと思っていると思うけど、悲しいことや苦しいことがいっぱい待ちかまえているものです。でもそれはみんな神様があなたを試す試練なんだから、それに耐えて行かなくてはいけません」

この時のとらの言葉を、さくらは開作との結婚生活でしばしば思い出すことになる。

もしさくらがとらを訪ねなかったら、小澤家の子供たちが教会に通うこともなく、小澤家に賛美歌が響くことはなかっただろう。斎藤家は世代を遡って小澤家に影響を与え、その結実が〈世界のオザワ〉の出現となったわけである。

満州では、開作は野球チームを作り、仲間と花札や麻雀にも興じた。小澤も父親譲りで、子供の頃からキャッチボールが好きで、新日本フィルハーモニー交響楽団や、サイトウ・キネン・オーケストラの仲間とも野球をした。

しかし、野球以上に開作を夢中にさせたのが、王道楽土・民族協和の思想だった。満州は開作にとって、ロマン実現の土地だった。この思想を掲げる青年連盟に関わり、一九三一年に起きた満州事変によって板垣征四郎と石原莞爾の面識を得た。

事変の発端となった柳条湖の南満州鉄道爆破事件は当時、中国側の仕業とされて、日本の軍事行動が拡大されたが、これが二人による陰謀だと判明するのは戦後のGHQの調査によってである。開作がそれを知っていたのかどうか。

「僕はそれについては答えない。でも親父が二人を尊敬していたのは確かです。それで親父は歯科医を放り出して、軍属になったのね。そんなときに征爾が生まれて、二人から名前をもらっちゃった」と俊夫は振り返った。

四人の兄弟のうち、征爾だけが当時としては特殊な名前になったわけである。

開作は石原が新京に飛行機で乗り込んでくる時に、軍からの指令に動かない領事館を尻目に、医院の患者の朝鮮人や地元の子供たちまでかりだして草を刈り、即席の滑走路をたちまちのうちに造成した。これが評価され、開作は石原から奉天にある作戦課の嘱託に指名され、開作は医院を人に託し一家は奉天へ転居した。

しかし、成立した満州国で日系官吏エリートらが実権を握ると、北京行きを命じられた。一九三七年の盧溝橋事件勃発後、北支を総攻撃した日本軍は北京を陥落・占領し、「国民政府を対手《あいて》とせず」と中華民国臨時政府を後押ししていた。

それはいわば傀儡の臨時政府で、北京での開作の任務は、精神工作、文化工作、宣伝工作だった。

家にはさまざまな人物が集まり、戦後に連なる征爾に関わる小澤家の人脈もこの時代にできた。俊夫にとっても北京は一番思い出深い。

「うちの羽振りはよかった。費用は軍関係の機密費から出ていたはず。軍には民間人でそういうことをする人も必要だったのでしょうね。北京で満州の『協和会』のような組織の『新民会』を作ることになって、おやじはその総務部長として月給も出ていた」

四合院とよばれる中庭を囲んで建つ古代中国伝統様式の住居は十七部屋もあった。その中庭に水を撒くと、翌朝には凍っていてスケートができた。征爾も兄たちを真似て滑ってみた。宣撫工作のために日本からきた青年たちが寝泊まりし、地方へ送られ、正月には戻ってきた。征爾は内地から巡業にきた石井漠舞踏団を一等席で見てから、皆の前で真似て踊るようになっていて、兄たちがスタンドを使って照明係となり、大きな拍手を受けた。排日運動もある中で、市中の宿に宿泊するにも注意を要する時代であり、内地からは政治家や文学者らが紹介されてきて林房雄、河上徹太郎や小林秀雄らも宿泊した。

この小澤邸の二部屋に、一年間にわたって住んだのが桑原翠邦一家である。桑原は戦後の書道界の第一人者で、東宮時代の天皇のご進講役もつとめた。小澤より三歳年下の長男で書家の呂翁(雅号)の記憶も北京に始まっている。

「三十代だった親父が大陸に渡ったのは、いってみれば国策です。ある大物代議士の助手の立場で満鉄の嘱託となった。陸軍、官庁や国策諸会社をまわって書を教えたり、書いて見せたり、ハルビンや黒龍江省のチチハルまで行ったようです。北京には三年住みましたが、最初の一年は、小澤家に寄寓していた人物から紹介されお世話になった」

帰国してからもさくらから連絡をもらうことがあった。

「さくらさんはとても大らかな方で、征爾さんがデビューした頃、新宿の厚生年金会館だったか、征爾がもう指揮を始めていますからぜひ来てください、という電話で僕は駆けつけたこともありますよ」

母として演奏会の空席は耐えられなかったのかもしれない。

桑原は小澤邸で書を教え、やがて開作は玄関に墨書された「小澤公館」の大看板を掲げた。親戚に書道を志す者が数人出ているのも桑原との縁である。長野県松本市の松本駅前には〈学〉〈岳〉〈楽〉の三文字を刻む町のシンボルの石碑があり、呂翁は〈楽〉の字についてのエピソードを伝え聞いている。

「征爾さんが書いた〈楽〉の字に、親類の一人が朱を入れた。征爾さんは、『字っていいなあ、書道をやってみようかな』と言っていたらしい。

子どもの頃は一緒に飛び跳ねながら歌ったのを覚えています。『パン欲し、パン欲し、パンパン欲しい』という歌詞。征爾さんが即興で作った歌。僕は征爾さんの最初の歌声を聞いたことになりますね」

「三つ子の魂百までも」というが、この頃から征爾は皆の前で表現することが好きだったようである。

さくらが奉天や北京にあるキリスト教会の日曜学校に長男克己や俊夫を連れて行くと、二人は賛美歌を歌い、克己が小さなアコーディオンを奏くようになった。このアコーディオンが、征爾の初めて触った楽器である。開作は高級なライカで家族の団欒の様子を撮り、のちにピアノを購入するときには、このカメラを売って資金とした。

俊夫は、中国共産党への対抗策のために、開作が日本からの人材を農村部に派遣して宣撫工作を進めていたと振り返る。

「親父はその呼び方は好きではなかったけれど、彼らは主に日本で仕事にあぶれた人で、いちばん多かったのが共産党からの転向組。共産党に熱中するような奴は優秀な奴が多い、転向したならいいじゃないか、と親父は考えていて、そういう転向組が集まっていたから〈北支の日共の拠点〉といわれ軍が監視をつけた。親父を監視するためではなく、来訪者にどんな人間が来るかを見張っていたわけ」

正月になると、工作活動に関わる日本人青年たちが中国各地から戻ってきた。さくらは日本食材の店を回っておせち料理の材料を揃えた。青年たちは五十人を数えたこともあった。そんな大家族といえる環境で征爾は成長していった。

開作は内地と行き来するようになり、三九年の夏には、富士山麓の山中湖畔のゴルフ会員向けの土地を借りて別荘を建てた。子供たちもそこで夏休みを過ごすようになった。小澤家がもっとも豊かで幸せな時代だった。

だが次第に、北京の小澤邸の隣には、夜には色とりどりの灯のつくいかがわしい店ができ、日本の兵隊が列をなした。克己は中学へ進む年齢である。このまま中国で生きるなら転居すべきだが、結論は内地の中学への進学だった。一家は開作を残して軍の船舶で引き揚げることになり、さくらは行李にアルバムとアコーディオン、また蒲団袋にはお気に入りの四川の鍋、火鍋子《ホーコーズ》を押し込んで中国を後にした。一九四一年、征爾が五歳の春だった。

引き揚げ

四一年五月末、子供四人を連れたさくらが頼ったのは、東京立川に住む親戚の山本家だった。さくらは、子供時代は西多摩郡秋川の小学校に通学し、独身時代には妹夫婦の家に寄留し、姪を自分の娘のように可愛がっていた。その姪夫婦、山本家の長女・悌子は、暁雪という雅号を持つ書道家で、克己の結婚式で桑原に出会ったことが書に進むきっかけとなった。

「さくらさんが満州にお嫁に発つ前に斎藤とらさんのところに一泊したらしいのですが、祖母とまだ中学生だった母が荷物を持ってついて行きました」

小澤家が十数年ぶりに引き揚げてきたとき、山本家には二人の男子がいて、悌子は誕生したばかりだった。すでに国内では配給制が始まっていて、赤子がいる山本家にはミルクの配給があった。

「でも、それは征爾ちゃん達が飲んじゃっていたらしい。上野公園にあった人気の本物の猿が運転するおサル電車に乗った時には、お猿をどかして征爾ちゃんが運転しちゃったことも覚えています。まさか征爾ちゃんがこんなに立派になるとは思っていなかったけれど、有名になる前、私が大学に通っていた頃は、しょっちゅうさくらおばさんから公演の切符がきて聴きに行っていました」

さくらたちはその後借家に移り、山本家が立川市柴崎町三丁目に引っ越すと、その隣の家を購入して移ってきた。征爾は幼稚園に通い、四二年には立川国民学校（当時。その後柴崎小学校と改称。現・立川市立第一小学校）に通うようになった。

「小澤の家は、貧乏か金持ちか、どっちかしかない。家に何人も人が泊まって食べさせているかと思えば、貧乏になったり。でもそれを苦にしない。貧乏になったら、よそから恵んで貰えばいいというような。克己さんが京都でレディスホテルを開業すると言い出した時も、我が家も含めていろいろなところからお金を集めた。食って行けるかどうかは全く構わない。行き当たりばったりでも平気な家なんです。

征爾ちゃんが指揮者になると言ったとき、私の母は『指揮者で食べていけるの？』と聞いたらしい。返事は『そうねえ、いいんだよ』だったとのこと。自分のしたいことをして、いよいよ困るとアルバイトをする。頑張って貯めてから何かをするというのではない。さくらおばさんも、細かいことを気にしない人だった」

さくらは子供たちのために夏用の布を一反買い、開襟シャツを作った。征爾はいつも同じものを着ていたから友人たちは皆、一枚をずっと着ていると思っていた。しかし学校の合宿の時に鞄を開けたら、同じシャツが五枚出てきて驚いたという。

「別の布を買ってくるとか、そういうことはしないのね。こんなこともあった。さくらさんが母に歌を教えると言って、母がその歌を覚えて集まりで歌うと、誰も知らない。それでさくらさんに尋ねてみると、それは私が作った歌なのよと。全てにおいて非常にマイペースだった。開作おじさんの方はさらにめちゃくちゃな感じ。小澤の家は、皆マイペースに育ってきていたの」

このころ小澤家はまだ「金持ち」の時代である。軍属だった開作は預金もあり、立川に百坪の家付きの土地を買うこともできた。十二月に太平洋戦争が始まり、味噌、醬油、塩などが配給制となったから、家族は半年に一度、大陸から一時帰国する開作を待ちわびた。

一九四二年四月には東京が初めて空襲され、四三年には北京の新民会も改組されて反日の中国人を中心とした組織となり、開作は帰国した。軍需省嘱託の身分が与えられたが任務があるわけでもなかったから、食料調達のために故郷の山梨にしばしば出かけた。

中学生だった克己や俊夫は勤労動員され、食糧事情はますます厳しくなり、さくらは征爾と幹雄をつれてよく多摩川べりに出かけた。食べられそうな雑草を土手で採った。生きているだけで自分たちは幸運なのだ、と考えようとした。このさくらの明るさで、やがてくる困難な生活は乗り切ることができたのである。


敗戦の玉音放送の日、さくらは「この敵《かたき》はあなたたちが討ちなさい」と子供たちに言ったが、その二、三日後、開作が発した言葉を中学三年だった俊夫は忘れていない。

「『もう日本は負けたのだから、お前たちは好きなことやれ』と。これが重大だった。ぼくらは軍人になるものだと思っていたからね。だからうちでは進路について、親の許可を得たものはだれもいない。征爾もまったくそう。男の子が音楽やるのを反対することも、まったくありません。

僕たちは歌が好きだったけど、当時歌っていたのは短調の軍歌ばかりだった。それが解放されて、綺麗な歌が日本にたくさんあることを知った。父は『日本人は日清戦争以来、勝ってばかりいて、涙を知らなかったから、戦いに負けて涙を知ることはいいことなのだ』とも言ってました」

敗戦の時点で小澤は小学四年生で、父の「これからは野球だ」という言葉を記憶している。戦中は敵性用語を使うことは許されず、セーフを「よし」、アウトは「ひけ」と言うことになり、野球の感じがしなかった。その後、小澤は野球に熱中し、小学校のチームの投手として大会にも出場した。家では兄弟で賛美歌をよく歌い、小澤は近所の児童劇団に入って音楽劇にも出演し、アコーディオンも弾き始めた。

贅沢と貧困

立川市立第一小学校の創立百十周年記念誌「足音」（昭和五十五年三月発行）には、小澤の原稿が載っている。

〈私が、立川の柴崎小学校にいる間のいくつかの事件のうちで、私にとって「一生のわけ目」になるほどの大事件だった事がいくつかあります。

そのひとつは、生まれて初めてピアノをひいた事です。それまでは、家にあったアコーディオンやハーモニカをひいていましたが、ピアノという楽器に触ったことがなく、柴崎小学校の講堂においてあった縦型ピアノが、私が初めて触ったピアノでした。そして、担任であった青木キヨ先生が非常に理解があり、特に学校のピアノを使って練習させてもらいました。しばらくして「エリーゼのために」か何かを皆の前でひいた記憶がありますが、これが、私の音楽生活の最初の演奏会であり、柴崎小学校の講堂で行われたと言う事ができると思います（略）

私が今になっても、どういう訳か学校と言うものに対し非常に好感を持ち、学校が好きだというふうに感じているのは柴崎小学校の影響が非常にあったと思いますし、ここでよい学校生活のスタートをしたということになると思います。学校が好きで、たぶん学校から奨励されたと思いますが、皆で新聞配達を毎朝起きてやらされたり、あるいは、皆で列を作って近くの多摩川まで水泳にいったり、という学校の授業以外の事でも非常に良い教育をして下さったと私は考え、学校に感謝している次第です〉

小澤にピアノを使わせたという担任、戸田（旧姓青木）キヨが講堂でピアノを弾いていると、小澤がじっと見ていた。キヨは「触ってもいいよ」と隣に座らせ、講堂での練習を許した。姪の坂口恵美子によると、戸田は小澤と江戸京子の結婚式に招かれ、東京会館写真室撮影の披露宴の写真がさくらから送られてきた。

キヨは、坂口が応募した小澤の公演のチケットが当たり、一度だけ八王子市民会館に孫を連れて行ったことがあった。楽屋を訪ねると、小澤から「先生いつでも言ってください。チケットを用意してあげますから」と言われた。

その後、小澤と弟幹雄が二人で突然来宅した。西多摩霊園に小澤家の墓地を買い求めたので見にきたといい、その帰路だったと坂口は振り返った。

「私はびっくりして気の利いた会話もできませんでしたが、キヨと征爾さんはしばし旧交を温め、サンルームのソファに座った征爾さんは、その数日前に取り替えたばかりのちょっと洒落た厚手のカーテンを『いいですね』と言って褒められました。私は新調したばかりのカーテンとソファでお迎えできてホッとしたし、嬉しかった」

帰りがけにキヨはさっと色紙を取り出してサインを求めた。『戸田キヨ先生　お元気で　小澤征爾　いつもごぶさたしています　一九八一年六月八日』と日付も書いた。

「白内障で眼が悪いんですよ」と言ったキヨの手をとり、小澤は「お大事にしてください」と涙ぐんだ。

「やさしい心根の方と思いました。オシャレもしていないごく普通の方でした。ちょうど帰宅した私の夫は、征爾さんが朝日新聞の社旗をはためかせた大きな黒塗りの車に乗って帰って行ったので、何事かと思ったそうです」

さて小澤は、小学四年の終わり頃からは、克己の通う学校のピアノで、克己から手ほどきを受けた。

「征爾にもっと本格的にピアノをやらせたいから、うちにも一台あるといいね」と克己は俊夫と話していた。開作は横浜の親戚の家にあるピアノを譲り受ける話をまとめ、立川までの三十キロの道のりは、学校からリヤカーを借りてきて、克己、俊夫、心配して後から駆けつけた開作の三人で三日がかりで運んだ。

「なんてきれいな音なんだろう」

小澤はドミソの三和音を押さえ、「この時の感動から音楽家になったのかもしれない」と後年述べている。春の訪れのなかで朝から夜遅くまで、兄弟たちは代わる代わるピアノを弾いた。克己の導きによって「バイエル」「ツェルニー」「ハノン」「ソナチネ」と練習していった。「エリーゼのために」を弾いたのは、四六年、小学五年の秋の学芸会である。

敗戦から一年半あまりの間、日本は未曾有の食糧難にみまわれていた。いっさいのヤミ物資を拒否した判事が餓死して話題になったのはこの頃だ。一九四八年春、小澤家は小田原に近い神奈川県足柄上郡金田村（現・大井町）へ移った。小澤家の貧困と流転はここから始まる。

戦後、開作は山梨でつくった味噌を売ったり、砂糖の需要の高まりを見てサツマイモから蜜をつくる事業を始めたりした。俊夫は重い蜜をかついで売りにいったこともある。そのうちに開作は知人とミシンの販売業を始めた。ミシンは家にいても女が稼げる手段であり、戦争中は軍服やパラシュートにいたるまでミシンで縫われた。空襲ですべてが破壊された戦後、ふたたび需要が高まり、開作はこのブームにのろうと考えたのだ。立川の家を売ってできた金ほぼ全額を設立した会社「白百合ミシン」の出資金にあて、銀行から融資も受けた。俊夫は北京で小澤家に二週間寄留した鎌倉の小林秀雄や林房雄の家まで、部品を分解して電車で二回に分けて運んだことがある。しかし、商売はうまく行かなかったと、俊夫は言う。

「親父は日本は農業立国になるべきだとも言って、知人の田畑つきの家に移った。でも耕作をやらなかった。ほとんどお袋と僕ら。僕らというより僕だね。兄貴はそういうことをやる人じゃなかったから。だから中学から高校の四年間、田んぼをやりましたよ。お袋が天秤棒をかついでいたら、『さくらさん、それは女のやる仕事じゃねえよお』と周りのお百姓が皆手伝ってくれた。征爾と幹雄はまだ子供だったからね」

開作が歯科医として働けば、暮らしは楽だったはずではないだろうか。

「こういうことというと歯科医に申し訳ないけれど、親父は一生、人の口の中をのぞいているのは嫌だと言っていたんだよね。その頃気の抜けたようになってしまって、何もしなかった。結局、お袋が百姓をしたり、内職をしたりして家計を支えていた」

小澤は大人になるまで、父の活き活きとした姿は見たことがなかったと回想したほどである。

金田村の茅葺き家の床は腐っていて、手入れもしていない廃屋を買わされたことに、さくらは初めて文句を言った。その言葉に開作の手が飛んだ。

天井からの雨漏りは激しく、畑では芋すらたいして収穫できなかった。うさぎや鶏を飼い、死ねばさくらが羽をむしってすき焼きにした。後年、さくらは毎年、長野・松本で開かれるサイトウ・キネン・フェスティバルに来ていた。四男幹雄がいつも車椅子を押していた。取材の時に撮った写真を送付すると、「わざわざお手紙とお写真をお送りくださいまして誠にありがとうございました。思いがけない記念のお写真をいただきまして友達（お花のお弟子さんたち）も大喜びでございました。いつも征爾がお世話になりまして誠にありがとうございます。今後ともよろしくお願いします」と礼状がきた。さくらはバーンスタインを自宅で歓待し、ロストロポーヴィチを招き、取材にも礼を尽くした。こんな母の愛情があればこそ、小澤家の子供たちは貧しくても明るく生きてこられたのだろう。

金田村の小学校に通うのには田んぼ道を三十分ほど歩いた。立川の小学校では野球と音楽に精を出して明るく過ごしていたのに、六年に編入した小澤はなかなか馴染めなかった。

母の心配は俊夫の心配にもなっていた。

「征爾は子供のころ神経質で扱いにくい子だった。金田村の小学校でも休み時間になると幹雄のところにやってきて遊んでいたらしい。母親がそれをたいへん気にしていてね」

こうして、さくらは小澤が中学生になるにあたって、金田村から一番近い小田急線沿線の学校に入学させたいと思い、俊夫を連れて私立の玉川学園を訪ねた。窓口で手にした案内書には、中学から大学まで一貫した教育をするとある。

「将来音楽に進みたいというとき、高等学校へ行かないで音楽のほうに進むことはできるでしょうか」（小澤さくら『北京の碧い空を』）と尋ねた。

認めないことはないが、一貫教育を柱としているとの答えだった。

小澤は音楽に進む可能性があるとさくらは考えていた。賛美歌を口ずさんだとき、「おふくろさん、そこ、ちょっとちがうんじゃない？」と音程を指摘されたこともある。長兄克己は音楽家を目指して諸井三郎に作曲を師事していて、俊夫が通っていた学校の学生らがつくったシグナス合唱団で指揮をすることもあった。征爾も小田原までピアノを習いに行き、合唱団のピアノ伴奏をさせてもらったりしていて、いつも嬉しそうに出かけていた。

次にさくら達は成城学園に行き、同じ質問を繰り返した。

「それは自由ですよ」

その一言で決めた。

後年教育者になった俊夫は、弟を通じて、環境によって子供の性格が激変することを知った。

「征爾がガラっと変わったのは、成城学園中学に行き出してから。面白いよね、いかに環境が大事か。いい友達といい先生たちに成城でめぐりあった。征爾にとっては桐朋もよかったけれど、成城に行ったのも大成功」

私立ではさぞ授業料もたいへんだったのではないか。

「親戚たちも驚きましたよ。貧乏しているのに、なぜあんな贅沢な学校に通うのか、とね。でもおふくろは頑として受け入れなかった」

やがてさくらは農業をやめ、東海道を行商して衣類を売り始めた。北京時代の知人から九重織りという手芸を習い、ネクタイ作りもはじめた。家では大学受験を前にした小田原高校在学中の俊夫が、勉強の合間にネクタイ作りを手伝った。さくらはおにぎりを頬張りながら一日中手を動かし、週に一度、ネクタイを卸しに銀座へ行き、委託販売をしてもらった。貧乏でない時代もあったから、授業料はなんとかなるだろうと考えた。開作も反対しなかった。この両親の楽天性こそが小澤に限りない未来を夢想させ、小澤は自ら世界を切り拓き、想像を超えた世界に踏み込んでいった。

成城学園中学校へ

遠距離通学だったが、小澤は毎日嬉々として出かけていった。時に経理事務所の前にある掲示板に、授業料滞納者として名前が載ったが、気にしなかった。のちには幹雄も成城学園中学に入り、二人の名前が載るようになってしまった。幹雄はこれを気に留めて高校は公立高校に進んだ。しかし、小澤はまったく平気である。それどころか友達を金田村の茅葺の家までつれてきた。友達にとってはそんな環境も珍しく、新鮮な驚きとなった。

東京女子大学名誉教授の井村実名子は、成城学園中学で三年間、小澤と同クラスに学んだ。

「彼は元気のいい子でした。成城学園はリベラリズムに満ちた学校で、生徒の能力に応じて育てるという方式でした。私たちのクラスは柳組で、担任は三年間国語の今井信雄先生。先生は信州人で、ちょっと田舎臭い方でしたが、大正デモクラシーの気風に溢れ、厳しいけれど愛されました。小澤さんは泥んこになってラグビーをやり、また学園には合唱団がありましたが、それとは別に十人ほどで合唱団をつくりました。

大人になって私が小澤さん指揮のラヴェルの『スペインの時』を見たとき、〈これって喜劇なのに、日本人は笑わない〉など歌劇の感想を書いて手紙を出したら、すぐに電話をくれました。ウィーン・フィルのオペラ公演の指揮もあるけど高価で行けないわよ、というと、ゲネプロ（総稽古）に主人もいっしょに招いてくれ、前の席には大江健三郎親子がいらしていた。

彼の指揮はいつも激しく、よく動きますよね。汗をたくさんかいて楽屋に戻るとすぐに浴衣姿になっちゃって、会う時はそんな姿ばかり。演奏中に指揮台に指をぶつけて、ずいぶん指を骨折したとも言っていた。自分が音楽家としてどこまでいくかは実験と言っていました。高校は桐朋に行かれたけれど、そのあとも小澤さんの姿はよく成城で見かけました」

と、井村は小澤と成城のつながりを強調する。

成城への通学には往復五時間近くかかるので、小澤は教師の家に半年ほど下宿させてもらったり、成城の教会の二階に住み込んで、オルガンのアルバイトもさせてもらったりした。これらは全て小澤が一人で交渉して決めてきた。部活にも積極的で、成城は伝統的にラグビーが盛んだったから、その花形運動部に入部した。

さくらが学校を訪ねた時には、思春期の少年にありがちな羞恥もみせず、遠くから「おかあちゃーん！」と呼びかけて駆け寄って行ったので、友人からは「君のおかあちゃんによろしく」などと書かれた年賀状もきた。

小澤の初恋もこの頃のようだ。相手は後年女優となった表《おもて》泰子、本名華表《かひょう》恭子である。瞳の大きいアイドル的顔つきで、東宝の舞台や映画「愛染かつら」などに出演した。

華表の親類で、女優岡田嘉子の甥でもある滝口明は、「恭子さんは四十歳ぐらいで亡くなったのだけど、その葬儀に小澤征爾さんが参列していて驚いた。法事にも来てね。普通、法事は親戚だけでしょう。どういう関係だったのだろう」

二人の関係に詳しかったのは、恭子の従兄弟である元日本航空社員の寺澤龍二である。

「成城時代から小澤さんは彼女に夢中で、恭子ちゃんの後ろの席から、はにかみがちな少年がするように、背中を鉛筆でしつこくつついてきたらしい」

小澤は高一が終わると桐朋学園へ進み、恭子の方は東宝に入り女優を目指した。無名時代の小澤の気持ちを受け入れて交際しながら、恭子は俳優の卵として稽古に明け暮れていた。しかし、恭子の前に先輩の伊丹十三が現れ、小澤との関係は清算された。

その後、恭子は東宝ミュージカルの音楽監督を務めた作曲家内藤孝敏と結婚し、二女をもうけた。前述したように、四十歳という若さで亡くなって寺院で営まれた通夜の最後列には、思いもかけずボストンからお忍びで来た小澤の姿があった。そして翌日、リュート奏者を連れて現れ、その響きが本堂に流れて、恭子は音楽葬で送られた。

小澤は長い時間、静かに目を閉じていて最後に深いため息をついた。一度、好意を持った人には、最期までとことん付き合う主義のようだった。

にいちゃん、俺指揮者になりたい

中学に上がると、小澤は小田原のピアノレッスンに通いきれなくなり、開作の北京時代のツテで、バッハの専門家といわれるピアニスト・豊増昇に教えてもらうことになった。成城では学校の先生の家で下宿生活を送り、ラグビーの練習にも明け暮れていて、学校の講堂のピアノや教会のオルガンで練習をしていたが、十分とはいえなかった。

豊増昇はその頃、バッハ没後二百年に合わせた〈バッハ・クラヴィーア独奏曲の全曲演奏会〉全十五回を目前にしていて、弟子はこれ以上とらないとしていたのに、無理やり入門させてもらった。

豊増の同門には小澤の一歳年下でピアニストとなった舘野泉がいて、レッスンではいつも自分でやりたい曲をもらっていた。バッハ、ベートーヴェン、モーツァルト、ショパン……。他の弟子もショパンやリストを弾いているのに、小澤はバッハばかりを与えられた。

毎週土曜日、ラグビーで泥だらけになった体を学校近くの銭湯で洗い流し、電車を二回乗りかえて品川区九品仏にある豊増宅に向かった。泥だらけで駆けつけることもあって、鍵盤や椅子の白いカバーを汚して夫人に叱られたこともあった。さすがに気が引けて玄関で辞去したこともある。ときどき豊増の息子が傍で聞いていて、「この人へただね」と言われたエピソードは、さくらが夫人から聞かされている。弟子はよく弾ける生徒ばかりだった。

月謝もよく滞納し、長く滞納した後にさくらが持っていくと、豊増はいいと言って受け取らなかった。さくらにすれば心底ピアノに打ち込んで欲しいと思った。ラグビーをやめる約束もしたが、小澤は隠れて続けていた。

ある日、小澤が「ただいまっ」と帰ってきたと思ったら、障子の向こうから、「おれ、擦り傷負っちゃった」というので、さくらが障子を開けてみると、顔のあちこちが傷だらけだった。

小澤の著書『ボクの音楽武者修行』にも、内緒で四校対抗定期戦に出て思い切り走り回り、顔

や手や腕に傷をいっぱいつけてしまって、帰宅した時のことがユーモラスに描かれている。それで、

〈家に帰ったらさっそく母に見とがめられてしまった。

「柱にぶつかったんだい」

と言って、その場をうまく逃れたつもりでいたが、これはのちのちまでもわが家のお笑いになってしまった。どんな太いデコボコな柱にぶつかったって、手と腕と、おまけに顔中がすりむけることはないはずだ。そんなことをしながらも、とにかくピアノのレッスンに通っていた。指揮者になりたいと思うようになったのは……〉

と続いていく。晩年にはなぜか、指を骨折してピアニストを断念したと言うようになったが、レッスンには通っていたのだった。

小澤が指揮者になりたいと思うようになったのは、日比谷公会堂に行って、レオニード・クロイツァーがベートーヴェンのピアノ協奏曲第五番「皇帝」を自分でピアノを弾きながら指揮した演奏会を見てからだった。

「にいちゃん、俺指揮者になりたい」

小田急線の最寄りの新松田駅に向かって、俊夫とふたりで歩いている時だった。

「それなら、おふくろの親戚に指揮者がいるから話してごらん」

小澤の中では、ピアノでは覚えたことがなかった感動を、オーケストラの響きに感じた。神業

とも思える演奏に体が芯から震えた。ここから指揮者を目指したいという明確な目標ができたようである。「週刊朝日」（一九六七年十一月十七日号）には、こんなふうに書き記している。

〈イグナチオ教会でパイプオルガンの低音をきいて、胃袋がふるえて困ったことがあったが、ちょっとそれに似た感動をクロイツァーの演奏からうけて、決定的に音楽家、とくに作曲家か指揮者になることを心に決めた。豊増先生も「よかろう」と賛成してくださった。ピアノじゃとてもダメだとお考えになったのだろう〉

豊増としては、ラグビー優先の小澤の本気度を測りかねていたのだろう。

ピアノは高度に複雑なメカニズムを要求される楽器であり、忍耐強い練習の継続性があってこそ初めて完成度の高い演奏が可能になる。小澤が与えられ続けたバッハは、左右の手、指の動作の均等さが求められる楽曲でもある。

桐朋学園大学初代学長で、全国の門下生三千人を率いたピアニスト井口基成は十六歳からという晩学だったが、一日十数時間でも練習することができた。それでも目指す高みに到達できなかったと感じて、一九四八年、斎藤秀雄らとともに早期教育を重視する「子供のための音楽教室」を市ヶ谷の東京家政学院内に創設したのだ。この音楽教室が一九五二年に桐朋女子高校に音楽科（共学）をつくるきっかけとなる。

チェロ教育家としての斎藤は、「プロになるつもりなら教えよう」とレッスンを乞い願う小学生に告げ、一日に六時間の練習を課していた。プロを目指す楽器奏者とはそのようなものである。

さくらによると、小澤は桐朋に入ってからも豊増のレッスンを受け続けていたが、ある日、レッスンに行こうとすると斎藤から、「もうお前ぐらい弾けたらピアノのレッスンは受けなくてもいい」と言われたとのことで、豊増のレッスンは終わりを告げたという。

ちなみに斎藤門下の後輩秋山和慶は、ピアノも小澤と同じ豊増門下である。秋山は中学時代に桐朋オーケストラを聴き、思わず楽屋に小澤を訪ねてその感動を伝えた。すると小澤は、「先生、こいつ指揮者になりてえってよ」といい、「小澤のあとはいねえからな」と斎藤が答え、秋山の入門が決まった。豊増からは東京藝術大学のピアノ科に進むように言われていた。そのため、秋山の報告に「桐朋なんかに行くのか」と色をなしたが、決心が変わらないとわかると、桐朋の学長の井口基成を知っていると紹介状を書いてくれた。小澤への反応とは違っていた。

賛美歌グループの指揮者

小澤は行動の人だった。ピアノよりもオーケストラに惹かれて指揮者になりたいと熱望し、中学三年になってから斎藤秀雄を唐突に訪ねた。

斎藤は留学から帰国後、新交響楽団（後のＮＨＫ交響楽団）のチェロ首席となり、退団すると戦中は指揮者として活動を始め、四八年には前述のように井口基成や吉田秀和らと「子供のための音楽教室」を旗揚げしていた。

この頃開作は雑誌「人物往来」の記者として取材活動をするようになり、小澤家は金田村から引っ越して、世田谷代田にある元軍人の家の二階の二間を借りて住み始めた。末弟幹雄が成城学園中学に入学して半年ほど経った一九五〇年頃の話である。

小澤の指揮者への憧れを聞いて、さくらは「おとらおばさん」を思い出し、息子で指揮者・チェリストとして活躍する斎藤秀雄の名前を口にした。小澤は斎藤の自宅が麴町の英国大使館の隣だと聞くとたちまち向かった。

斎藤の自宅は戦災で焼けて旗本屋敷のような邸宅ではなくなっていた。門を入って扉の前に立つと、目の高さに茶色の小窓がついていた。小澤がベルを鳴らすと、そこから鋭い眼光が覗いた。この時の視線を小澤はずっと覚えていた。扉が開けられると、色の黒い、瘦せた不機嫌そうな男が立っていた。

「弟子にしてください」

小澤はひとこと言った。

「こういう時はたいがい親がついてくるもんだけど」

この時の行動も小澤家では語り草となっている。俊夫は「征爾は一人で訪ねていって、斎藤先生に呆れられたようです。さらに『先生、おとらばあさんって、知ってますか』と尋ねたんですね。おとらおばさんの話は僕ら、よくおふくろから聞いていて、子供心にも面白い名前だと思って覚えていましたからね。すると斎藤先生は、『ああ、それは俺のお袋だ』と言ったものだから、征爾はびっくりしちゃって」

斎藤秀雄

小澤はとらと秀雄の関係など確かめないまま訪問したのだった。

斎藤は「ウンウン、おとら、おとら」と言いながら、今すぐ弟子にするわけにはいかないが、来年音楽学校を作るから、指揮者になりたいのだったらいったん成城学園高校へ入学して、次の年に桐朋女子高等学校に新設される音楽科の一年へ入学すればいいと、いとも簡単に小澤に一年間の待機を告げた。この年には「子供のための音楽教室」でオーケストラ教育も始まっており、それを指揮する生徒を育てることができると、斎藤は上気したことだろう。

斎藤はチェロの弟子は厳格に選んだが、まだ試行錯誤中の指揮については試験をして弟子とするかどうか決めることはなかった。指揮をほんとうにやりたいのか。楽器はなにができるのか。聴音をとれるような耳があるか。そんなことを見ていた。

秋山よりさらに後輩の指揮者・井上道義は、小澤の成功を見て日本でも斎藤秀雄に師事すれば指揮の勉強ができると考え、成城学園中学二年の十二月に母とともに斎藤を訪ねた。ショパンなどピアノ曲を二曲弾くと、「よし、わかった」と簡単に門下になることを許された。

「和声やソルフェージュを習ったことがあるか。桐朋の子達は『子供のための音楽教室』でやっているから大変だぞ！」といった斎藤が次に口にした言葉に、井上は強く惹かれ桐朋を目指すことになる。

「オーケストラを振れるぞと、そうやって小澤さんの心も僕の心も先生はくすぐったわけ。その時初めて桐朋にオーケストラがあることを知った。そんな学校、世界中になかったから」

帰宅した小澤から斎藤を訪ねたと聞いて驚いたのは、さくらのほうだった。高校一年をダブるということは、学費が二年分かかるということである。そもそも桐朋の学費はどれくらいなのか。しかし、小澤はすでに走り出していた。ひとりで市ヶ谷で土曜日に開かれている子供たちの弦楽オーケストラを見に行ったこともあった。講師のヴィオラ奏者河野俊達が、目玉をギョロギョロさせてじっと見ている男の子を気にすると、斎藤が「ああ、あれか。俺の親戚なんだ。小澤ってんだ」と見学を許した。

一方成城学園には、旧制成城高等学校時代のOBがつくった男声合唱団コーロ・カステロがあり、ロシア民謡や黒人霊歌、日本民謡など多彩なレパートリーをもっていた。小澤はこの合唱団に参加させてもらった。指揮者を前にして歌ってわかったのは、指揮によってハーモニーやリズム、アクセントなどが変わる、つまり音楽自体が変わることだった。どうしても指揮をしてみたい。しかし、コーロ・カステロはOBの合唱団であり、自由に指揮をするには、俊夫たちの入っていたような合唱団をつくって自分が指揮者になるしかない。まだ四拍子の振り方を兄たちに確認するレベルだったが、小澤は幹雄や同級生たち十数人を集めて混声の賛美歌グループをつくり、中学のミュージックホールに週一回集まってもらい、指揮をするようになった。これが発展して合唱団「城《しろ》の音《ね》」と名を変えた。成城学園は小澤の根っこだった。

小澤がフランスに向かう時には、成城学園中学の友人たちが新宿の居酒屋に集まって、この異色の友人を送り出したし、世界で名声を得て帰国した時でも、心おきなくつきあえる同級生だった。

桐朋女子高等学校音楽科へ

小澤が入学したのは東京・調布市にある桐朋女子高等学校である。この女子校の中に音楽科が併設されることになったのは、「子供のための音楽教室」（「音教」）の父兄の中にいた、財界人で面倒見のいい江戸英雄の尽力によるものだった。江戸の妻は井口基成門下のピアニストで「音教」で講師を務めていたし、長女京子、次女純子、三女涼子も学んでいた。教室の一期生は四歳から小学六年生までで、最年少が後年世界的ピアニストとなる中村紘子だった。聴音やソルフェージュなどは年齢も男女の区別もなくクラス分けされた。

その一期生たちが聴音能力やコンクールで想像以上の成果をあげ、中学三年となった子供たちを他の教育者にゆだねることができなくなり、延長線上の教育機関が模索されはじめたのだ。一期生には江戸の長女京子もいた。

当初、江戸は慶應、立教、早稲田などに音楽科は設置できないものかと打診したが、色よい返事をもらうことはできなかった。ちょうど江戸の旧制水戸高等学校時代の同級生が東京教育大学の学長をしていて、関係のある桐朋に空いている教室があると知らされた。しかし、女子高等学校である。江戸はこの頃のことをこう懐かしんでいる。

「桐朋の教員組合が反対、父兄会も反対。だいたい男女共学なんてもっての他で、男で音楽なんてやる奴は不良だということだった。だが、校長の生江義男が非常に力のある男でしたから、生江が言うと理事会でも聞かざるを得なかった。結局、音楽科に五十人が入り、男が四人で、小澤もその中に潜入した。女だけっていう建前ですから、父兄には隠して非公式に男が入った」

生江は入学試験で小澤を面接している。

「男の子が入るということは、今、大きな問題になっている。君も、その点をよく考えて、ひとつ、しっかりした行動をとってほしい」

そう言うと、小澤はいかにもいたずらそうな顔つきをして、舌をぺろっと出した。

三年経つと音楽科一期生が卒業するので、江戸は今度は一九五五年の短期大学設置に奔走し、さらに六一年の桐朋学園大学音楽学部創設の時には広く財界に呼びかけ寄付を募った。音教創設

江戸英雄

以来、桐朋音楽科に関わり続けたわけである。

そもそも桐朋の音楽科はこれまでの音楽学校のようなものでなく、私塾のようなやり方を目指す学校として出発した。古い建物の一部を借り、あばら屋同然のバラックを建てて校舎とした。配電室が練習所であり、実技は、学校の設備が少ないのでオープンシステムという耳ざわりのいい言葉を使って、先生の自宅で個人レッスンを受けるシステムとした。これが良い成果をあげ、優秀な生徒が輩出した遠因になったと井口基成は回想している。

また、斎藤は桐朋に音楽科を創設した時、「目的はオーケストラを作ることなんだ」と明確だった。音楽学校の目的は、卒業したらオーケストラで働けるように、日本のオーケストラのレベルを上げることだと口にしていた。当初、管楽器の生徒がいないために既成のオーケストラ譜は使えず、斎藤は、オルガンなど他の代用楽器のオーケストレーションの譜面を全て自分で書いていた。どんな曲を選び、代わりの楽器の音程はどうか。チェロなどの弦楽器のみならず、ピアノ、時に声楽の生徒までもレッスンしており、指揮教室も運営していて休日は一日たりともなかった。桐朋オーケストラはたちまち三つに増えたから、この作業も急がねばならなかった。

小澤の桐朋音楽科の入学式には、さくらの代わりに大学生になっていた俊夫が出席した。さくらが斎藤に会ったのは入学後だいぶ経ってからで、入学してもまだ本気度を測りかねていたと思われる。というのも、小澤は放課後になると桐朋から徒歩で三十分ほどの成城学園に行き、ラグビーの練習に参加し続けていたからだった。最初、成城に通うのは、斎藤から「ソルフェージュがダメだ」と言われたので、小林福子のレッスンを受けるためだったが、そのうちラグビー部の練習にも参加するようになったのだ。音楽科でスポーツをしようという生徒はおらず、音楽第一の学校生活を送っていた。一日数時間、稽古をしなければならなかったし、スポーツは指の怪我をする恐れがあったからだ。

斎藤の指揮教室は日曜日に自宅で開かれていた。ここには、自由学園出身の久山恵子や三歳年上の山本直純もいた。山本は父から徹底した早期音楽英才教育をほどこされていて、小学生ですでにベートーヴェンの交響曲の和音の仕組みを語るほどだった。東京藝術大学の指揮科に行くと言うと「そんなところ行くな」と斎藤に言われたため、同大の作曲科に在籍し、岩城宏之と学生オーケストラをつくろうとしていた。教程では、七つの基本動作が終わると、オーケストラに見立てた二台のピアノに向かって指揮することになる。小澤はいつも山本と久山と一緒で、ある時、ピアノ担当になった小澤が不勉強のために、口三味線で「ラララー」と歌ったことがあった。「ばかにするな！」と斎藤の怒りは頂点に達し、スコアで叩かれたり投げつけられたりした。怒られていない山本共々、斎藤の自宅から靴もはかずに逃げ出した。

小澤は斎藤にパート譜を作る作業を手伝わされ、印刷所との校正のやりとりもした。自分の指揮教程の譜読みもしなければならず、成城学園にラグビーもしに行かなくてはならない。バラバラになったスコアを持ち帰り、幹雄に手伝ってもらってセロハンテープで貼り直すこともあった。鬱憤がたまったのか、帰宅するなり、本棚のガラスを手で叩き割ったこともある。土曜日のオーケストラではたった十数分の演奏に毎週練習を積み重ね、曲を仕上げるのに一年半かかることもあった。曲が体に染み込むまで徹底的な練習が積み上げられた。

桐朋オーケストラの演奏会は少なくとも半年に一度は行われていたが、小澤が最初振らせてもらえたのは、プログラムの一番短い序曲などの一曲だけで、他は斎藤や東京交響楽団の常任指揮者だった森正《もりただし》らが振っていた。

小澤が初めて振った長い大きな曲が、短大進学後の五六年、日本青年館でのチャイコフスキーの「弦楽セレナーデ」だった。これは小澤が晩年まで振り続けた曲となる。卒業公演で小澤が指揮したのも、やはり生涯こだわり続けたバッハの「シャコンヌ」（斎藤秀雄編曲）である。

斎藤は、バッハはオーケストラの基本、西洋音楽の起点であるとして、子供にも、ひたすら弾かせるだけでなく、対位法やメロディの動きなど、音楽の成り立ちを教えようとした。

忘れては困ることを、後でもう一度練習できるように、赤や青など「総天然色」の色鉛筆を使って書き込ませ、音符が読めなくなるくらいだった。小澤もこの楽譜を大切に持ち歩き、晩年まで譜面台に置いていた。チェリストの堤剛は振り返る。

「小澤さんは、ボストン交響楽団で斎藤先生編曲のバッハ『シャコンヌ』を振られたことがあるが、それはプロのオーケストラに演奏してもらおうと思って書かれたものではない。先生の編曲には演奏法からメロディの使い方など全てが書き込まれていて、小学生や中学生だった私たちのために編曲なさったもので、四声でできていた。それをオーケストラで練習させていただいたおかげで、一人でやるよりも、よりはっきりと音楽の構造を学んだ。そういう早期教育だった」

卒業公演で小澤の指揮した「シャコンヌ」を聞いた山本直純と岩城宏之は、「これは先生の精神のシャコンヌだなあ」と感慨深げに呟いた。

高校卒業の頃から徐々に小澤にチャンスが与えられるようになり、〈短期大学設置記念演奏会〉や〈奨学資金募集音楽会〉、地方公演でも指揮台に立った。しかし、舞台に立つ機会は年に数回もなかった。

ピアノや指揮のアルバイト

小澤は斎藤から、音楽を知るためにピアノを弾くように言われていたから、弦楽器奏者のピアノ伴奏を多く引き受けた。ヴァイオリンの堀伝も試験のときにピアノ伴奏をしてもらったことがある。

「弦楽器の試験では、だれかに伴奏してもらうことが必要だったが、桐朋ピアノ科の生徒はピアニスト志望ばかりで、伴奏をやりたがらない。そこで小澤くんの出番が多くなった。伴奏ピアノにもテクニックが必要だけれど、小澤くんの場合、全部音符を弾くわけでなくポイントだけ、大事なところをポンポンと弾いてくれる。ヴァイオリンと合わせるツボをわかっていて、そういうピアノは合わせやすい。神経がぜんぜん違うところでやっているのだな、と思った」

毎年秋の「日本音楽コンクール」には、「音教」や桐朋から大勢の生徒が挑戦した。弦楽器部門では第二次予選までピアノ伴奏で行われ、毎年約十人が小澤に伴奏を依頼していた。ヴァイオリニスト・鷲見三郎門下の佐藤陽子も小澤の伴奏でコンクールを受けた。

佐藤に、小澤に伴奏を頼んだ経緯について尋ねてみた。

「母が小澤さんを気に入ってお願いしたみたい」

確かに、小澤より十四歳も若く幼かった佐藤が、伴奏者を人選するはずはない。小澤に伴奏を依頼したのは、コンクールの時だけではなかったという話もしてくれた。

「鷲見先生のところの発表会でも、母は小澤さんにお願いしていた。でも、若い頃の小澤さんは、おっちょこちょいなところがあったの」

佐藤は詳しい説明を避けた。しかし、偶然にもその直後に取材した同じ鷲見門下で、その発表会に参加していた和波孝禧《たかよし》が「決して忘れられない記憶」として、小澤について語った。

「その発表会では佐藤陽子ちゃんがトリでした。曲はチゴイネルワイゼン。自分の演奏が終わったらすぐ客席に行って聴くことになっていて、終わりから三番目の僕は演奏を終えて客席に座り、いよいよトリの陽子ちゃんの番になった。ところが、ここで休憩に入ります、と突然アナウンスがあった。五分か十分が経ち、今度は、伴奏者が来ないので無伴奏で始めます、というアナウンスが入った。それぞれの生徒が自分で伴奏者を頼むことになっていて、陽子ちゃんの伴奏者が小澤さんだったんです。彼女は無伴奏で弾きだして速いパッセージが始まる前に、小澤さんが飛び込んできた。それで、もう一回冒頭から弾き始めました。

僕にとっては、強烈なインパクトでした。それまでは小澤さんの名前も知らなかった。伴奏はとても上手でしたよ。ソリストを見ながら、呼吸を合わせて弾いているというのが伝わってくる伴奏でした。チゴイネルワイゼンは、彼女はまだ子供でテンポが不安定になったりしたけど、小澤さんはそれにつけて弾いていました」

「日本音楽コンクール」の課題曲を練習するために、伴奏してもらう生徒たちは入れ替わり立ち替わり小澤宅を訪れた。小澤家は世田谷代田の二間の貸間から、さらに安い東京農大の空き教室に移り、そしてこの頃は京王線笹塚駅近くの三部屋の貸間に住んでいた。

小澤のピアノ伴奏に合わせてコンクールの猛練習が朝から晩まで続いた。幹雄は都立高校から大学受験を目指している最中で、集中できずに参ったと回想している。ほどなく開作はほぼ二十年ぶりに歯科医に戻る決心をして、川崎大師にある病院の歯科に勤めはじめた。

日比谷公会堂で行われる予選では、ソリストが入れ替わっても伴奏は同じ小澤で、舞台の袖にひっこんではまた登場することが繰り返され、客席から思わず笑いが漏れた。

小澤がこれほどピアノに向かっていたのは、指揮教室でピアノを弾くためだったと、連弾した桐朋一期ピアノ科の本荘玲子は回想した。

「小澤くんとはオーケストラ曲でピアノの連弾譜になっているものを片っ端から、休み時間も昼休みも弾いていた。当時は木造校舎なので聞こえっぱなしだったんだけれど、授業が始まっても先生も友達も呼びに来ない。小澤くんも、授業はじまってら、なんて。小澤くんが空いていたら、先生は彼によくピアノを弾かせていましたよ。当時、彼は江戸英雄さんの紹介で、三井の従業員が集まるコーラスの指揮に週に一回ずつ行っていた。私も行ってピアノを弾かせてもらって、いいアルバイト料をいただきました」

小澤はそれまでに色々なアルバイトをしてきたが、三井グループの従業員らが結成した三友合唱団は指揮で金を稼いだ最初で、一番長く続け、「常任指揮者」のように、全国合唱コンクールにも出場した。

「小澤さんの指揮は解りやすくて綺麗でしょう。だから桐朋を卒業して他のオーケストラをやるようになって、見にくい指揮を初めて経験したの。指揮というのは見やすいものだと思っていたのね」

本庄が解りやすいと言うのは斎藤指揮法のことで、これは楽壇に浸透し続け、日本には何か特別な指揮法があると世界的に知られるようになっていく。

その頃開作は歯科医院をやっと川崎に開業したが、すぐに経営が軌道に乗るわけではなかった。小澤はオートバイ通学を始めることにしたが、やはり友人宅をよく泊まり歩いていた。

始めチョロチョロ、中パッパ

斎藤は、ＮＨＫ所属の東京放送合唱団（東唱）の練習に小澤を同行させている。ＮＨＫが内幸町にあった時代で、屋上には木造の練習所があった。斎藤の指導は微に入り細を穿つもので、熱心に勉強したい団員にとってこれ以上ない指導者だった。練習では、まず小澤がポンとピアノを鳴らす。団員が音をとる。オーケストラであれば、音は鳴ることは鳴る。しかしコーラスはひとつのハーモニーでも、指揮者がニュアンスを教えなくてはならない。

当時、ＮＨＫの音楽プロデューサーだった長谷恭男は、東唱の練習に立ち会うのが好きでよく見学していた。斎藤は時間に厳格で、ひとりでも遅刻者があれば練習を絶対に始めないことも見てきた。交通機関はまだ整備されておらず、電車やバスの故障や遅延も多く定時に全員がそろうのは難しい時代だった。

指揮が斎藤だと団員は緊張して早めに到着したものだったが、時に二、三人が遅れていると、斎藤は怒って練習場から出ていってしまった。桐朋のオーケストラ授業の場合と同じだった。そんなときには、担当の女性プロデューサーが階段を駆け下りて、エレベーターの前で斎藤を待ち構えてなだめて連れ戻した。これが桐朋では小澤の役だった。それほどまでに時間に厳格であることが要求された。

遅刻は厳禁である。

NHKでのフォーレ作曲の「レクイエム」の練習の時、斎藤は、小澤と高校一年の秋山和慶を同行したことがあった。ピアノ伴奏が小澤に指名されたので、長谷は最初「大丈夫かな」と思ったが、いざ練習をはじめると滞りなくうまく弾いた。

その翌日も、また同じ練習のはずだった。朝十時、団員全員が着席し、いつ練習開始となってもいい態勢で、斎藤はすでに指揮台に立っていた。側には秋山がかしこまって控えていた。

しかし、小澤だけが来ない。練習場は水を打ったように静まっていた。団員たちはどうなることかと息をつめていた。時計を見つめ続ける斎藤の顔面がひきつり、頬のあたりの神経がひくひく動きはじめた。「小澤の野郎、俺がこんなにあいつを引っ張ってやっているのに、遅刻とは何事か」と考えているように長谷には思えた。

十分が経過した。そのとき廊下のかなたから走る足音が近づいてきた。ドアが開くと小澤が飛び込んできた。

秋山も、この日のことを鮮明に覚えている。

「小澤さんが十時のリハーサルに遅れてきて、ペタペタと草履を履いて入ってきた。斎藤先生が、オザワッ！　と怒鳴りそうなのを、小澤さんが『先生、すみません、一階の玄関にタクシー待たせているんです』と言った。小澤さんが遅れてくるわ、その上タクシーに乗ってくるわ、というので斎藤先生はカンカンになっているわけ。でも小澤さんが、遮るように手を出して『先生、すみません、金貸してください』って。そう言われたら、さすがの斎藤先生もぷうっと吹き出してしまって怒れなかった」

団員一同は爆笑、斎藤はポケットの財布を小澤に投げ与えた。小澤は急ぎ足で出て行った。

そんな事件があった数ヶ月後、長谷は斎藤からラジオ番組出演の件で電話をもらった。

「いちど小澤に合唱の指揮をさせてやってくれ。絶対に責任を持つから」

ピアノ伴奏ならいざ知らず、小澤に指揮とは。ラジオの「東唱の時間」は東京放送合唱団としての主要番組だった。指揮は大御所の斎藤秀雄か高田三郎と決まっていた。

「即答できません」と長谷は応じ、上司に相談してみた。

「斎藤先生に頼まれたんじゃや、断れないでしょう」


こうして小澤はチャンスを与えられた。まず一曲目はドイツ民謡を編曲した女声合唱である。

東唱は日本一のプライドもある。小澤にしてみれば団員は自分の母親と同世代で、「おっかない東唱のオバチャヤマ」のはずだった。ところが、小澤は怖れるふうもなく指揮台に上がった。

「この曲はゆっくりしたピアニッシモに始まり、途中で盛り上がります。そして、またディミヌエンドして終わるんです。ほら皆さん、おっかさんだから知ってるでしょ。ご飯を炊く要領ですよ。始めチョロチョロ、中パッパという曲です」

爆笑の渦となった。

長谷はその強心臓ぶりに驚いた。しかし、その彼がまさか〈世界のオザワ〉と呼ばれるようになろうとは、このときは夢にも思わなかった。

ダメでもともと

斎藤の門下生たちが口をそろえて回想するのは、その厳しさとともに、演奏解釈の授業の素晴らしさである。それは弦楽科の必修授業であり、あらかじめ割り当てられていた演奏者が弾き終わったところで批評に入る。生徒も自分なりの批評をしなければならなかった。どこにアクセントをおき、どう歌うべきか。音の意味について、それこそ父秀三郎が英文法を分析したように、フレーズをイディオム（慣用句）のように見立てて曲を分析して教えた。

斎藤には『指揮法教程』という教則本があるが、演奏解釈を本としてまとめようとした時期もあった。小澤の弟弟子でもある指揮者井上道義が「先生は永遠に偉大だ」というのは、この演奏解釈によってである。

「国によって言語が違うように、作曲家によって言葉は違い、バッハにはバッハ語があることを先生が見つけ出した。大したことだというのが今ならわかる。あの頃は教えられるだけだったから、気がつかなかった。先生は、これはドイツ語、これはキリル語だ、文化によって音楽のアクセントが変わる、だったらどこにアクセントをつければいいか、と考えた。指揮に加速と減速があり、力を抜くことも、世界で最初に先生が理論づけた」

斎藤は、理科的頭脳で音楽を考えていた。毎週土曜日午前、小澤と、ピアノ科ながら指揮を勉強するように勧められた桐朋一期の徳丸（旧姓・竹前）聰子が斎藤宅を訪ね、斎藤が演奏解釈の理論を話し、二人はそれを一冊の本としてまとめる役だった。それが終わると昼食を一緒に食べ、午後は桐朋のオーケストラの練習があるので斎藤の運転で調布に向かった。そのあとは食べ物にもうるさい斎藤おすすめの店でのおごりの夕食で、小澤と徳丸は土曜は二食、斎藤とともにした。日曜は指揮教室で、夏休みも一日も休みがない。

徳丸は、「二年間、演奏解釈のために斎藤先生のお宅に通ったのだけど、小澤さんも私もまったくまとめることができなかった。とうとう『お前ら、文才がなーい』と言われて終わりました」と笑う。そういう束縛は、小澤にとっては苦痛だったかもしれない。

小澤はいつも金欠だったからおごりはありがたく、家に蓄音機がないころは、名曲喫茶に入り浸っては曲を覚えた。問題は、どうしても見たい演奏会や公演をどうやったら切符を買わずに見られるかだった。幹雄は、そこには小澤の「ダメでもともと」精神があったと回想している。

幹雄は小澤と一緒にボリショイバレエを見に行ったことがある。二人は、伴奏の東京交響楽団の楽員と同じように黒上着に蝶ネクタイをしめて、紛れて侵入した。黒人霊歌の来日公演にも密かに入って二人で一つの座席を分け合った。小澤は「当たってくだけろ」主義で、「入れたらもうけもの」と考えているように思えた。日比谷公会堂の切符切りのおばさんにつまみ出されても、気にしなかった。こうして外国人のソリストは逃さず聴いた。

五五年、短大一期生となった五月のある日、斎藤から「シンフォニー・オブ・ジ・エア」の公開練習を聴きに行ってこいと命じられた。「指揮者トスカニーニが率いていたアメリカのNBC交響楽団の後継オーケストラの初来日だ」と言われても、ピンとこなかった。これは本格的な海外オーケストラの初来日だった。海外のオーケストラはどんなものか。斎藤の指示なら正々堂々と入場できる。

冒頭でティンパニの音を聴いたとたん震えた。これが海外のオーケストラか。音量も響きも日本でこれまで聴いてきたものと違うではないか。このオーケストラはN響との共演もしたが、N響楽員たちは響きよりもまず、彼らが使っている楽器の立派さに驚き、「あんな楽器を使って私たちも演奏してみたい」という感想を漏らしている。日本では楽器の輸入もまだ自由にできない時代で、戦前からの古い楽器を借りて直しながら使っている楽員もいた。

小澤はこの時から海外への憧れを強めていった。

小澤がいつでも自由に振れるのは、成城学園中学三年の時に自らつくった合唱団「城の音」だけだった。クリスマス音楽会では終了後、ローソクを手にして成城の町を一晩中、明け方まで賛美歌を歌って練り歩いてきた。しかし短大卒業の前年暮れ、その頃飲みすぎたということもあったらしいが、肺炎を起こし微熱が続いた。桐朋音楽科の初期には、「マザー・ジャイアンツ」と呼ばれる面倒見のいい保護者たちがいて、八期生のヴァイオリンの松田洋子の母がそのリーダー的存在だった。さくらから小澤の様子を聞かされると転地療養を提案し、松田の父が勤務する公社の湯河原の社宅に滞在できるように便宜をはかった。後にサイトウ・キネン・オーケストラ創立メンバーにもなる松田は、自身の小学校時代から小澤を見てきた。

「ある時、私が湯河原のおばあちゃんの家に行くと、どういうわけか、そこに小澤さんがいたの」

小澤がなぜか社宅から移っていたわけだ。松田の東京の家には、一期生のピアノ科の学生が一人下宿していたため、堀や小澤がしょっちゅう来て泊まったりもしていた。小澤は「まだ結婚なんて考えられないヴァイオリンの女の子にプロポーズしたりしていた」とも言う。

小澤は単位不足のために短大を卒業できず、七月の追試で卒業となった。それは当時、桐朋の講師だった作家の丸谷才一が教えていた英語だった。英語には悩まされ続けたようで、成城学園中学・高校の二〇二五年入学案内のスクール・ガイドには「成城学園中学校で過ごした3年間が私の一生のうちで一番楽しかったです」との見出しで、こう続く。

〈成城学園高校に入学したときは中学より段違いに勉強が難しく、特に英語と数学でつまづいたことを覚えています。しかし音楽（コーラス）は自由に学べたし、古巣の中学ラグビー部にも気楽に戻って楽しんでいました。今もラグビー部を応援しに行くと、学生の皆さんから元気をもらいます。私は若いとき、外国に出て仕事を始め、コトバで大変苦労しました。もし私が君たちの年頃で、英・独・仏・伊語のうち、一つでもやっておけば、もっと良い指揮者になれたと思います。日本語は素晴らしいコトバですが、世界の共通語ではありません。だからこそ私から君たちに贈る言葉はひとつ、「君たちは将来何をするにせよ、語学だけは絶対やっておきなさい」〉

短大の卒業証書は五七年七月にもらったものの、小澤にプロの指揮者として収まるところはなかった。一人前の音楽家として収入の道はなく、結局、在学中同様、斎藤の助手のままであり、指揮するのは桐朋オーケストラだけだった。

同期生たちは次々と留学していった。井口基成に師事したピアノ科の江戸京子は、井口から、パリ国立音楽院教授の巨匠イヴ・ナットにつくように言われ、フランス政府給費留学生試験をパスして、高校を卒業してからもう二年以上パリに留学していた。

いわゆる良家の子女が多い桐朋音楽科では、奨学生としてあるいは私費で海外へと飛び立つ者が多かった。高校や短大を中退して留学する者もいた。いかに留学が多かったかは、桐朋同窓会の名簿が卒業年度でなく、入学年度で分けられていることからもわかる。小澤はいつも羽田空港で見送る側だった。

僕だけ何もなかった——群馬交響楽団

時間が少し戻るが、小澤が短大在学中のある日、斎藤の指揮教室に一人の男が訪ねて来た。群馬交響楽団の生みの親の丸山勝廣である。戦後すぐ創立された群馬交響楽団の名前は、映画「ここに泉あり」（一九五五年、岸惠子主演）で全国に広まっていた。高崎という一地方都市でつくられた市民オーケストラが、プロの交響楽団へと成長していく実話をもとに制作された日本初の音楽映画だった。丸山は学校や議会をまわり「移動音楽教室」と称した音楽会、つまり現在では文部科学省や地方自治体で当たり前になった音楽鑑賞教室を発想し、トラックに楽器を積み込んで雪深い山間の学校をまわった。そんな生のオーケストラの響きを子供たちに提供しようとした丸山をモデルにした役を、小林桂樹が演じた。

戦前に詩人萩原朔太郎のマンドリン倶楽部で演奏した丸山は、戦後は文化国家をつくることが日本の目標と考えて楽団を旗揚げした。実行力とアイディアに富んだこの情熱家は、小澤にも大きな影響をあたえる。

　群馬交響楽団の第一回定期演奏会では疎開で縁のできた山本直忠を指揮者とし、東京から著名なピアニストや声楽家が招かれた。しかし、彼らもギターやアコーディオン入りのオーケストラにはたじろいだはずだ。丸山に動かされたNHK音楽部長は「奇跡を実現したようなものだ」と激励し、ベートーヴェンの連続演奏会には日本交響楽団（現・NHK交響楽団）から二十人以上の助っ人を送りもした。

　各県に県民文化の拠点をと考え「音楽モデル県」も構想し、音楽センター建設をめざして文部省に陳情書を提出すると、翌年にこれが認可され、群馬県は全国初の音楽モデル県として補助金を引き出した。群馬交響楽団は地方に音楽文化を普及するシンボルだった。

　同楽団と創立当初から密接な関係を保っていたのは渡邉曉雄である。渡邉は日本人牧師の父とフィンランド人の母との間に生まれ、ヴァイオリン奏者として斎藤秀雄らとともに室内楽活動をしたあと、ニューヨークのジュリアード音楽院指揮科に留学し、フランス人指揮者のジャン・モレルに師事したのち、帰国してドイツ・オーストリア系音楽の強い影響下にある日本の楽壇にフランス音楽をもたらした。

　渡邉は群響の指導的立場にいたが、文化放送で自前のオーケストラ（日本フィルハーモニー交響楽団）を創設することになり高崎に来られなくなった。丸山が、常に練習を見てくれて勉強がてら群響を振ってくれる若い人はいないかと渡邉に尋ねると、「斎藤秀雄先生のところには若い優秀な人が何人もいる」と教えられ、丸山は直ちに上京した。

提供：木之下晃　©木之下晃アーカイヴス

渡邉暁雄

斎藤は岩城宏之、山本直純、小澤、久山恵子らの名を口にした。

「彼らがそのうち日本の音楽界を背負いますよ」

こうして斎藤は一泊の温泉旅をおごると言って、弟子たちとともに高崎を訪れた。

山本直純は父直忠が群響に関わっていたし、群響が「第九」に挑んだ時には合唱指導にもあたったから、いちばん群響に近かった。しかしすでに作曲家として売れっ子となりつつあり、NHKラジオ放送の仕事で手一杯だった。その後も映画「男はつらいよ」、童謡「歌えバンバン」、大河ドラマのテーマソングまで生涯に四千曲あまりを作曲し、昭和で一番国民がその音楽を耳にした作曲家のひとりとなる。

岩城宏之は東京藝大打楽器科在学中から近衛管弦楽団に所属し、ティンパニ奏者として活躍し、斎藤に弟子入りして山本直純と学生オーケストラを指揮、五四年九月からは、有馬大五郎が初代事務長を務めたNHK交響楽団指揮研究員にもなっていた。

久山恵子は斎藤がもっとも信頼を寄せていて十数年にわたって助手を務める。しかし、久山も桐朋以外で毎週別の仕事を持っていた。

小澤がいちばん暇というわけだった。丸山勝廣についての寄稿を集めた本『泉は涸れず』には、このときの小澤の言葉が描かれている。

「僕だけ何もなかった。そんなわけで、結局僕がよく行くことになったんです」

「お金はあまり払えないけども、食うぐらいは食わしてやるよというのでよくごちそうになったんですよ」

小澤は、初めてプロのオーケストラを指揮する機会に恵まれることになった。高崎に行けば、独身寮と呼ばれた建物に泊めてもらえた。丸山と懇意にしている名曲喫茶に入り浸って、飯にありつくこともできた。元新聞記者の店主は「ここに泉あり」を見て高崎市に引っ越してきた詩人でもある。のちには蕎麦好きとなる小澤だが、若いころは焼き肉が好物で、この二人によく連れて行ってもらったものである。

この喫茶店には生演奏のステージが設けられていて、萩原朔太郎の詩の朗読会や、群響楽員を招いてのアンサンブルの演奏会が年に百数十回開かれており、小澤も振った。

短大一年の五五年秋には、安中町立安中小学校の講堂で、翌年夏には、安中高校講堂で振った。

高崎で行われる定期演奏会を振るのは、山本直純や久山恵子である。小澤にまわってくるのは、もっぱら県下をまわる仕事だった。『群馬交響楽団50年史』によると、五七年六月には館林、この翌月には赤城山に出かけた。

小澤の言葉を借りれば「何か変なバスに乗っかって」、ティンパニなど大型楽器をのせて辺境の地を目指した。移動音楽教室では、子供たちは熊の出るような里山の分校から、五里の道のりでも歩いてきた。ゴザもない体育館の床では子供たちが膝をかかえてすわっていた。小澤が小学校唱歌を振れば、子供たちも歌で応えた。

終わると小澤は高崎の独身寮に帰って飲みはじめた。酒が入ると小澤は、同世代の指揮者をライバル視していることをあからさまにしていた。鋭い眼つきだった。

兄弟弟子の山本直純の書き込みをした楽譜を見て、斎藤は「いい勉強をさせてもらったよ」と言ったことがあった。斎藤にそんな言葉を吐かせることは、小澤にはできなかった。一方、岩城はN響でライブラリアンとして大指揮者の使う楽譜の読み込みから現場経験を積み始めていた。

このころの小澤は、「もう無我夢中で指揮していましたから、カバレフスキーのコメディアン（道化師）とかね、モーツァルトの何とかってね」（『泉は涸れず』）と回想している。斎藤からモーツァルトの「ディヴェルティメント」を叩き込まれたが、群響ではこれまで指揮したことのないモーツァルトに出会うこともできた。

「それで随分仲よくなったんですよ、みんなと。終わっちゃ酒飲んでね、やっては酒を飲んで。あの寮は本当になつかしいですわ、独身寮は。あんなのはみんな丸山さんがはじめたんですよね」

前橋の群馬会館が小澤の主な舞台で、ここには成城の合唱団「城の音」も呼んだ。しかし、小澤は群響の活動に満足していたわけではなかった。

のちに小澤は旧ソ連出身の指揮者ロストロポーヴィチとバスで辺境の地をまわり、演奏会を提供するようになるが、このとき私は丸山の「移動音楽教室」の志を継いだものと思った。だがこの活動について、小澤はこう答えた。

「スラヴァ（ロストロポーヴィチの愛称）がやろうと言って。音楽会に行くこともない人の前で演奏するというのは、なんともいえない喜びだぞ、と言うから」

若い志は日本の地方にとどまるものではなかった。

西洋音楽の頂点を極めることになる小澤は、その資質と野心においても日本人指揮者として類をみなかった。小澤の眼はすでに海外を向いていたのだ。

しかし現実は斎藤の助手としての下働きとアルバイトの日々だった。

ちょうど一九五八年にベルギーで開かれるブリュッセル万国博覧会に、桐朋学園オーケストラが出演する計画が持ち上がった。実現すれば、海外の聴衆を相手に小澤が桐朋オーケストラを指揮することになる。しかし、資金集めはうまくいかず、この計画は頓挫してしまった。ここから小澤は、自分一人だけでもヨーロッパに行きたいと思い始めた。

小澤が学びに行くならドイツ語圏と思われ、特に当時ウィーンには指揮の名教師として名高いハンス・スワロソフスキーがいて、小澤と同世代のインド出身の指揮者ズービン・メータはウィーンに学んだ。しかし、小澤が目指したのはパリである。堀伝が振り返っている。

「最初、小澤くんがフランスに行くと聞いたとき、指揮の勉強に行くのに、なぜフランス？と思いましたよね。ウィーンには指揮の有名な先生がいて、そこに行くならわかるんだけれど。だから、江戸京子ちゃんに会いに行くんだなと思いましたね」

本荘玲子が「一期生のなかで江戸京子ちゃんは輝いていました。だから小澤くんがそういう気持ちになるのは当然のことだと思えるわ」と言えば、「男子はみんな、江戸京子さんが好きだったの」と徳丸聰子は思い出して頰笑む。

「江戸さんの家で斎藤先生からの頼まれごとがあった時、夜遅くなってしまって私たちは泊まっていくことになった。その時、小澤さんも泊まるつもりだったみたいだけれど、『あなたは帰りなさい』と京子さんに言われていた」

京子の明晰さと美貌は周囲が認めるものだった。高校時代に交際を申し込んだ男子生徒もいたが、京子の方は卒業後すぐの留学が決まっており、それどころでないと、そっけなかったらしい。

小澤はフランス政府給費留学生試験には落ちてしまった。それでも諦められない。暗い気分が長く続いた。なんとか金を集めることはできないものか。

海外旅行は庶民にとっては、夢のまた夢だった。

ある日、夏の桐朋オーケストラの合宿の帰り、軽井沢駅で成城学園の同級生だった水野ルミ子に会い、実業家の父水野成夫《しげお》と面識を得ることになった。小澤は、海外へ向かう費用を水野が社長を務める文化放送とその専属交響楽団である日本フィルから引き出すことに成功し、また、この年末には、日本フィルの第五回定期演奏会で、渡邊曉雄が取り上げたオペラ「子供と魔法」の副指揮者として起用され、歌やコーラスなどアンサンブルの下ごしらえを担当した。その後、日本フィルとの関係は深まり、矢代秋雄作曲の科学映画の音楽を録音したり、モーツァルトの交響曲第三十九番の指揮などで、文化放送の日本フィル枠の番組にも何回か出演したりした。こうして知遇を得た人々との出会いにより、小澤は誰にも想像もつかない世界に踏み出していく。

誰かが融通してくれる

小澤の兄俊夫は、親がわりのように弟に関わってきた。

「音楽を勉強するなら外国だろうと思っていたから、征爾が行きたいと言ったとき驚きはなかったですよね。もちろん僕ら金はないけど、誰かが融通してくれるだろうと思っていたから。でも行きたいと言ってから一年くらいかかってしまいました。

一ドル三百六十円の時代ですから、とても大変です。征爾をいちばんサポートしてくれたのは江戸英雄さん。財界人に声をかけてお金を出すように頼んでくれた。そして水野成夫さん。誰がいくら出してくれたかわからないけれど、はっきりわかっているのは江戸さんと水野さんでしょうね」

小澤は斎藤から「まだ第九を教えてないから」と渡欧を反対されたと回想しているが、これは実は小澤に限ったことではない。ピアノ科ながら指揮を勧められた徳丸聰子は、鮮明な記憶で斎藤や小澤にまつわるエピソードを振り返っている。

「桐朋音楽科の初期、留学すると言って先生に反対されなかったのは、チェリストの堤剛さんと私だけ。堤さんの場合は、斎藤先生がチェロのヤーノシュ・シュタルケルの来日公演の時に堤さんと一緒に直接、シュタルケルの楽屋を訪ねて話を決めました。私の場合は、ジュリアード・カルテット（弦楽四重奏団）が来日して桐朋を訪ねたときに招聘されてジュリアード音楽院に留学することになりました」

他は皆、斎藤とは何らかの摩擦の後で留学し、成果を出して帰国したり、海外でポストを得た。斎藤にしてみれば、自分が反対しても出て行くかどうかを試金石としているような趣すらあった。受け入れ先もなく、単に半年のビザで渡欧する小澤を喜んで送り出すことができるだろうか。それでも小澤の決心が変わらないとなると、斎藤は陰で「なんとか小澤を海外に送り出して欲しい」と江戸英雄に「強い依頼」をした。

当時、ヨーロッパまでの飛行機運賃は片道三十八万円。今でいえば三百万円以上になるだろうか。まだ海外旅行は自由化されておらず、外貨持ち出しには制限があった。海外旅行が自由化されるのは一九六四年だが、この頃海外への旅行者は年間わずか十二万八千人だった。

小澤は江戸家に出入りし、そのうち下宿させてもらうようになり、毎日新聞記者の塚本哲也と面識を得た。のちにピアニスト塚本ルリ子と結婚する塚本はオーストリア政府給費留学試験に合格し小澤と同時期に渡欧することになる。江戸宅に長寄留する小澤とは何かにつけて飲むようになった。

塚本著の『我が家の昭和平成史』に小澤との会話が記されている。

二人の話でいつも中心になるのは、どうやってヨーロッパに行くかだった。

「飛行機なんか、とても……」

小澤が呟くと、塚本はこう提案した。

「行くなら船しかないね。多くの港に寄って、いろいろ外国を見られるのだから、それはそれでいいじゃないか。問題は、向こうに着いてから、どうやってパリまで行くかだ。それに着いてからの生活だよ。江戸社長に、少し援助してくださいと、私が頼んでみるよ。君からは言いづらいだろうから」

その頃、朝日新聞記者がオートバイでヨーロッパに行った旅行記が話題になっていた。

「小澤くん、ヨーロッパに着いてからオートバイでパリに行く手もあるよ。話題になるかもしれない。オートバイ旅行はめずらしいからね」

小澤はこの言葉に強く反応し、同様に江戸家で知り合った彫刻家藤江孝も巻き込んで、オートバイを提供してくれる会社を探した。結局、開作の北京時代のツテで、富士重工のスクーターが無料貸与されることになった。

それは一九五四年に市場に売り出されたラビットスクーターで、進化した後継モデルが毎年発売されて爆発的にヒットしていた。芥川賞を受賞した石原慎太郎が一橋大学自動車部の学生を引き連れて、一万キロの南米大キャラバンに挑む販売促進キャンペーンが組まれたこともある。小澤がまだ石原と面識を得る以前のことである。

このスクーターなら、フランスを縦横に走り、パリまで難なく到達できそうである。しかし、無名の小澤には条件がつけられた。日本人であり音楽家であることを示すこと。そのために胴体に日の丸が描かれたスクーターが届けられ、ギターを背中に運転する珍妙な姿で、フランスを駆け抜けることになるわけである。小澤は信濃町にあった富士重工の工場に通って分解、組み立て、修理などを全て学んだ。

一九五九年一月中旬、塚本からの頼みに応えた江戸より連絡が入り、三井船舶の貨物船「淡路山丸」に無賃で乗船可能となった。淡路山丸は横浜を出港し、神戸に寄港、フランスのマルセイユを目指す貨物船である。まさか貨物船に乗ることになるとは思っていなかったが、スクーターだけ先に横浜港で積みこみ、本人は二月一日に神戸港から出発となった。

その数日前、小澤は弟の幹雄に英和と和英、仏和と和仏、独和と和独の辞典六冊を買って来てくれるように頼んだ。

「これが本当のドロナワだね」と幹雄は六冊を買って渡した。前日には父が「別れの杯」だと水盃を交わして家族で最後の夜を過ごした。海外はそれほど遠い時代だった。

神戸港の出帆を見送る役目は俊夫となって、東京駅発の夜行で一緒に向かうことになった。出発の日にはタクシーを貸し切って、三ケ所ほど挨拶まわりをした。桐朋教授でフランスのビザのことで世話になったジャンヌ・イスナール、財界人の水野成夫、江戸英雄だった。

東京駅には、海外事情を知っている斎藤が、闇でも換金しやすいと当時の金で十万円のドル紙幣の束を持って現れた。二千円ずつカンパをした友人たちも見送りにきた。今でいうならクラウド・ファンディングのようなものだが、こうして友人知人から寄付を募って小澤の渡欧が果たされることになったのだ。

どこでもよかった

小澤は海外渡航について、凱旋帰国の年、作家の小田実《まこと》との対談でこう吐露している。

「ぼくはフランスでなくても、どこでもよかったんですが、フランスの人が表向きのインビテーション・レターを書いてくれた。そしたらちょうどフランスの留学試験というのがあった、フルブライトの。受けたら落っこっちゃって。

それから発憤して、自分で行こうと思ってあっちこっちかけずりまわって、金を集めたり借りたりして、最低額、四〇万円くらいあつまったかな」(「婦人画報」一九六一年九月号)

小澤が実際受けたのはフランス政府給費留学生試験だったが、それをアメリカの奨学金制度フルブライトと言い間違えるくらいだから、やはり「どこでもよかった」のだろう。

最終審査の二名にまで残ったが、選考委員が選んだのは、桐朋オーケストラに参加していた慶應大学の学生でフルート奏者の加藤恕彦だった。英語とフランス語も堪能な加藤には、パリ国立音楽院を目指すという具体的な目標もあった。

この試験では、語学の問題があったと俊夫は指摘する。

「征爾は、語学がね。あいつは日本語もおかしいけれど、その時は英語しかできなかったわけ、フランス語は全くできない」

思い出しても笑いが出てくるようである。指揮の勉強にしても、見通しはなかった。

しかし、小澤は諦めなかった。ともかく海外へ脱出することである。これは父開作が満州に道を求めたことにも似ていた。

さて、東海道本線を西へ下った小澤と俊夫は、京都では江戸英雄の招待で高級割烹旅館「土井」に宿泊した。江戸の厚意に俊夫は驚いた。

「翌日の船は午後出発だったので、朝ゆっくりと京都を出ました。神戸に着いたら、征爾が近くにあるデパートの書籍部で買い物をするというわけ。字引きを四冊。コンサイスの和英、英和、和仏、仏和。ドタバタもいいところよね」

幹雄から手渡された辞書を自宅に忘れてきてしまったのである。こうしててんやわんやのうちに、淡路山丸は離岸した。

テレビプロデューサーの萩元晴彦は、小澤と仕事面で親しく交わることになるが、小澤は「英語だって十二までは勘定できたけど、サーティーンとサーティがごっちゃになったくらいで」（「中央公論」一九七九年五月号）と告白したという。この語学力で、金もなく、当てもなくフランスに向かったのだ。

小澤からの第一便は、フィリピンに入ってインドに着いたとの葉書だった。

その後、連絡は途絶え、事故でも起こして死んだのではないかと家族は万が一の想像すらした。しかし、三月二十三日にマルセイユに着いた小澤は、上陸の第一歩に感激し、翌日には街の中にスクーターを走らせた。日の丸にギターの出で立ちはよほど目立つのか、フランス人が話しかけてきたり手を挙げたりしてくる。小澤はすっかりいい気分で五キロおきに道行く人間と付き合いができ、五キロおきに地面に寝転がって青い空を眺め、美人に会うとゆっくり観察し、うまく行くと一緒にお茶を飲む、というフランス的な時間を過ごしながらパリを目指した。

小澤から葉書が届いたのは二ヶ月ほど経ってからのことで、三週間かけてパリに行き着いて、日本人向けの学生寮である日本館に入ったと書かれていた。

「どうしているかと気がかりでならなかった。いちばんハラハラしたのは、マルセイユからパリに向かうときに野宿していると書いてあったこと」

家族の心配をよそに、小澤は今や愛車となったスクーターで、刺激的なパリの路地という路地を走りまわった。セーヌ河岸でのキスシーンに感心し、街中に多いのは女性の下着屋だともわかった。

しかし、音楽の勉強の目処がついているわけではない。留学生でもなく、持っているのはただの観光ビザである。時間だけが過ぎていく。

そんなある日、小澤は突然、江戸京子の住むアパルトマンを訪ねた。

約束を無視して

その頃の二人の事情に詳しいのは、元日独協会理事でチェリストとしても活動した石川嘉一である。

「江戸英雄さんは、経済界の人脈を通じて頼みごとをしていましたね。小澤さんがパリにいくけれど、娘に会わせないようにしてくれと。

小澤さんは、出発する時に江戸京子さんとは会わないと約束して出発したのだけれど、そういうものをどんどん無視して、自分の気持に素直に行動する。小澤さんは親しみやすく、いい人。江戸さんを利用したり、バーンスタインにとりいったり、ボストン交響楽団にとって大切なクーセヴィツキー夫人の懐にもはいっていった。初対面でもすぐに仲良くなれるし、オーケストラを相手にしても、仲間として接して偉ぶらないでしょう。そういう人なつっこさがあるんです」

小澤は京子から、パリ国立音楽院の掲示板にフランス東部の都市ブザンソンで行われる指揮者コンクールの告知が貼られていることを教えられた。それを見ると、小澤は応募期間が過ぎているにもかかわらず、猪突猛進して手続きに奔走した。行動力は別格である。

予選のための練習につきあったのも京子だった。斎藤の指揮教室では、オーケストラの代わりとなる二台のピアノに向かって振る練習をしてきた。京子から小澤の練習に誘われたのが、フランス文学者でのちに慶應義塾大学文学部教授となる松原秀一だった。

石川嘉一は松原から詳しく聞いている。

「パリで小澤さんがコンクールに挑戦することになった時、松原さんは江戸さんと連弾をして、指揮コンクールの課題曲の練習をしたそうです。松原さんは専門はフランス中世文学で、その業績もたいしたものでしたが、音楽歴も素晴らしくパリの放送局でピアニストとして残ってもらいたいといわれたほどです。

小澤さんは渡仏した時にはフランス語をまったく知らなかった。一方、松原さんは外交官の息子でフランス生まれ、その後、慶應幼稚舎から大学では経済学部でしたが、仏文学修士をとってフランスに留学していた。江戸さん一人ではとても、ということで付き合って、コンクールぎりぎりまで練習したらしい。

オーケストラとの練習では棒がうまくても、『テンポが変わる、半音低い、何十小節目から、もう一回やってください』など必要最低限の言葉がわからなくてはいけないでしょう。そういったことを全部松原さんが小澤さんに教えたそうです。小澤さんは京子さんから紹介されて、堂本印象画伯の甥でパリに滞在していた絵描きの尚郎さんと仲良くしていたとも聞いていますよ」

堂本は小澤を高級ナイトクラブ、クレイジーホースに連れていき、店主を紹介し、以後、小澤は顔パスで入り、好きな酒を飲み、ヌードショーを覗くようになった。カジノにも出入りした。パリに来てから数ヶ月も楽譜を見ていなかった小澤にとって、久しぶりに見るオタマジャクシは異なるものに感じられた。また、食費倹約の結果、栄養失調ですぐにフラフラした。それを見かねた堂本が風光明媚なニースに招待した。

久しぶりに充実感を得た小澤は、群馬交響楽団の丸山勝廣にあてて手紙を出している。七月三十日の消印である。

〈ヨーロッパに上陸して以来、おどろきの連続です。音楽も生活も……少なくとも音楽することが楽しくなり、生活に、身体に直接結びつき、又音楽することに、自信がましてきました。西洋音楽の本場にきて、その音楽をやっている自分に、失望を感じないで、かえって自信づけられ、勉強する意欲『俺はやるんだ』というふうにさせられる僕は幸せです。……又、僕をそういうふうに育ててくれた日本の音楽界に対し、感謝しています。ただヨーロッパは、すみずみまで音楽愛好人口が、まったく全人口と同じくらい多く、日本のそれは（とくに東京以外の都市は）少ないという、大きなちがいがあります。そのことは、丸山さん達が苦労する原因になっていると思います、それで僕達はやらねばならないでしょう、それをやることが重大なことだとつくづく思います。

たしかにヨーロッパの音楽家は、本当の音楽をやっています。（もちろん競争はすごくはげしいですが）日本の音楽家は（特に東京では）ハグルマにまきこまれて、ギコギコと音楽をしている感じです。自分の音楽をすりへらして、音楽をしているようなものです〉（丸山勝廣『愛のシンフォニー群馬交響楽団の38年』）

パリではシャンゼリゼ劇場で、シャルル・ミュンシュの指揮するモーツァルトの「嬉遊曲」とブラームスの交響曲を聞いた。「嬉遊曲」は斎藤のオーケストラで課題曲として徹底的に練習してきた曲だった。そのモーツァルトの音は「美しさがひたひたとぼくの心にとけ込んで、まるで今までのぼく自身がどこかに消えてなくなるようだった。その瞬間、劇場の中には、ぼくもモーツァルトのミュンシュも何もなく、ただ美しさだけが充満していた」（『ボクの音楽武者修行』）と感じるほどの感動を覚えた。

ブザンソンのコンクール第一次予選で、五十人近くいた応募者は六人に絞られた。本選直前には江戸京子に電話して、応援に来て欲しいと誘った。彼女は女友達とやってきた。そして、小澤は見事優勝をさらった。

授賞式で、記者の質問に答える小澤の言葉も、急遽江戸が通訳した。

「コンクールで課題になったようなことは日本の音楽教育では基礎だ」

鼻息の荒い言葉である。一方で小澤が優勝後、最初に抱いたのは、まだしばらくヨーロッパにいられるという安堵感だった。あわやビザが切れて強制送還という期限が迫っていたが、優勝のおかげで半年だけのビザが延長されたのである。

田中路子の人脈

小澤はこの優勝の報告を持って、九月下旬、斎藤秀雄から紹介してもらったベルリン在住の田中路子を訪ねた。田中路子は、東洋の歌姫と謳われた女性で、戦後の日本にとっての「民間大使」といっていい。

日本画家の娘として育って東京音楽学校に進んだ路子は、そこで妻ある斎藤秀雄と恋をした。斎藤が留学中に結婚した妻はドイツ人で、病を得て帰国中だった。路子は斎藤を「初めての男」と公言してはばからず、桐朋オーケストラがヨーロッパ遠征をしたときにも、引率の斎藤の肩に手をかけて、学生たちに「この人、私の昔の恋人だったのよ」と言うので生徒たちは驚愕したものである。

この恋を見とがめられて二十歳の時に親類のいるウィーンに留学させられ、まもなくコーヒー王と言われた親子ほど年が離れているウィーンの実業家と結婚し、社交界の華となった。彼が数年後に協議離婚して路子を譲ることを認めた相手が、ドイツ演劇・映画界の第一人者ヴィクター・デ・コーバだ。路子を娘のように可愛がった元夫は二人の結婚の媒酌人まで務めた。

路子とデ・コーバはベルリンに邸宅をかまえ、戦中空襲の時には、知人ら三十人ほどが滞在した。夫妻はカラヤンとファーストネームで呼び合い、路子の人脈は政財界・芸術界に及び、ベルリン・フィルの楽団長やマネージャーとも親しかった。戦後は日独間の交流を復活すべく、日独協会を設立し、第一回ベルリン映画祭の開催に尽力した。

「路子さんは欧州にやってくる日本人留学生の面倒をよくみたことでも有名です」と語るのは大賀緑である。緑は東京音楽学校を卒業後ベルリン国立芸術大学に留学し、留学仲間だった後のソニー会長・大賀典雄と結婚した。

「お子さんのなかったせいでしょうか、路子さんの口癖は、大賀が長男、次男が小澤征爾、三男が若杉弘といって。大賀のことも、とても可愛がってくださいました」

小澤はベルリンに着くと、城のようなデ・コーバ邸に滞在し続けた。ドイツ音楽の本拠地であるベルリンには作曲の勉強で留学中の石井眞木や評論の秋山邦晴らもいて、大いに酒を酌み交わした。石井の父は小澤が幼少時に北京で観劇し、歌い踊りはじめるきっかけとなった、舞踏家石井漠だった。彼らと劇場通いをし、小澤はパリとベルリンを往復するようになった。

十月には放送局ラジオ・フランス主催の演奏会がパリで開かれた。放送局からは南仏トゥー

田中路子

ルーズでの連続放送演奏会の仕事が与えられ、小澤は京子の新車を借りて南仏へ向かった。日本の普通自動車免許は持っていなかったので、パリの教習所では日本語の身分証を見せて、相手が日本語を読めないのをいいことに日本の免許証だと言い張った。その結果、フランスの免許証が発行された。

小澤はピレネー山に登ってスキーもした。タイミングがよければほかに滑っている者はおらず、まさにマイ・ゲレンデだった。日本では成城学園の友人や、斎藤秀雄とも志賀高原でスキーをした。小澤にはスキーもまた生涯のスポーツとなり、これが仕事に結びついてもいく。年末には京子らを誘って二十日間のチロルでのスキー旅行に参加した。前途は洋々たるものに思えた。

しかし、優勝すれば仕事がつぎつぎに舞い込むと思った当ては、外れてしまった。南仏以後まったく仕事がないのである。小澤はふたたび群響の丸山勝廣に宛てて心境を告白した。

〈ヨーロッパの厚い壁にぶつかって、血を吐く思いです〉

まもなく渡仏から一年が経とうとしていた。仕事がなくてはパリにいることはもはやできない。小澤は、日本フィルハーモニー交響楽団創立指揮者の渡邉曉雄にも手紙を書いた。裏書きからこの頃パリ十四区の国際ブラジル館に寄留していたことがわかる。

〈曉先生

新年おめでとうございます。良いクリスマスをお過しになりましたか。（略）

ぼくのコンクールのこと喜んで下さってありがとうございました。それもヨーロッパに来ることが出来て居たからこそ受けられたのですから。ぼくの渡欧のキッカケを作って下さった曉先生、水野氏、友田氏（筆者注：日本フィル役員）には、あらためて感謝の気持でいっぱいです。

ぼくは約一年分のお金しか用意できなかったので、この二月で切れてしまひます。アルバイトをしたり、奨学金をさがしたりで八方手を尽くしてるのですが、うまく行かず大いに　困って居ます。大使館の方も心配して下さったのですが、やはりうまく行かず、文化部の方が水野氏をよく知ってらっしゃるとかで、お願いの手紙を書いて下さいました。

ぼくとしてはサイドの無理なお願ひで心苦しいのですが、もう少しこっちにとどまりたい一心のぼくとしては他にどうにもならず曉先生からもよろしくお口添いただけませんでしょうか。

コンクール以来、やっと勉強しやすくなり始めたし、ドイツでも勉強したいし、アメリカに何とかしてこの一、二年のうちにもぐり込もうとして、その方法を考へて見たりで（新しい音楽の勉強の仕方は、アメリカでなくてはならないように思へて来るんです。アメリカはまだ知りませんが）お金はないし、どうしてよいかわからないんです。

どうにしろパリはコンクールのあと始末が済んだのでもう居たくないので、少しでもアルバイトの可能性のあるベルリンにでも移るつもりです。アルバイトはなかなか増えずに困って居ます。日本の正月はいかがですか。ぼくは正月の喰い物が好きなので、こっちはつまりません、が、学生気分で仲間と合奏をしたりして楽しんで居ます。

どうもいつもきたない字でもうし訳ありません。奥様にどうかよろしく。

小沢セイジ〉

小澤はこの手紙で「ベルリンでも勉強したい」と書いているが、それは田中路子を頼るということだった。小澤はデ・コーバ邸のテレビでカラヤンのレッスン風景を見たことがあり、自分もカラヤンの弟子になりたいと口にした。路子は小澤の背広を見て、音楽家も流行の背広を着ていた方がいいと言って、デパートに小澤を連れていき、服をプレゼントした。小澤は路子に翌年の仕事についても頼んだのだった。

崖っぷち

この頃から、小澤は江戸京子と付き合いはじめたようである。

後年、松本のフェスティバルに、意外にも江戸京子が訪れた年がある。サイトウ・キネン・

オーケストラの歌劇「子供と魔法」を振った二〇一三年である。この時のCDは二〇一六年に、グラミー賞クラシック部門の録音賞を取ることになる。この年、小澤は「初心に戻る」といい、すでに退いた創立メンバーも招集されていた。

江戸京子は妹の瀬川純子《すみこ》とともにいた。私自身は、江戸家の人々とは斎藤秀雄や井口基成の評伝の取材で面識を得ていた。純子と私の夫が知り合いという縁もあった。

ヴィオラ奏者としての純子はサイトウ・キネン・オーケストラの創立メンバーであり、長い間首席をつとめてきた。彼女が退いた後、純子の長女でヴァイオリニストの瀬川祥子も、フェスティバルに参加したことがある。純子がその場にいるのは自然だったが、京子がいるのはなぜだろうか。私は、純子に問いかけた。

「小澤さんから、姉をどうしても連れてくるようにと何回も電話がかかってきて」

京子に似た顔に笑みを浮かべる。

小澤について取材を重ねるなかで長い間、疑問に思ってきたのは、江戸英雄が最晩年まで小澤を援助し続けた理由である。小澤と京子の仲は破綻したにもかかわらずである。

「江戸さんが小澤さんへの援助を惜しまなかったのは、クラシック業界の三大不思議の一つとされている」と語った関係者もいた。江戸は小澤の才能を認めていたゆえに、援助を惜しまなかったのだろうか。

そう口にすると、純子は「いいえ」と言下に言い放った。

「父は小澤さんの才能をわかっていたから、援助したわけではないわね。父はどんな人からでも、頼まれれば断ることは決してなかった。お手伝いさんの息子さんの就職や、一面識もない学者さんが留学前に、お金を盗まれたことがあって、江戸さんならなんとかしてくれると言われたようで、父に手紙が来た。父は半額で船に乗れるように手配してあげて留学がかなったわけなの。父みたいな人、今の時代にはいない。父が特別だったと亡くなってからわかるようになったの」

江戸が三井不動産を牽引した時代の役員だった深瀬俊彦は、桐朋の八ヶ岳の寮や斎藤秀雄の自宅のマンションへの建て替え、井口基成の家族の土地取得にも江戸が関わっていたことを熟知していた。

「江戸さんと音楽というのは実はあまり結びつかない。江戸さんご自身が歌っていたのは演歌だったしね。小澤さんの才能をわかっていたとも思えないし、彼を見込んだから援助を惜しまなかったわけではないと思うなあ」

懐かしんで破顔一笑した。

「江戸さんはどんな人でも助けるんだ。三井不動産が高さ日本一となる霞が関ビルを建設していたとき、一般の人から、霞が関ビルで結婚式ができないかという問い合わせがあった。まだ建設中よ。でも江戸さんは了承しちゃった。足場の悪い工事現場でしょう。結婚式をとり行うなんて、片付けるのが大変で。その設置に現場は大わらわ。江戸さんはなんでも引き受けちゃうから、周りが大変なんですよ」

産経新聞記者だった砂原和雄は、一九八〇年代に江戸からこんな言葉を聞いている。

「小澤って変な奴なんだよ、京子とのことがあったのに、いまだに訪ねてきては、いろいろ頼むんだ、と。江戸さんは、小澤さんからずっと頼まれ続け、それを全部受けてきた。江戸さんのような方はいません。僕が社を辞める時も再就職先は大丈夫か、などと心配してくれた。稀有な方ですよ」

純子は、姉の留学中の父親の動転ぶりも記憶している。

「姉が長女だったからということもあったのでしょう。父の心配ぶりは過剰なほどに思えたわ」

と姉に同意を求める眼差しを送ると、京子は明るくうなずいた。純子が続ける。

「パリの姉の周りには教授や外交官ほか、様々な多才な方たちがいて、交流がありましたし、○○さんとか、素敵な方だったんじゃない？　まさか、姉と小澤さんが結婚するとは想像していなかったわ」

純子は姉の交友関係にも詳しそうで、仲の良い姉妹である。

「私だって、まさか征爾と結婚するなんて思ってもみなかったわよ、征爾はあまり本も読まないし、パリでは言葉ができなかったから、通訳も必要だったのでしょう」

征爾という呼び方が、結婚生活における二人の関係を表しているように思えた。京子は一週間の旅行でも十冊余りの書籍を持参する読書家で、お茶の水女子大附属中学時代は才媛の誉れ高く、桐朋女子高校音楽科がいやになったら戻ってくるようにと言われていたとの話も聞いていた。

話は盛り上がり、同期生の堀伝もそばに来た。京子は思い出がよみがえったようだった。

「高校時代、征爾とはあまりつきあいがなかったし、むしろ堀くんの方が気が合って、いろいろ話したりしていたわよね」

堀も笑みを浮かべた。京子にとって小澤との結婚は不本意だったのだろうか。私は京子の言葉を反芻しながら、江戸英雄の回想を思い出していた。

小澤の短大卒業後に、斎藤秀雄と吉田秀和から「小澤をパリにやってほしい、協力してくれ」と強い依頼を受けた江戸は、「困った」と感じた。

「異郷で一緒になる結果を考えた。そこで私は率直に、京子はいま学校で、大事な関頭にあることと、音楽家同士いっしょになることに反対であることを小沢君に話し、小沢君も決してディスターブしないことを約して旅立ったのであった」（「サンデー毎日」一九六六年八月十四日号）

江戸が音楽家同士の組み合わせに反対したのは、音楽家は個性が強すぎると感じていたからであり、三井不動産本社に私が訪ねたときの取材でもそれを口にしていた。

「桐朋の理事となって音楽家と近く交わるようになって驚いたのは、理事会をするとすぐ井口先生と斎藤先生が大喧嘩するのですな。財界での取締役会などであんな言い合いをしたら、大騒動になってしまいます。ところが学校のことになると、ふたりともまとまる。会が終わるとけろっとしているんですな。芸術家というものは測り難いと思いましたね」

江戸も、桐朋の音楽家たちとの付き合いが続く中で、芸術家とはなんと自己中心的で強烈な個性を持っているのかと感じるようになった。桐朋の教授たち、つまり吉田秀和、斎藤秀雄、井口基成ほか主要教授たちの家庭生活は一度は壊れていたし、江戸の妻もピアノ教授で、気難しい面があるのはわかっていた。それを覚悟しての結婚で、自分たちの場合は、年齢も一回り違うからやってこられたと思っていた。

留学する京子には「音楽家と青い眼の男とだけは結婚するな」と父は伝えた。さらに、京子によると、

「父は私が二十歳のころにパリに見合い写真を送ってきたことがあったのね。あれはどういう意味だったのかしら。芸術家は自由に自分の生きたいように生きるからと、征爾との結婚はあくまで反対でしたね。私も彼と結婚するようになるとは思っていなかった」

にもかかわらず、小澤を選んだのはなぜなのだろうか。

純子が続ける。

「父は結婚式のその朝まで、二人の結婚には反対して、披露宴でもそんな挨拶をしていたわ」

それを押し切ってでも京子は小澤との結婚を決心したのだ。男性としての小澤の魅力はどこにあるのだろうか。

京子はちょっと遠くを見るような目つきをした。

「征爾は強引な人だった。押しも強い。やりたいことを必ずやり遂げるというところがあった。それを男らしいと感じたのでしょうね。

それに彼がいつも崖っぷちを歩いていたということ。征爾には指揮でどうしても食べてかなくてはならないという必死さがあった。自分で稼がなくちゃいけないという気持ち。私にはないそういう必死さ。彼の強引な、情熱的というか、何が何でもという、そういう切羽詰まった強さというのは私にはなかった。そういうところにやはり私は惹かれたのでしょうね」

六〇年になると、小澤に朗報がもたらされる。念願のアメリカ・マサチューセッツ州で開催されるタングルウッド音楽祭の指揮講習会への招待である。七月二日に渡米し、六週間にわたって指揮講習会を受け、その中で選ばれればボストン交響楽団を率いる憧れのミュンシュに教えを受けることができる。

この年の九月に、田中路子のお膳立てで小澤が挑戦することになったのが〈カラヤンの弟子を選ぶオーディション〉である。

ところが、前日にパリから慌ただしくベルリンにやってきた小澤は、ドイツ語ができないためか、なんと課題曲を間違えていた。小澤よりも路子の方が震え、一昼夜、部屋に閉じ込めると、たった一日の勉強で小澤はマーラーの「大地の歌」を習得して優勝を勝ち取った。その結果、ベルリン・オペラを使ったカラヤンの指導を十月から月に一度、一週間にわたって受けることになった。パリでは京子が国立音楽院を卒業し、アメリカに渡ってシカゴ交響楽団と共演することになっていた。このころ小澤は京子にプロポーズをしたようだ。京子は父に宛てて「二人の婚約を許してくれ」との手紙を送った。

江戸京子との婚約

フランスから届いた長女京子からの手紙は、父江戸英雄にとってははなはだ心外なものだった。この時、江戸は真っ向から反対はせず、所用で行った欧州で二人に会い、婚約は認める形と

ヘルベルト・フォン・カラヤン

なったが、二人ともまだ修業中であり、この関係は予測がつかないと考え、「後日を約した」と回想している。

さて、六〇年七月二日、小澤は初めて飛行機に乗り、大西洋を横断し、ボストン交響楽団の夏の本拠地であるアメリカ・マサチューセッツ州で開催されるタングルウッド音楽祭の指揮の講習会（バークシャー・ミュージック・センター）に参加し、最後に行われるミュンシュの弟子となるためのコンクールに出場した。晴れて一位となり、ミュンシュのレッスンを受ける資格を得た。音楽祭を創設したクーセヴィツキーの未亡人と作曲家コープランドと面識を得て、二人の推薦によってクーセヴィツキー賞も獲得した。ところがミュンシュからは一度教えられただけだった。

「スープル、スープル（しなやかに、柔らかに）、力を抜きなさい。頭の力も、体の力も、手の力も、全部」

これは、斎藤秀雄の指揮法である「叩き」の前段階である「脱力」に通じる教えである。小澤は彼の指揮する曲の合唱にまで加わって音楽を吸収しようとした。

もう一つ言われたのは、「おまえは八分の六拍子を六拍で振ったけど、二拍子に振ればいいんだ」である。オーケストラに任せろという意味だったが、小澤は一拍ずつ丁寧に振ってかえってオーケストラを混乱させていた。

斎藤秀雄は、父秀三郎の著書の『百人一首：句々対訳』の英訳のように音楽の学びを捉えていた。そこには一首につき三通りの英訳があり、一段目は直訳、二段目は英語詩として、三段目が英国人が自国語で書いた場合の訳となっていた。つまり音楽であれば、まず音をどのような音として演奏するか、次には譜面に書いていない解釈を加える。最後が、どのようにして個性を表現して演奏するかとなる。小澤は三段目に入らなくてはならなかった。斎藤の教えは「型より入り、型より出でよ」だった。

アメリカでの仕事を探すために、小澤はクーセヴィツキー夫人に心当たりを尋ねた。すると、ニューヨーク・フィルハーモニックのバーンスタインのアシスタントになればいいという。バーンスタインもこの音楽祭から巣立っていった。彼には常時三人から五人の助手がついていて、一年ごとの契約更新で毎年入れ替わり、アバドやマゼールなど百人をゆうに超える指揮者が輩出されている。のちに日本人では大植英次や佐渡裕が続いた。

提案されれば即座に行動にうつすのが小澤である。

バーンスタインはヨーロッパ演奏旅行中と聞き、ベルリンに戻って再び田中路子を頼った。路子は自分宛てに来ていたベルリンでのパーティーの招待状を渡し、バーンスタインのオーディションを受けられるよう手はずも整えた。

小澤がバーンスタインと会ったのはベルリンの怪しげなバーだった。テストとも言えない簡単なテストの後、バーンスタインは上機嫌で話しかけてきたが、小澤には理解できなかった。それでも冬になるとニューヨーク・フィルから採用通知が送られてきた。

ベルリンのテレビでは、小澤が振り、カラヤンがそれを注意して指導している姿が、ニュース番組で十五分間も放送され、嬉しくなった。六一年二月二十日には、田中路子が創設した日独協会によるベルリン音楽大学ホールを会場とした「日独修好百周年記念行事」で、ベルリン・フィルのメンバーで構成された「ベルリン室内楽団」を指揮した。石井眞木の「小オーケストラのための七章」などが演奏された。これまでの年譜では「ベルリン・フィル」を指揮したとなっているが、カラヤン時代から同フィルのコンサートマスターだったレオン・シュピーラーによると、「ベルリン・フィルハーモニー管弦楽団（ベルリン・フィルハーモニカー）をそのままの名称で別の団体が雇うことはできない」とのことで、小編成の曲であり、名称を変えた楽員のアルバイトのような活動だったのだろう。

このドイツでの日独修好百周年記念コンサートという晴れ舞台のために、路子はベルリンでも一流の仕立て屋を紹介して小澤に燕尾服を作るようアドバイスしたが、小澤はまたプレゼントと勘違いしたのか、支払いを路子の夫に回した。これが路子を激怒させたと、ソニー会長だった大賀典雄は回想している。小澤は、その後プレゼントされることになったその燕尾服も含めて、感謝の言葉を口にしなかったらしく、しばらく路子は小澤を遠ざけたという。それでもカラヤンの指導はすでに路子の尽力で延長されており、小澤は練習やレコード録音にも立ち会えた。カラヤンへの尊敬の念は強まり、バーンスタインのアシスタントになることの了承も得てアメリカへ送り出された。

六一年四月、小澤はニューヨークに渡り、バーンスタインのアシスタントとなった。翌年の夏まで一年余り、週給百ドル、演奏旅行中は日当として二十ドルが加算される契約だった。アシスタントは三人いて、バーンスタインが演奏会で取り上げる曲を割り当てられて練習をつけるのが主な仕事である。また年に四回は舞台に上がり、CBSのテレビ番組にも二回出演する。万が一、バーンスタインが演奏会をキャンセルした場合には、その代役もつとめる。宿舎はニューヨーク・フィルの練習場となるカーネギー・ホールの隣だし、金を使うこともない。加入しているユニオンに組合費を払い、週給百ドルから差し引くと九十ドル残るかどうかだったが、充実していた。

しばらくすると日本フィルの事務局長草刈津三から、ニューヨーク・フィル来日公演に合わせて、小澤のデビュー演奏会を企画するとの話がもたらされた。

このころの小澤については、作曲家黛敏郎が記している。黛はニューヨーク・フィルから新曲を委嘱され、その初演に立ち会うべくニューヨークを訪れて初めて小澤と対面した。〈バーンスタインは私室に私を招いてこう云った。「セイジに一度だけ振らせてみたいのだが君はどう思うか?」正直に云って、私は複雑な気持ちだった。とにかく、彼の指揮を私は一度も見たことがない。それどころかつい二週間ほど前、パリからやってきた彼にニューヨークで初対面したばかりである。大丈夫かな?という危惧が、一瞬脳裏をかすめた。

最初の稽古の朝、寝坊した私は十分ほど遅れてカーネギー・ホールについた。セイジはあの痩せた体を折れんばかりに振りながら、テニヲハのメチャクチャな英語でオーケストラを叱咤していた。客席のバーンスタインがニヤリとしながら私にウインクした。この瞬間、彼のニューヨーク・デビューは決定したのである。

バーンスタインのような素晴らしい理解者を得た幸運と、たとえ相手がベルリン・フィルだろうとニューヨーク・フィルであろうと決して物怖じしない度胸、この二つが天与の才能に加わってこそ、はじめて世界的な舞台で活躍出来る指揮者としての途が開かれるのだ。

セイジの人なつっこい気取りのない人柄はニューヨーク・フィルのような古今東西あらゆる大指揮者に食傷した団員たちにも殊に好感を以って迎えられ、いまやペットになりつつある。つきあい日の浅い私ですら、コートを肩に羽織って飄々とニューヨークを歩く彼の姿、一ヶ月もいてタイムス・スクエアが何処にあるのかも知らなかったその無頓着さ、東京のフィアンセに国際電話をかけすぎていつも金がなく借金ばかりしていた愛すべき無計画性、東京で一夜バーンスタイ

©時事通信

レナード・バーンスタイン

ンたちと浅草のアヤシゲなるショウを見にいったときオドオドして「手入れは大丈夫？ホントに大丈夫？」と心配ばかりしていた純情さ……等々たまらない愛着を思える。好漢健在なれ〉

黛が小澤の日本デビュー演奏会（六一年五月）のパンフレットに寄せたエッセイである。

この文章からもわかるように、バーンスタインはきわめて気さくでやんちゃな人物であり、ヨーロッパでは指揮者をマエストロと呼ぶのに、彼はレニーと呼ばせていた。小澤も愛称のレニーで呼ぶことになり、一緒にいると「楽しくて仕方なかった」という。一方、感想を必ず訊かれるので、彼の指揮ぶりを詳細に見て、演奏を真剣に聴いた。レニーは練習のあとには美味しい食事に誘ってくれる。彼の部屋に招かれたこともある。その壁には「予定を先行せよ」との張り紙があった。作曲やピアノを弾く時間、本の構想を練る時間までがびっしりとスケジュール表に記されていた。CBSテレビで続けられている青少年向けのテレビ・コンサートでは指揮と解説をし、例題としてピアノも弾く。一時間の番組枠は彼がプロデューサーとしてすべてを仕切るのだ。ふた月も前から台本を書き出し、テレビカメラのセッティングまで決めていた。

一方で、妻と子供二人への家族サービスもおこたらない。妻が病に倒れると献身的に看護し、死去した時の打撃は大きかったと周囲の人々は回想している。

妻を愛していたのは明白だったが、バーンスタインは自らの同性愛的傾向を隠そうともしなかった。たまりかねた妻が「もう男といちゃつくのはやめて」と訴えたこともあるが、彼は平然と「なにをいっているんだ、芸術家っていうのはホミンテルン（ホモ＝同性愛＋コミンテルン＝共産主義）だ」と答えた。

ニューヨーク・フィルは六一年春、来日公演を行うこととなっていた。公演のスケジュールは四月二十六日の東京文化会館に始まり、全国で十回の公演を行い、五月五日、再び東京文化会館に戻るというものだった。小澤は四月にニューヨーク・フィルのアシスタントになったばかりだったが、来日公演に帯同した後、休暇をとって九月上旬まで日本に滞在し、各種演奏会にも出演することになっていた。

第2章

N響事件

五ヶ月間の滞日中に

一九六一年五月五日、バーンスタインは、東京文化会館でのニューヨーク・フィル来日公演で突如、一曲だけ小澤を指名し、黛敏郎作曲の「饗宴」を指揮させた。

まさか小澤が唐突にステージに出てくると思っていなかった斎藤秀雄は、指揮の変貌ぶりにも驚いたのか、この時は楽屋に寄ることもなく会館を去った。

突然のバトンタッチは、バーンスタインが終生行ったことである。プログラムに載ることはないが、彼はアシスタントにしばしばチャンスを与えてきた。聴衆はちょっと驚いたり、時と場所によっては、「バーンスタインを聴きに来たのに」と抗議したりした。

私もそんな光景をイタリアのミラノで目撃したことがある。スカラ座管弦楽団を指揮するバーンスタインの演奏会で、なんのアナウンスもなしに別の指揮者が登場したのだった。面白いのは、バーンスタインが舞台袖で若い指揮者に替わるとき、まるでハイタッチでも交わすように明るく自然に、股間タッチをしていたことである。上手の二階のバルコニー席だから見えた光景だが、妻のぼやきも解る気がしたものである。

いずれにしろ、この突然の登板によって、「小澤にはバーンスタインという強力な後ろ盾がある」と全国の聴衆や音楽界に認識させたのだった。

さて、五月二十七日には、本来のデビュー演奏会「日本フィルハーモニー交響楽団特別演奏会」が日比谷公会堂で開かれた。曲は前半がモーツァルト交響曲第四十一番「ジュピター」とサン＝サーンスのピアノ協奏曲第五番で、ソリストは婚約者の江戸京子である。後半はプロコフィエフ「ロミオとジュリエット」などで、この演奏会は日本フィルの親会社フジテレビと文化放送で放送された。

当時辛口の評論家として名高かった山根銀二が、「日フィル初指揮の小澤征爾」として「音楽旬報」に二千字に及ぶ演奏会評を書いている。小澤の所作や指揮法が「旧来とは一線を画したものに見えた」と記し、舞台での小澤と音楽が仔細にわかる批評のため、長文だが引用する。

〈私は初めて見るのですから彼が何気ない身振りでひょこひょこ出てきたときには、そのほがらかさにおどろかされてしまいました。（略）

浮き浮きした物腰で両腕を自在に操り、第一ヴァイオリンをまともに見据えて指揮棒を大きく振る。しかしリズムの細かさをその指揮棒は統率するよりフレーズの全体を大きく指示するゆき方で、これはある程度成功していましたが声部内の一糸乱れぬまとまりの点ではキズがありました。やがてひらりと右側を向いて面と向ったチェロに同じく大きな身振りが行われます。（略）むしろほかの声部が大事な表現を指示してほし気なときも、いぜんとしてチェロが相手にえらばれて大身振りを見せられているのはどうかと思われました。概して最高部の声部がしっかりしている度合にくらべて中声部が手を抜かれて、（略）つまり遠近法、あるいは同時的な濃淡のバランスづけ、といったものが粗雑なことが感じられるのでした。しかし何といっても身のこなしの見事さは大したもので、からだの全体から発する強烈な意欲が有無をいわさず管弦楽を引きずってゆきます。それに自然らしくみえるポーズの美しさも、この青年指揮者に幸していること疑いありません。その顔つきが、いつもほほえみをたたえ、音楽の美しさにたえきれぬような切々たる表情をしている事も日本人ばなれというべきです。こういうほがらかな自然な俳優性とでもいえるものは、たぶん彼の人柄から発していると思われますが、多くの人の好意と友情をたくまずして引き出す絶大な魅力がそこにあるといえます。

さてそこで演奏の結果ですが、そのようなケンラン眼をうばう見事なヴィルチュオージテートにもかかわらず、それは残念ながら音楽的には部分的にしか私を満足させませんでした〉

モーツァルトのジュピター交響曲は、「固有の様式感とチグハグな感じのアクセントと表情が強烈に飛び出してきて」「せかせかしたテンポと落着きを欠いたリズムのとり方は、古典を弾くには違和感を伴う」「ただ才気や感覚だけでは立ち向かえぬ」と手厳しい。

二つのフランス曲もフランス的な雰囲気が「希薄」で「好演とはいいがたく」、「ロミオとジュリエット」組曲がいちばん良い出来で、エネルギッシュな棒が現代的な力量と量感を思う存分引き出していたと評したが、山根は最後に期待を示して結んだ。

〈本当の指揮者は音楽演奏の精髄といったものを長年の経験と知的な勉強の積み重ねにより身につけているもので、それでこそ多数の人の上に立って組織し指導できる真の先導者となるのです。小澤君にもそれが必要なことはいうまでもありません。彼の生来のほがらかで闊達な人となりと、いくつものコンクール当選などで既に証明済みの優れた素質の上に正しい教養が築き上げられる

ことで、真の大指揮者が誕生するのを希望して筆をおきたいと思います〉
その後六月二十二日には、日本フィルの日比谷公会堂における定期演奏会に初出演を果たし、ベルリオーズの序曲「ローマの謝肉祭」、ドビュッシーの「牧神の午後への前奏曲」やフォーレ「ペレアスとメリザンド」組曲、チャイコフスキーの交響曲第五番などを演奏した。
七月がNHK職員でN響担当音楽プロデューサーの細野達也による杉並公会堂での放送録音である。五七年に建設されたこのホールは音の響きの良さから「東洋一の音楽の殿堂」とうたわれていて、NHKホールができるまで放送録音にしばしば利用されていた。この小澤と細野の出会いについては後述する。
八月には群馬交響楽団十五周年記念演奏会に呼ばれ、新設の群馬音楽センターで指揮をした。二十六日には大阪御堂会館で開かれた第四回現代音楽祭で武満徹の「環《リング》」三人の奏者のための」初演を担当することになった。東京・赤坂での顔合わせで、武満は「無名の指揮者」で「ツィスト・ダンスのように派手」な指揮ぶりとだけ聞いていたので、不安な思いで最初のリハーサルに立ち会ったという（武満徹『音、沈黙と測りあえるほどに』）。ところが、小澤は、「私の音楽をあれほど楽しげに演奏した指揮者を知らない」というほど武満を驚かせた。フルート、テルツ・ギター、リュートという変則的編成で、小澤は本番では指揮者はいらないと判断し、舞台下にいた。この時が、その後の十一作品を世界初演する小澤と武満との出会いだった。

初レコード録音

九月八日には、ビクター第一スタジオで東京混声合唱団と黒人霊歌を指揮した。これは小澤の初録音レコードとなり、十インチ（二十五センチ）のLPレコードはこの年末に発売される。

そもそも小澤の指揮の原点は成城学園時代に仲間たちとつくった賛美歌グループの合唱指揮である。年末には帰国し恒例のクリスマス演奏会にも小澤は参加し続ける。東京混成合唱団との共演は当然と言えば当然だった。

また、文京公会堂では原信夫とシャープス＆フラッツとのライヴ録音で、「オクラホマ」や「サマータイム」などを録音、翌年四月に同じビクターから「ミュージカル・ハイライト」としてLPが発売された。

小澤はバーンスタインの「ウエスト・サイド物語」映画化の際にも立ち会ったという。主演のジョージ・チャキリスが来日した折には、小澤のリハーサルを訪れたし、六四年の日本フィルの演奏会では、ニューヨークから直送のオリジナル・スコアで指揮することが謳い文句だった。

同月には東京厚生年金会館での都民劇場公演に日本フィルと共演し、三夜連続でベートーヴェン、ドビュッシー、ベルリオーズを振った。小澤は日本の音楽界に、新鮮な魅力を感じはじめていた。

一連の公演ではチャイコフスキーの交響曲第五番とベルリオーズ「幻想交響曲」が好評で、「指揮者の十八番とは、指揮者がどう思おうと、聴衆がつくってしまうものなんだな」と、日本フィルの事務局長草刈に漏らし、その後もそれらを多く指揮するようになるのである。

指揮者にはさまざまなタイプがある。たとえば朝比奈隆は小澤の生き方とは対極にあった。聴衆が何を求めるかはほぼ気にもとめず、「朝比奈の3B」と言われるほどベートーヴェン、ブルックナー、ブラームスに取り憑かれた。演奏が終わって楽員を指し示して曲の功労者であるかのように立たせることもなく、聴衆が感激してスタンディング・オベーションをしてもニコリともしない。拍手が終わらないとみると、ステージには戻るが、微動だにせず立ち続ける姿は、拍手の嵐のなかで忍耐しているように見えた。録音には興味がなかったが、朝比奈の演奏を保存したいというレコード会社の求めに応じてベートーヴェンの全曲録音を六回も行った。3Bをこれでもかと死ぬまで探求した指揮者である。

一方、小澤にとって、演奏会の聴衆の反応やオーケストラ・メンバーはエネルギーの源である。楽員を仲間といい、その仲間に向かってタクトから凄まじいエネルギーを放射する。編成の大きな現代曲を指揮する時に湧き出るその活き活きとした音楽。会場と一体化すると小澤の音楽は途方もない広がりを見せてゆく。スタジオ録音がどこか精彩を欠いて感じられるほどである。

小澤の音楽は、後の音楽評論家東条碩夫《ひろお》をもひきつけた。

「小澤さんは、日本フィルの渡邉曉雄さんとはまったく違った音楽を作り出していました。それで僕は、この時代から小澤さんを追いかけるようになりました」

同世代の若い人々が小澤の音楽に魅了されていった。

N響のこと、よろしく頼みます

日本フィルは、デビュー前から馴染みのあるオーケストラである。

そもそもの縁は、前述したように成城学園中学校の同級生水野ルミ子に偶然、桐朋学園短期大学を卒業した五七年の夏に軽井沢駅で会ったことに始まる。斎藤が指導をする学生オーケストラの合宿は北軽井沢で毎年開かれてきて、小澤は助手として斎藤の元に残っていたのだ。

桐朋の生徒たちは、さらなるステップのために次々と留学していったが、小澤には金もなく、斎藤の下働きとアルバイトの日々だった。

留学を諦めきれない心情を小澤は水野ルミ子に率直に話した。すると水野は父に会わせようと、そのまま小澤を別荘に連れて行った。それがフジサンケイグループの土台をつくり、六〇年七月から始まる池田勇人内閣時代に「財界四天王」の一人と言われるようになる水野成夫である。五六年に文化放送社長、五七年にはニッポン放送の鹿内信隆とともにフジテレビジョンを設立して初代社長となった。親分肌ということもあいまって、若い芸術家たちを周囲に集めて可愛がっていた。その中には、浅利慶太や人気作家の石原慎太郎もいた。

指揮者渡邉暁雄の提案を受けて、文化放送に専属の日本フィルハーモニー交響楽団を創設もした。小澤が水野に会った五七年の四月からは、定期演奏会も始まっていた。

水野成夫

成功する人間には出会いがある。小澤はそれを完全に活かしきることによって、成功をつかみ続ける。これ以降数年間にわたって、小澤の運は最高潮に達したかのような展開をみせていく。

小澤が外国で勉強したい旨を話すと、水野は「本気なんだな?」と念をおした。

小澤によると、「明日、四谷の文化放送へ行けといわれ、そこでは重役の友田信が待っていて、五十万円を受け取った」という。さらにこの五七年十二月には、日本フィルの第五回定期演奏会の演奏会形式のオペラ「子供と魔法」の副指揮者として起用された。小澤は、N響と並び評される新進気鋭の日本フィルへの起用に奮い立った。その様子を、日本フィルの事務局長となった草刈津三が自著で回想している。

〈キビキビとあっちに走り、こっちに走り、歌手やコーラスやオーケストラの間を駆けめぐり、指示したり注意事項を伝えたり、まことに機能的で要領が良く、カッコよかった。日本フィルのメンバーも皆若かったので、たちまち意気投合し、それ以来日本フィルの重要な仲間になったのである〉（『私のオーケストラ史』）

そのなかでも、モーツァルト交響曲三十九番の演奏が忘れられないと草刈は続ける。

〈肉体からにじみ出る、躍動する生きたリズム感。それに支えられて、常によどみなく先に進む積極的な音楽に、これは、ただ者ではないと驚嘆した〉

それにしても、なぜ小澤が「子供と魔法」に抜擢されたのか。水野が個人的に小澤を知っているからとも聞いた。日本フィル創立当時のことを草刈は思い出した。その計画を渡邉とともに水野に持ち込んだあと、創立の内定段階までいってからなかなかゴーサインが出なかった。水野は各界の人々に意見を聞いていて、とくに若者がどんな音楽を求めているのか、オーケストラについてどう思うのか、成城学園に通う娘の友人たちからも意見を聴いていたという話を耳にしていた。

草刈は、その場には小澤もいた、と想像している。

〈あの単純明快、わかりやすく説得力ある弁舌を奮って、推進論をぶってくれたに違いないと思っている。もしかしたら、それが決め手になったのかもしれない。そして日本フィルの経営を決断した水野さんは、その頃から、合せて指揮者小澤征爾を支援して行く気持ちを現実的なものにしたのではなかろうか〉

やがて、日本フィルにおける小澤の待遇は破格のものとなっていく。

五九年の正月を過ぎたころ、草刈は水野から指示を受けた。

「小澤がヨーロッパに勉強に行くと言っているので、餞別を出したい、ついては日本フィルで処理するように」

草刈はこの時二十万円を用意したと記している。先の文化放送からの金を合わせると七十万円ほどになる。


小澤が渡欧中、将来の不安にかられたとき、まず頼ったのは日本フィルの指揮者渡邉だった。草刈も、同フィル出身の指揮者として小澤は「家族の一員」のように考えていた。そのため、バーンスタインと凱旋公演に帰国した後の打ち合わせでは、小澤はこれから国際的な活躍を始めるかもしれない、だから、渡邉音楽監督を中心としたプログラムを組み、小澤には自由な、年に一度都合のよい月に帰ってくれれば定期演奏会と何回かの特別演奏会を保証するという、いわばレギュラー・ゲストの扱いを考えていた。そのためのポジションを設けて拘束しないという方針だった。

ところが、オーナー水野成夫の計らいで、小澤には音楽上のポストではなく、運営組織のなかで理事会の参与という別格な地位が与えられることになった。

六一年、草刈は水野から呼び止められたことがあった。大手町の産経ホールのロビーに仕切られて応接セットが置かれた休憩場で、水野は政財界人二、三人といっしょだった。会場からわずかに聞こえてくる小澤の音楽を指さして、「草刈くん、あれは本物か？」と尋ねてきた。草刈はとっさに応えた。

「音楽は間違いなく本物です。世界楽壇に出て行くためには、これからが大変でしょうが、バーンスタインやミュンシュという大物が後押ししているので、大丈夫でしょう」

水野は相好をくずし、自慢そうな表情を浮かべた。

そんなことがあったあと、草刈は小澤と翌年の何月ごろの定期演奏会に帰国できるかを相談し、六二年十月下旬にプロコフィエフの第五交響曲と決まりそうな矢先、小澤から「来年N響との仕事がある」と聞かされた。

草刈は反射的に反対した。それはN響の対抗馬と自負する日本フィルの事務局長としての意地からだった。

「せっかく海外で活躍するお膳立てができたのだから、もう少し活躍の様子をみてからでもよいのではないか」

「N響という難しいオーケストラには、まだ若すぎるのではないか」

そんなことまで口に出したが、心中では直感的にこの話はもう決まっているなとも感じた。

九月上旬、小澤は東京混声合唱団との録音などを終え、アメリカに発つ前日、水野に挨拶に行った帰りだと言って事務局に立ち寄った。

「水野さんに了解を得てきたので、N響のことよろしく頼みます」

追いかけるように水野から草刈に連絡が入った。

「日本で一番古く、一番大きいN響をぜひ指揮したいといっているので、やらせてやってくれ」

草刈は、小澤の起用について、次のように振り返っている。

「N響というよりNHK当局の準備が万全で、将来の常任指揮者として迎えるための試験的客演という感さえあり、想像以上に期間も長く、重いものに思えた」

それは半年にわたるものであり、兄俊夫が「征爾が常任指揮者になって」と語るほどである。それとも小澤は常任になると約束されていたのだろうか。いったいそこにはどんな経緯があったのか。水野がこれに関わった可能性も考えられなくもない。


N響の原点は、一九二五年、山田耕筰と近衛秀麿を中心として三十六人の楽員らが発足させた「日本交響楽協会」に遡る。彼らとロシア革命を逃れたハルビン在住の楽士らが歌舞伎座で演奏会を開き、五千人の聴取者で出発したばかりの社団法人東京放送局（JOAK）が援助し、シーズンに何回か定期的に演奏会を開くようになった。翌年には、日本で初めてかつ唯一のプロのオーケストラとして、「新交響楽団」という名称で活動を始めた。

楽員たちは無声時代の映画館の楽士、陸・海軍軍楽隊出身者、百貨店の松坂屋や三越にあった少年音楽隊出身者、私立大学、音楽学校出身者らで、「一心不乱に音楽だけを求めた」人々の集合体だった。元団員の大熊次郎は「飼いならされてない、烏合の衆だった」と回想した。創立一年後には、ドイツ留学を果たした斎藤秀雄が首席チェリストとして入団、やがてコンサートマスターとして黒柳徹子の父黒柳守綱も参加する。

演奏技術を飛躍させたのが常任指揮者ヨーゼフ・ローゼンシュトックである。ベルリン音楽院教授のユダヤ人で、ドイツの歌劇場ののちニューヨーク・メトロポリタン歌劇場専任指揮者として一九三〇年まで活躍し、アルトゥーロ・トスカニーニが認めていた著名な指揮者である。そんな人物が常任に就くとは、同姓同名の間違いではないか、とささやかれたほどだったが、ユダヤ人迫害が激しくなり、ドイツ以外でのポストを求めていたのである。

三六年、夏の終わりに来日すると、ヨーロッパと同じ演奏レベルを求めたローゼンシュトックは怒鳴り、癇癪を起こして指揮棒さえ投げる厳しい指導をほどこした。そんな時、斎藤が通訳を務め、「皆一生懸命だが、技術が追いつかない」と弁明した。有名な斎藤指揮法はこのローゼンシュトックの指揮を見て、それを七つの動きに分析したものである。

それでも楽員たちは彼を尊敬し「決死のつもりで演奏したと言っても過言ではない」ほどの覚悟で練習を積み、演奏能力を向上させていった。様々な楽曲の日本初演にも多く取り組み、定期演奏会の日比谷公会堂は満員となっていった。

戦時中、日本交響楽団と名乗っていた同団は、戦後の五一年にはＮＨＫ交響楽団と改称した。そもそも創立当初からＪＯＡＫの庇護のもとにあり、放送と演奏会との二本柱で運営を行い、戦後テレビ放送が始まると、さらにＮＨＫとの緊密さを増してＮＨＫの外郭団体となり改称にいたった。

このときからＮＨＫ会長がＮ響理事長を兼任し、ＮＨＫが運営の責任も取ることになった。それを推し進めたのが、戦前の一九四二年から楽団理事かつ事務長として、経済的基盤を固めることを優先した有馬大五郎である。有馬のツテによって、その後Ｎ響に変革をもたらす指揮者が続々とヨーロッパから常任指揮者として来日する。

江戸時代から続く神戸の商家に生まれた有馬は音楽に魅せられ、慶應義塾大学を中退して一九二五年にウィーン国立音楽院に留学した。カラヤンは学友で、作曲家尾高尚忠とも親交を結び、九年間の留学生活の間に受けた実家からの潤沢な仕送りが、類を見ない欧州音楽界の人脈を作ったと言われる。帰国後は楽壇の相談役的存在となり、日独協会の主事として新響のローゼンシュトック招聘にも力を尽くした。また、東京高等音楽学院（一九四七年に国立《くにたち》音楽学校に改称）を、有馬は国立音楽大学に昇格させ、初代学長となった。気さくで明るく楽しいキャラで学生から「大五郎ちゃん」と呼ばれていて、N響では、西郷隆盛に似た風貌で情に厚いため、オイドンスキーというあだ名がついていた。

まだ「帝王」の異名をとる前のカラヤンが、五四年に単身来日してN響と共演したのも有馬の人脈だった。五五年、欧米の一流とされたオーケストラ、シンフォニー・オブ・ジ・エアの初来日時には、N響との共演を実現させた。これはN響楽員にとって転機となり、また小澤にしても、このオーケストラの衝撃から海外への夢を膨らませていったのだ。

五七年にはオペラを暗譜でピアノ伴奏するウィーン国立歌劇場の指揮者ウィルヘルム・ロイブナーが常任指揮者に就いた。有馬は日本にもオペラを取り入れようと、五六年から二十年間にわたって歴史的なイタリア・オペラ公演を企画する。デル・モナコ、レナータ・テバルディ、ジュリエッタ・シミオナートら豪華キャストの出演する公演チケット獲得には、早朝から行列ができた。ドミンゴ、パヴァロッティ、カレラスらいわゆる三大テノールが初来日したのもこの企画による。日本で初めて本格的オペラが響き、N響が全てのオペラで共演した。N響はオペラ伴奏もシンフォニーも可能なオーケストラへと成長する。

完璧な常任指揮者

次に常任指揮者になったのが、カラヤンが最も信頼し、来日時に体調不良となったカラヤンに代わりベルリン・フィルを指揮した北ドイツ放送響指揮者のヴィルヘルム・シュヒターである。五九年から六二年までの三年間にシュヒターはオーケストラに可能な限りの精度を求めた。練習には徹底的に時間をかけ、演奏会と放送の時間を逆転させ、練習・録音、練習・録音と繰り返して、レコーディングは「無限に再生される可能性のある素材」として百パーセントの完成度を求めた。その後に、その定着した演奏にさらに「一回限りの緊張」を加えて演奏会にのぞんだ。この頃指揮研究員だった岩城宏之は「ローゼンシュトックさんの何十倍も怖い人」と回想している。ラジオからテレビへの移行期であり、「シュヒターは最後の録音屋、真の〝常任指揮者〟と呼ぶに相応しい人だった」（細野達也『ブラボ！　あの頃のN響』）と、NHK職員でN響担当音楽プロデューサーの細野達也は回想している。これによって七十年の歴史を刻む、崩れを見せないN響のアンサンブル能力と音が再構築されたのである。

日本フルート界の第一人者である吉田雅夫は、この頃同団で首席フルート奏者を務めており、当時の雰囲気を語ってくれた。

「シュヒターの常任指揮者時代、アンサンブルは飛躍的に向上しました。楽団創立以来の楽員はまだ健在だったけれど、有馬さんは大幅な楽員の入れ替えをしようとしていた。というのも、戦後入ってきた若い奴らに古参の楽員の技術が追いつかなくなってきたからです。楽団としての演奏は格段に良くなってきていたけど、だれが辞めることになるとか、内部はギクシャクし始めていた。シュヒター在任中に楽員の三分の一が入れ替わっていて、捌け口というのではないけど、小澤くんの事件はそんな時に起こるわけなんですね」

当時、最年少の二十三歳でコンサートマスターに抜擢されていたのが、ヴァイオリン奏者として江藤俊哉と双璧をなし、東京藝術大学を首席卒業後すぐにN響と共演した海野義雄である。シュヒターをいただいて六〇年には、カラヤンとウィーン・フィルに次ぐ、オーケストラとして史上二番目の世界一周演奏旅行が敢行された。桐朋の生徒で十八歳だったチェロの堤剛と、振袖姿の演奏で話題を呼んだ十六歳のピアノの中村紘子もソリストに迎えられた。

この世界旅行は十二ヶ国二十四都市を回るのだが、そこには世界で最も名の知れたルツェルン音楽祭やベルリン音楽祭、国連デーへの出演も組み入れられた。有馬は前年十二月より二月まで三ヶ月間欧州に滞在し、現地の下見や交渉に当たっていた。中村紘子に和服での演奏が求められたのも、現地からの要望だった。

常任のシュヒターは地元ドイツのみの参加で、大部分の都市で指揮したのが、五年に及ぶ下積みの指揮研究員を経て、やっと臨時演奏会で指揮台に立った二十八歳の岩城宏之と外山雄三である。指揮研究員の制度は、将来のオーケストラ界を担う人材育成を目的としたもので、常任指揮者のアシスタントとして楽譜作成や整理をし、巨匠たちの音楽づくりに携わりながら、オーケストラの現場に迎え入れる新制度だった。

二人はともに東京藝術大学の出身で、作曲専攻の外山はこの世界旅行の直前までウィーンに留学していた。二人は楽譜の管理など雑用をこなしながら古参の楽員たちとも少しずつ気心を通じさせ、演奏旅行のアンコールでは外山作曲の「管弦楽のためのラプソディ」で盛り上がり、多くの都市で成功が謳われた。N響は各地で「ディシプリン(規律)のある」「パールのような音色」と評され、同行した細野も「N響は一皮むけた」と感じ、楽員たちは自分たちがやってきたことが世界に通用することを知った。

ちょうど小澤がパリ遊学中の時で、ここには斎藤門下のチェリスト堤剛がソリストとして抜擢されていて、N響が世界旅行で渡仏すると知って、小澤はパリの空港で出迎えた。N響への特別な憧れは積み重なっていた。

岩城が国際的な活躍を始めたのはこの世界旅行がきっかけであり、その後プラハ放送交響楽団、ローマ放送交響楽団、ポーランド国立放送交響楽団、レニングラード・フィル、ウィーン交響楽団、ベルリン・フィルハーモニー管弦楽団などから招かれることとなった。

音楽評論家の大御所野村光一は、シュヒター指揮のワーグナー「神々の黄昏」葬送行進曲や「ラインの黄金」のワルハラ入城を聴いてこう書いている。

〈N響は、弦も管も物凄く鳴っている。音色、音量、強弱など欠けるところがない。アインザッツの小気味良さもまた見上げたものだ。日本のオーケストラが、これほど響いたことは、かつてなかったというほど強い感銘を受けた〉と手放しで称賛した。会場を埋めた聴衆は見たこともないワーグナーの大編成の音に圧倒された。

三年の任期を終えたシュヒターの離日に合わせて、細野が録音した過去の演奏会が放送された。この「シュヒター・七夜連続演奏会」を聴いた楽員の一人が「こりゃ、とてもN響の音とは思えん！」と呟くほど、かつてないほど演奏能力を高め、残った楽員たちは選ばれた者としての自信に溢れていた。

そんな時に、やはり新進で自信に満ち溢れた小澤がN響を振ることになったわけである。N響はシュヒターによる三年間の基礎づくりの後、六二年四月からは一変して客演指揮者を相次いで招き、つぎつぎと得意のレパートリーを披露していくプログラミングとなり、これまでと正反対の方向に転じた。というのもこの年からN響のレギュラー番組「プロムナード・コンサート」がNHKテレビで放送開始となったことが強く関係している。N響はこれ以前にも随時テレビ出演をしていたが、毎週決まった時間に出演するようになったのは、この番組からである。視聴者からは毎日多くのリクエストが寄せられるようになり、番組は注目の度合いを強めていた。

当初、小澤の登場は六二年六月、七月の公演をキャンセルした指揮者の代役としてのものだった。ところが、その後、出演は六月から半年にわたってという長期のものに拡大していく。

小澤自身はN響との出会いについて二〇一四年にはこう述べている。

「僕をN響の指揮者に起用したのはNHKのプロデューサー、細野達也さんだったと思う。N響の放送録音の仕事を一緒にしたこともあった。細野さんが推薦しなければ、バーンスタインの副指揮者をしただけの僕をN響の幹部が指名するはずがない」(日経新聞「私の履歴書」)

細野は小澤より五歳年上で、旧制成城学園高校を経て東北大学並びに同大学院を出たが、N響と共演する数少ないアマチュア合唱団の「成城合唱団」の渉外係をしていてその繋がりからNHKに入局した。

細野と同じNHKの音楽プロデューサーでほぼ約十年後輩の君塚裕重は、「N響アワー」などを製作してきて現場に詳しい。

「N響担当プロデューサーは、N響の演奏会の録音や、ラジオ放送向けのN響の録音をする。ともかくN響の演奏した全ての曲を録音しておく。この立場だと、N響の曲目を選定する会議があると、必ず出席する。放送録音の指揮者は意外に自由に選べるのだけど、演奏会は違う。細野さんは、小澤さんを演奏会の指揮者に推薦することは可能だったかもしれないけど、起用すると決めることはできない。演奏会の指揮者を決めるのは、当時は有馬さんでしょう」

放送録音→臨時演奏会→定期演奏会と、指揮者に選ばれるハードルは上がっていくようである。

小澤が細野と面識を得たのは凱旋帰国した六一年である。

毎日新聞の原田三朗著『オーケストラの人びと』には、日本フィルで指揮した小澤を聴いてすっかり感心した細野が、「若くて、熟練していないが、音の色彩感と表現力はすばらしい」「N響にも欲しいと思い、『N響をやる気はないか』」と言ったことが記されている。シュヒターが帰ったあとは、研究員の岩城と外山がいるが、六二年の後半の定期演奏会を全部というのではなく、一、二回でいい、あとは外国人指揮者を招いて埋めると小澤に話したらしい。

その直後、小澤は六一年七月、細野の編集録音でN響との初顔合わせとなり、杉並公会堂でストラヴィンスキーの「ペトルーシュカ」などを放送録音している。細野からしても相性は申し分ないように思えた。

江戸京子との結婚

六一年九月、日本フィルの水野からN響の出演を許されて離日した小澤は、それから三ヶ月余りたったその年の暮れに突如として帰国して、江戸英雄に告げた。

「一月六日にニューヨークにもどるまでに、結婚式をあげたい」

唐突な申し出である。

江戸は、音楽家同士だからうまくいくかどうかわからない、と感じていた。ただ二人が婚約して十ヶ月がたっていた。その後も二人の気持ちに変化がないのだろう。急な帰国で、一月六日まではひと月もない。どうして小澤はこの時、こんなに急いだのだろうか。翌年の帰国の時では遅すぎると考えたのではないか。

江戸にしてみれば、大切な長女の結婚という人生の重大なイベントにしては、あまりにも慌ただしく無茶でさえある。江戸は小澤家に問い合わせてみたが「征爾にまかせる」というだけで、

小澤と京子

干渉しないというスタンスである。こうして「破格異例の結婚式」はすべて江戸に託された。

小澤は、パリ滞在中に毎日新聞からの斡旋でパリを案内した小説家井上靖に仲人を依頼したい、という具体的提案もしてきた。しかし江戸が連絡を取ると、井上は旅行中で都合を聞けず、結局、仲人の名前は空欄にして案内状の校正ゲラを印刷所にまわした。会場は日比谷にある三井の三信ビルディングを手配した。

六二年正月、政財界人の大物や文化人ら四百五十名を越える人々が、突然の披露宴に出席して二人を祝福した。華やかな披露宴の様子は週刊誌に紹介され、小澤は前途洋々な指揮者としての華やぎを増していった。

しかし、心中穏やかならざる父は二人に誓いの言葉を書いてもらい、井上靖の承認を得た上で、当日参列者の前で読み上げてもらった。

「私たちの責任において、良き夫、良き妻となり、この結婚生活を全うします」

花嫁の父は最後の挨拶でも、二人の結婚には賛成でなかったこと、結婚披露の今でもなお懸念に堪えないこと、「個性の強い二人のためにご指導とご援助を心から皆様にお願いしたい」と挨拶せざるを得なかった。

この華燭の典にミリオンコンサート協会の小尾旭が出席している。

「披露宴会場の三信会館の出席者が政財界の錚々たるメンバーでしたよ。当時内閣総理大臣をしていた池田勇人も来ていました。

小澤くんがN響の指揮をすることになったのは異例のことで、日本の一番上が動いたということ。そうじゃないと考えられない。

江戸さんが動いて池田総理からNHKにいったかもしれない。小澤くんが江戸さんに頼んだとすると……。江戸さんの偉いところです。頼まれれば、絶対断りません」

この招待客の中には、水野成夫も当然のごとくいただろう。

挙式の翌日、小澤と京子はニューヨークに発った。狭いアパートメントでの生活の様子が雑誌の十ページほどにわたって日本で紹介されたこともある。乏しい収入で、まだ家財道具の準備も整わない状態だったが、ともかくニューヨークでの新婚生活が始まったのである。

四月には『ボクの音楽武者修行』が出版されることになっていた。前年すでに音楽之友社との打ち合わせは終わっていた。ロングセラーとなるこの本の担当編集者は、のちに芸術現代社を設立した中曽根松衛である。

「ちょうど小田実の『なんでも見てやろう』が売れていてね、小澤くんのもそういう冒険譚で、彼の渡欧の仕方やバーンスタインやカラヤンとの出会いなど成功物語が面白かったからね。弟の幹雄くんが海外からの小澤くんの手紙を保管していたから、直木賞の候補になった、あまり売れていない作家をゴーストライターに立てた。いい本ができてとても売れましたよ。彼は私生活で江戸京子くんと結婚したことでも、週刊誌などマスコミの話題となっていたし、本の発売後、N響にデビューしたと思ったらボイコット事件となり、本を発行した年は話題に事欠かない指揮者になっていた」

小澤は一月には、自作を指揮するはずだったアラム・ハチャトリアンの代役として、サンフランシスコ交響楽団定期演奏会にデビューした。ベルリオーズ「幻想交響曲」、ハチャトリアンのピアノ協奏曲を指揮した小澤を、当時大ヒットしていた映画にちなんで「スター・イズ・ボーン」との見出しで讃える報道もあった。

この頃からバーンスタインは、当時ほとんど知られていなかったアメリカの作曲家チャールズ・アイヴズの作品を続々と録音していく。五月には指揮アシスタントのモーリス・ペレスや小澤にも振り分けてのライブ録音も行った。

そしていよいよ伝統のN響へのデビューのために、小澤は帰国した。

十年ぶりの日本人指揮者

六二年四、五月のN響定期演奏会の指揮は、ベルリン・フィルの常連だったエフレム・クルツで、そのあとが小澤である。これはN響の定期公演の歴史の上では特記事項に属することだった。というのも、まだN響を名乗る以前、一九五一年の四月に山田一雄が指揮したのを最後に十年間、N響の定期演奏会には日本人の指揮者が一人も上っていなかったのである。

秋にはコヴェント・ガーデン王立歌劇場のラファエル・クーベリック、十二月定期はニューヨーク・シティバレエの創立者レオン・バルザンが予定されていた。常任指揮者をおかずに、次々と客演指揮者が迎えられることになっていた。これには、前述したように、テレビ番組「プロムナード・コンサート」が毎週土曜日に放送開始となったことが大きかった。この番組では次々と色調の変わった花を見るような楽しさが求められており、視聴者からは毎日、たくさんのリクエストが寄せられていた。

ところが、クーベリック、バルザン共に早々のキャンセルとなっていた。これによって半年間の空白に小澤が入る余地ができた。

帰国した小澤は六月二十日から三日間にわたる東京文化会館の第四三二回定期演奏会で、モーツァルトの「後宮からの逃走」序曲、黛敏郎の交響詩「輪廻《サムサーラ》」やレスピーギの「ローマの松」を指揮し、N響は「棒の反応が違う」と感じはじめていた。

「ぼくは、それはそれでいいと思う。音楽には、いろいろな色がある。それがまざり合った方がいいというのが、ぼくの考えだ。自分の色だけが、ほんものだという空気が、たしかに、この楽団にはある。N響の場合、指揮者が、ずっとドイツ系ばかりであったことも、大きく影響してい

るのかも知れない」（「週刊文春」一九六二年十二月二十四日号）

七月四日の臨時演奏会では、フランスから作曲家メシアンを招いて、大作の「トゥランガリラ交響曲」が日本初演された。初輸入された電子楽器オンド・マルトノを、桐朋一期で小澤ともよく連弾をした仲で、N響の団員となっていた本荘玲子が弾きこなした。

演奏会は絶賛され、小澤自身、「奇跡的なほど」（「毎日新聞」）うまくいった、「傑作を作りえた」（「週刊文春」）と胸をはっている。N響のだれもが小澤の才能を認めた。とくに管楽器奏者たちが好感を持った。初演に続いて録音も行われ、N響のスタジオに皆が四日間カンヅメとなった。この再収録では作曲家のメシアンが細野達也のテープ編集に立ち会い、それはその年の文化庁芸術祭参加作品として放送されるほどの成果をあげた。

七月二十一日の「N響サマー・コンサート」では、小澤は賑やかにコープランドやガーシュインなどの曲を指揮し、N響とのコラボレーションはうまく行くかに思えた。七月で楽季は終わり、八月三日から八日までは北海道の室蘭、札幌、旭川などをまわり、N響は長い夏休みに入った。

前年の六一年に、小澤がN響に出演することが決まったとき、国立音楽大学学長でもある有馬はN響の事務長職を退いていた。その後、事務長は次々と代わり、やはり有馬でなくてはとなったのか、有馬はN響で事務長より格上の、新設された副理事長に就いた。N響の理事長はNHK会長であるため、ナンバー2の有馬の発言権は強まったはずだった。

さて、前年に決まっていた小澤の出演は、六月の録音と同曲を取り上げる定期演奏会、夏までの放送録音や臨時演奏会などで、それは口約束だけである。

そのため、それ以降も演奏会の指揮台に上り続けることになった小澤は、アメリカでのように書面にしてくれと催促し続けた。その結果、七月になってやっと半年間の契約書が交わされた。
・十二月三十一日までは小澤が指揮者であること。
・ほかの人間には振らせないこと。
・そのかわり自分も他の仕事は断っていること。
契約の内容を楽員の前で「演説して」、小澤は決意を示した。

ところが、この直後に小澤はテレビでNHKを見ていて、ある人物の発言に愕然とする。それは、海外から一時帰国した岩城宏之が、音楽担当新聞記者と対談する番組だった。

小澤は、これ以降のことを「週刊文春」（一九六二年十二月二十四日号）に特別手記として公表している。それによると、岩城宏之がその番組でこう言ったという。

「年末の第九の公演は、ぼくが指揮をする」

翌日、小澤はN響事務局に行き、岩城の発言について問いただした。事務長木村龍蔵は次のように返した、と小澤は明かしている。

「申しわけがない。NHKとN響との間に、意見のくい違いがあって、ああいうことになった。もちろん第九は、あなたにやってもらう」

木村のこの発言は、ＮＨＫとＮ響幹部が別々のことを考えていたことを示している。これは重要なことである。小澤のデビュー・コンサートを企画した小尾旭をはじめ、楽壇内で囁かれていたのは、小澤の半年にわたる起用にあたってはＮＨＫからＮ響に圧力がかかったということであり、それを裏付けるような発言だった。

Ｎ響の時計

当時、高度経済成長の過程で日本各地では光化学スモッグが発生するようになっていた。まもなくそれになぞらえて小澤とＮ響との関係は「スモッグ」と報道されるようになる。そのスモッグについてよく知っていたのが全盲のヴァイオリニスト和波孝禧だ。和波はロン・ティボー国際コンクール第四位、サイトウ・キネン創立メンバーであり、この事件の数年後、Ｎ響と共演している。

「そもそも小澤さんがＮ響で問題視されはじめた理由は、遅刻です。Ｎ響は練習開始三十分前に集合しなくてはいけない楽団で、楽員さんたちは練習開始時刻が近づいてくるとソワソワし始めるのです。集合時間の三十分前に、もうそのような感じになる」

Ｎ響に招かれた外国人指揮者の一人も、「Ｎ響は音を出す一時間前には全員が集合している楽団でした。わたしが招かれたとき、国鉄のストライキがありました。車はＮ響からまわされていたのですが、その日は渋滞がひどく、車のなかでタキシードに着替え始めました。着いたのは、五分前でした。有馬さんが、まだみなそろっていないから大丈夫、と言いましたが、そんなことはN響始まって以来のことだということでした」

N響の定時番組「テレビ・シンフォニー・コンサート」の現場担当となった細野達也も、やはりN響の厳格な時間管理に驚いている。

細野は、先輩から言われストップウォッチを手に、朝十時の練習開始前に出向く。すると練習場に楽員はすでに勢揃いしている。トランペット奏者でインスペクター（連絡係でありまとめ役を担う）である中村鉱次郎は正確な時計を三種類もっていて、そのどれもが秒針までそろっていたのだ。

「NHKの時計が壊れたときは、テレビやラジオの時報係が中村のところに時間を訊きにくる」とまで言われていた。そして朝十時きっかりに、オーケストラの音が鳴り響きはじめる。

その伝統はローゼンシュトックの時代に始まるが、小尾旭は「さらに」と付け加えた。

「N響は新響と言われた時代から、ラジオ放送に出演していたでしょう。時間の感覚がしっかりしていないと駄目なんですよ。放送は当時、すべてナマであり、遅刻すればその仕事はなくなるんだから」

放送と密接に関係してきたこの楽団にとって、遅刻はキャンセルに等しかった。なにがなんでも決められた時刻に音を出さなければ、稼げない、給料を手にすることができない。これが本番のみならず、練習にも適用されてきたのだ。

だが小澤は、杉並公会堂での公開録音を控えた朝の練習に遅れてきた。会場では、予定時刻前にいつものように全員が勢揃いしていた。指揮者がくれば、すぐに音を出せる状態である。

しかし、現れない。

予定時刻を五分ほど過ぎて、小澤が楽屋に飛びこんできた。

「腹減った。なにか食ってから、振る」

楽員は内心では怒っていたが、このときはまだ寛大だった。小澤は器用で、リズム感も確実である。遅刻は許せないが、小澤と契約したというなら、それでも仕方がないというのが、大半の楽員たちの反応だった。

九月になり、いよいよ新しい楽季に入った。

十二日は都市センターホールで、ベルリンでもタクトをとった作曲家石井眞木の日本デビュー・コンサート〈石井眞木作品発表会〉の指揮である。完成したばかりの「小オーケストラのためのトランジツィオーネン」や「群舞と九奏者のためのシーン」、ベルリン音楽大学在学中に書き上げた「小オーケストラのための七章」ほかの演奏会が開かれたのだ。この録音はＮＨＫのラジオ番組「現代の音楽」で放送された。この時小澤が指揮したのは「Ｎ響室内楽団」という名称の小編成のオーケストラで、Ｎ響の『50年史』ほか公式資料にはない。

これ以降、石井と小澤の関係は九〇年代まで続いていく。小澤は世界に進出する中で、日本人作曲家の作品を携えていくのである。この時期、日本のオーケストラ界では、日本人の作曲活動を活発に演奏する動きがあり、それが日本人指揮者の小澤の特権にもなっていく。それは黛作品でニューヨーク・デビューをしたことにも表れている。

さて、九月二十日からの三日間の定期演奏会はベルリオーズ「幻想交響曲」と、武満徹の「弦楽のためのレクイエム」である。東京文化会館でのリハーサルは、コンサート当日の朝十時からだったが、また小澤は現れなかった。楽員はまんじりともせずに、楽器を手にして指揮者を待っていた。インスペクターの中村の時計の針は、規則正しくその日も動いていた。三つの時計の秒針は同じ時を刻んでいた。

十時半をまわって、小澤が現れた。それまでこういう指揮者はいなかった。

「ぼくは朝が弱くて、桐朋では斎藤秀雄先生、ニューヨークでもバーンスタインに叱られていた。でも、ニューヨーク・フィルではおじいさんの団員がかならずぼくを起こして会場に連れていってくれた。ほんとうにみんながぼくを必要と思うなら、そうすればいい」

N響側は運転手もまわしているのだ。それなのに、小澤は遅刻を自分を起こさない運転手のせいにした。

しかし、一方で「弦楽のためのレクイエム」と「幻想交響曲」などをとりあげた九月の定期は好評だった。武満のこの曲は当初芳しい評はなかったが、ちょうど来日したストラヴィンスキーが絶賛したことから評価が一転した。武満の名前を一躍世界に知らしめた初期の代表作である。

しかし、この時には、たびかさなる遅刻に楽員の気持ちは冷めはじめてきていた。

「N響をバカにしているのか」

「あの野郎、若造のくせに、六十近いティンパニーの楽員さんを頭ごなしに怒鳴りつける。それも指揮棒で譜面を叩きながらだ」と息巻く者も出始めていた。

ヴァイオリニスト堀伝は、この事件の三年後にＮ響のコンサートマスターとして入団した。

「小澤くんの兄貴の俊夫さんから、何が原因で小澤くんとＮ響がそんなことになってたのか、と聞かれ、先輩に聞いたことがあったのですが、練習に遅れてとか、振り間違いがあったとか、そのくらいしかわからない。

ただ小澤くんの事件が起こった当時、Ｎ響には管楽器などに猛者や侍がだいぶいた。だから雰囲気が違った。一人一人個性のある奴が多かった。オーケストラはそういうパワーをもってやる奴がいないとダメなんだ」

それこそ猛者がいたために事件は起きたのだろうが、堀の口調はこの時代のＮ響を懐かしむようでもあった。

振り間違い

六二年九月の定期演奏会から一週間余りたち、Ｎ響は二度目となる海外演奏旅行に旅立った。今度は東南アジアを回る旅である。先に行われた世界一周旅行はＮ響にとって大きなキャリアとなり、その名前はすでに東南アジア全域に広まっていた。

この旅行のために細野達也が各国のマネージャーをまわったとき、ある在外公館員から、「なんといってもオーケストラっていうのは、一国の文明の水準ですからなあ。大きな戦車がのし歩いて来るようなものですよ」と絶賛されたのである。細野は心底嬉しくなった。

まずは香港で〈第一回東南アジア音楽祭〉に出演し、小澤は二夜を指揮、ひき続きシンガポール、クアラルンプールへと旅は続いた。

この演奏旅行中、小澤は八回の指揮をすることになっていた。体育館のような場所で行われたクアラルンプールでは、初めてクラシックを聴くような人々が集まっていた。彼らは演奏に興奮し、小澤もこうした人々の前で指揮をすることが、指揮者の醍醐味かもしれないと思った。

残りはマニラと、まだ米軍占領下の沖縄である。マニラでの第一夜には、地元のピアニストがソリストとして参加、ベートーヴェンの協奏曲第三番ハ短調を演奏することになっていた。協奏曲にはカデンツァがあり、ソリストが自由に弾き、そこが終わると同時にオーケストラが入る。

ところが、本番になって、小澤がなにか勘違いしたのか、カデンツァの途中で、突然棒を振りはじめてしまった。小澤の棒を見ていた楽員が、条件反射的に音を出した。ヴァイオリンの二、三人と、ティンパニである。本番での失敗だった。終わってから、楽団の演奏委員がこのミスを問題視した。

しかし、指揮者だって振り間違いはある。N響でも指揮者の失敗はあった。小澤に指揮者になりたいと思わせたピアニストで指揮者のレオニード・クロイツァーにさえ、そんなことは起きたのだ。

一九四七年十二月の演奏会のことである。クロイツァーは誤って、ベートーヴェンの第九の第四楽章のバストロンボーンとチェロの「入り」の指示をしないで、すぐ合唱の「入り」を指示してしまったのだ。

クロイツァーはしかし、演奏会終了後、楽員宛の謝罪文をしたためて送ってきた。その手紙を、数日間、練習所の掲示板に貼っておいてくれとのことだった。それはN響のリーダー格で首席フルート奏者の吉田雅夫に強烈な印象を残していた。

〈まことに申し訳ない。もし私がこんな間違いをピアノでしたら、わたしは一生ピアノを弾くのをやめるでしょう。どうかお許し願いたい〉

小澤が指揮者になるのを決心させたクロイツァーである。大家ですら楽員に対して謙虚さを示した。クルト・ヴェスも協奏曲で失敗したが、すぐに楽員たちに謝った。

しかし、小澤が失敗した時の態度はこうだった、と楽員たちは口にする。

「そんなこともありますよ」

恥をかくのは、演奏している楽員自身である。

「小澤にあやまらせろ」

楽員たちの態度が硬化した。

一方、小澤のほうは「週刊文春」の特別手記で、このときのことをつぎのように表現している。

〈副指揮者なしで、孤軍奮闘したぼくは、酷暑のこの都市で、首の肉ばなれのため三十九度の発熱をし、ドクターストップをうけたのだった。このような状態で棒をふったために、些細なミスを冒してしまった。しかし、(中略)全く不問に附していいミスであったとぼくは思う。

それを、楽員の一部の人たちは、ぼくをおとし入れるために誇大にいいふらし、あれは仮病で

あるとまでいった〉(一九六二年十二月二十四日号)

しかし、楽員側によれば、大太鼓の網代景介が副指揮者だったし、また、本当に発熱かどうかにも疑念を持ちはじめていた。小澤はホテルのバーで前夜から朝の六時半まで飲み、その姿を目撃した楽員がほかの仲間に告げていた。

「小澤が飲んでよれよれだった」

起きてきた小澤は網代に、風邪で頭が痛いから、今日はタイムだ、と言い出して、指揮の交代を告げた。しかし、網代は「俺は酒飲みの尻拭いなどしない、あいつに振らせろ」ときかなかった。

さらに、この演奏旅行に出発する前、副理事長の有馬は小澤に次のように告げていたという。

「東南アジア旅行では八回ある演奏会のうち、三回を外山雄三に振らせてほしい」

この有馬の提案こそが、N響側からの意思表示だったかもしれない。

しかし、小澤はその申し入れを蹴り、年末までの契約期間は全部自分が振ると主張した。

マニラの第二夜は別のプログラムだった。チャイコフスキーのヴァイオリン協奏曲のソリストは海野義雄で、出来はよかった。

こうして演奏旅行は一応済んだ。

ところが帰国直後、また問題が起こる。

杉並公会堂で行われたモーツァルトの交響曲三十六番の公開録音でのことである。手書きの譜面で、小澤はスラーの記号を間違えて振った。オーボエとヴィオラのアーティキュレーション、つまり音のつながり方がちがう。練習のあとで楽員が小澤に指摘したら、気づいていなかった。小澤の能力はどうなのか。小澤はモーツァルトを振れないのではないか。

不穏な空気が醸成されていた。

タクトに吼えろ！　若い獅子

小澤自身、N響事件のころは若くて生意気だったと、晩年には反省と思える回顧をしているが、若い小澤は意気軒昂である。

その姿をよく伝えているのが、事件直前の「週刊文春」の〈タクトに吼えろ！　若い獅子　この人と一週間〉（十一月十九日号）の密着取材である。

二十七歳の小澤は、ありあまるエネルギーを拡散している。

〈十月二十八日（日）雨。東京・原宿の高級アパートの六階、ドアから首を出した小沢青年はねむそうな眼で空をあおいだ。午前十時半、まだ寝間着のままである。（略）どうやら夫人の京子さん（25・ピアニスト）がまだねむっているらしい〉から始まった小澤の一週間が綴られている。

二人の新居は、三井不動産が原宿の若者文化発信の拠点として開発したセントラルアパートである。ここは住居部分と事務所からなり、ここに事務所を構えることはステータスシンボルだった。一階の喫茶「レオン」には、伊丹十三、糸井重里、川久保玲や加藤和彦ら、その後世の中にデビューしてくる人々が集まるようになる。

小澤の発言は明快そのものである。

「棒振りというのは交通巡査と同じですネ、東なら東、北なら北……はっきり方角をささなきゃいけないんですよ。東なのか北なのかというあいまいなのが一番困るんです。なんとなく恰好つけて情緒を出そうというのが日本の昔のやり方だけど、ほんとは一つ一つ正確にやって、そこから情緒も出てくるんでなくちゃウソなんです」

夕方の日本フィルの定期演奏会の練習では、朝とは打って変わって〈はりがねのように強靭な青年指揮者の相貌〉となって指揮をした。伸び上がり、腕を波打たせ、ときには〈目に見えぬ壁をなぐりつける〉。

三十分経たぬうちにビッショリ汗をかいて、小澤は革の上着をかなぐり捨てた。

「ヴィオラさん、そこいけねえや、ハイ、も一度いきましょう。タリリ、タリリ」

〈自分の能力に対する絶対の自信のほどを、体中から発散させている〉と記事は続ける。

翌日も日本フィルの練習。モーツァルトのピアノ協奏曲には妻の京子が客演する予定で、練習は予定を三十分オーバーした。

「京子、N響の仕事があるから、遅くなるぞ。ウン、メシは食って帰るよ」

どなるようにいって車に乗りこみ、この年三月に落成したばかりのNHK交響楽団高輪演奏所の練習へと向かう。記者に小澤は話しかける。

「練習が三十分のびるなんて、めったにないんですよ。楽員さんから文句がでますからね。ボクが指揮するからついてくるんですよ。三十分よけいにやれば、それだけ良い音がでるんだ。そう思わせなきゃついてこないでしょう。こっちに自信があり、やる気もあれば、それが向うにつたわるわけですよ」

N響では、テレビのニュースの裏に流す短い音楽を十曲ほど録音をした。

〈そのあとである。小沢青年は、とつぜん烈火のごとく怒った〉と記事は続く。記者が演奏場に入ることを許されず、小澤の指揮ぶりを見ることも演奏をきくこともできなかったからである。

それをあとで知った小澤は責任者に抗議の声をはりあげた。

「いいですか、ぼくが指揮をする限り、ぼくの音楽をききにきた人なら、だれだって入れてください。その人がおそば屋のおばさんだっていいんだ。音楽をききたいといってきた人を、追いだす権利なんぞ、一体だれにあるんですか。忙しいから……それはあなたの勝手です。忙しいからといって待たせたり、追いだしたりする権利はないんですよ。それがわからないんなら、ぼくはN響ではコンリンザイ指揮をしません」

ニューヨーク・フィルのバーンスタインの練習では、近所の人々が練習所となっている伝統あるカーネギーホールに気軽な服装で自由に出入りしていた。その姿を、小澤は好ましく思ってきたのだ。

その声は次第にクレッシェンドして、ついにフォルテシモにいたる。いつしか、両手は指揮台上のゼスチャーさながらに動いていた。

〈自己を最大限に主張する芸術家の小気味よい一面が、〝若獅子〟小沢征爾の顔にはあった〉と記者は綴る。

夕方、原宿の高級アパートメント一階にある行きつけの鉄板焼き屋でも、小澤節は止まらなかった。

「NHKは民間会社になったらいいと思いますね。組織まけしていますよ。一番いけないのは人事ですね、最も優秀な音楽家だけを使うというんなら話はわかるんですが……。

それから、日本では契約書をキチンとかわす習慣がないのはいけないですね。ぼくの場合にも、去年かわした口約束が書面になったのは、さんざん催促したあげくの今年七月です。

ぼくらには権力も金力もないから、もめごとが起ったときの武器としては、指揮をおりることしかないんですよ」

その後、小澤は十月三十日には日本フィルの定期演奏会に出演し、三十一日には下落合の京子の実家から愛用のイタリア車・シムカに乗って、二人で江戸家の軽井沢の別荘へ向かった。

京子の言葉も紹介されている。

「あなたって一つのことに熱中すると他のことは全部忘れちゃうんだから……仕事のときだって遅刻しすぎるわよ」

「指揮者もそういう人間味ある方がいいじゃないか」

「遅刻するのが人間味と思ってるの？」

また、このとき小澤は記者にむかって、

「指揮者の才能には技術的なことの他に、スコアを読んでどれ位大きな音楽を心の中に抱くことができるかという精神的な面があるんです。その心の中の風船が、日本ではふくらまないような気がするんですよ。これからは、一年の3分の2は外国で過すようにします」

どうもこのころから、小澤とN響の不協和音が鳴りはじめたようである。

小澤のマネージャーを務めていた小尾旭が語る。

「小澤くんがN響の指揮をすることになったのは異例のこと。だって小澤くんはそのころ賞をとったとはいえ、バーンスタインのアシスタントなだけで、指揮者としてなんの実績もない。ふつうならそんな若者をN響が指揮者にするわけはない。N響といえば、ドイツ系の名だたる指揮者が振っていたわけでね。日本人では、この数年前から岩城宏之と外山雄三がN響の指揮研究員になっていた。そこに小澤くんが突然来て、彼らより上のポストについた。問題が起こらないはずがないんです」

さて、東南アジアから戻ると、楽員たちの方は、十一月二日まで第三回「イタリア歌劇団公演」の仕事が入っていた。オペラの本場から来日したイタリア人指揮者三人による「アンドレア・シェニエ」「リゴレット」「トスカ」「アイーダ」「カヴァレリア・ルスティカーナ」「道化師」などを、東京や大阪で二十回も演奏する多忙なスケジュールが組まれていた。

その後、十一月十四日からは三日間にわたる定期演奏会である。ベートーヴェンの第八番、ラヴェル「ダフニスとクロエ」、ガスパール・カサドを迎えてドヴォルザークのチェロ協奏曲を小澤の指揮で演奏することになっていた。

その練習に当てられた日、小澤は「気分が悪いから」といって早めに切り上げてしまったことがあった。ところがそのあとで小澤が早稲田のグリークラブに行き、第九のコーラス指導をしていたことがわかった。ヴィオラの佐伯峻の弟が早稲田のそのクラブに所属していて判明したのだった。

小澤はやる気があるのか。N響でベートーヴェンを指揮する自信がないのではないか。こうして、「年末の第九は小澤に振らせるな」という声が出てきた。オーケストラは小澤のタクトに従わなくなっていたようだ。

小尾旭にも記憶がある。

「このころ、小澤くんを早稲田のオーケストラに連れて行ったことがあった。タクシーの中で話しながら向かっていると、彼が、俺、腹減っちゃった、と急に言うものだから、代々木の鰻料亭につれていってご馳走した。その日、N響の練習を早く切り上げたかどうか？　それはちょっと覚えていないなあ」

小澤は早稲田大学交響楽団と早稲田のグリークラブとベートーヴェンの第九交響曲で共演し、演奏後、涙が溢れたまま止まらなくなったことがあったらしい。N響と違って学生たちとだったら、音楽の喜びを感じられたのだ。学生たちにはN響の問題が小澤を苦しめているように見えた。

病気になってくれ

作曲家外山雄三は、小澤より四歳上で、岩城宏之とともにN響の生え抜きの指揮者でもある。

外山は晩年まで矍鑠《かくしゃく》として旺盛な音楽活動と執筆を続けてきた。ずばりＮ響事件の真相について尋ねると、次のように応じてくれた。

「皆、若うございましたからね。小澤さんも若いころのお話ですから、Ｎ響で、ああやりたい、こうやりたい、と思っても、楽員は大部分が創立メンバー。彼らに、すんなりとは受け入れられてもらえなかった。

岩城や外山がいるのに、なんで小澤がと思ったのは、何十人かに一人はいた、と思いますが、特別なことは何もなかったと思う。同業者としては言いにくいが、いろいろな経験のあるＮ響ベテランと、若い小澤さんが一緒にやるのは、無理があったのかなと思う」

別のＮ響関係者は、「有馬先生が小澤ボイコット事件を仕組んだという可能性はある。いかにも有馬先生らしい」と語っていたが、それを外山にぶつけると、

「え？　有馬先生が？　それはないです」と言下に否定した。

「有馬先生はそんなこと思っていない。有馬先生が当初から認めていなければ、小澤さんを起用するということになりっこない。それはありません」

しかし、半年間にわたる契約になることを、果たして有馬は同意していたのだろうか。メシアンの大曲や、日本人作曲家の現代曲に小澤を起用するならわかる。だが、半年間は客演にしては長すぎる。これは常任指揮者への布石ではないか、と思っても不思議はなかっただろう。

十一月の定期演奏会の最終日である十一月十六日の午後、事務長の木村とＮＨＫの担当プロ

デューサー細野は、小澤に「事態の収拾のために病気になったら」と勧めた。

「アメリカへ行ったら向うで病気になってくれ、そうすれば君のメンツも立ち、N響問題も収まるから」

二人は小澤が折れることを望んだ。しかし、答えはノー、小澤はきっぱりと断った。

その夜の演奏会のあとである。とうとう十数人で組織される楽員の演奏委員会は、「小澤の指揮では出来ない」との申し入れを事務局に行なった。

翌十七日、東京新聞に「N響、小沢征爾氏をボイコット」とスクープされ、N響内部の問題が世間一般に知れることになった。これまで囁かれていた内部の「スモッグ」が白日のもとにさらされた。

のちに音楽評論家となる横溝亮一（作家横溝正史の長男）によるスクープだった。横溝は細野から伝え聞いたのかもしれない。細野は成城合唱団の渉外係であり、横溝も成城住まいで成城合唱団に関係していたのだ。横溝は少年時代から音楽理論を学び、東京新聞文化部では音楽担当記者だった。この件で小澤と横溝は喧嘩になったという。

記事には「演奏には協力せぬ　事務局に申し入れ　〝指揮に疑問多い〟」という小見出しがかかげられ、小澤の指揮ぶりに不満をもつ強硬派の一部楽員が、今後、小澤の指揮する演奏会、録音演奏にはいっさい協力しない、と、N響事務長木村に申し入れた経緯が詳しく描かれていた。

このスクープ記事には、写真つきで小澤の談話「来月の契約まで指揮をする」も載っている。

「たしかに私も遅刻したり、ミスをしたり悪い面もありました。でも音楽上の問題は見解の相違というほかありません。いろいろなタイプの指揮者があってよいのではないでしょうか。私にはまだ直接何の話もありませんが、契約は十二月末までなので、全部指揮をするつもりでいます」

一方、申し入れを行った側であるコンサートマスターの海野義雄は取材に応じ、「現場とNHKならびにN響とが齟齬をきたしている」とも記されている。海野のリサイタルで伴奏経験のあるピアニスト関根有子は、海野が音楽作りに厳格だと伝え聞き、ミスタッチは許されないと思ってほぼ徹夜で練習し、「ペダルの使い方が上手いと言われてほっとしたことを覚えている」と振り返った。海野はコンサートマスターとして小澤の音楽作りに疑問を呈している。

「小澤さんの指揮にはいろいろ問題がある。こんごN響をよくしていくために困ることだという意見が楽員の内部にあり、以前にもなんらかの処置をしてほしいという意見書をN響理事会に出していた。しかしいつまでも回答がないのでやむを得ずこんどのような申し入れをした。しかし、本当のところ、われわれとしては、小澤さん個人よりも万事あいまいな態度をとるNHKやN響事務局の方に強い不満をもっている」

海野は不明瞭な運営に対して忌憚ない意見を横溝に述べた。ここで本来なら理事会が動くべきだろうが、そうはならなかった。

横溝は「長年海外のベテラン指揮者によってレベルがやっと上がってきた大事な時に、彼（小澤）のようにまだ勉強中の未経験指揮者をすえた責任者の定見のなさに問題がある」という考えが楽員内部に根強いことにも触れていた。

記事では音楽評論家大木正興にも取材している。「指揮者は年功をつまなければなかなかつとまるものではない。小澤君は将来ある人だが何といってもまだ勉強途上の人だ。その小澤君をN響の指揮者にしたNHKのやり方にも疑問がある。彼を必要以上に人気ものに祭りあげたマスコミにも責任はあろう」と語られている。大木は「N響」ではなく「NHK」とズバリと書いている。

骨は拾ってやる

十一月定期演奏会の最終日の十六日深夜、東京新聞の横溝が取材に動いていることを知った小澤は、演出家で劇団四季を創設した浅利慶太のアパートを妻京子とともに訪ねていた。浅利は新設される日生劇場の役員に石原慎太郎とともに就任していた。石原はこの五年余り前に「太陽の季節」で、昭和生まれとしては初の芥川賞を受賞し、その映画化の際は弟裕次郎を俳優デビューさせたことでも脚光を浴びていた。小澤はその音楽アドヴァイザーに任じられていた。

オーケストラの連中が、真面目にやってくれなくて困りきっている。ぼくの指揮にいちいち文句をつけると小澤は浅利に訴えた。

「おかしいな、この間のメシアンなんか、最高だったじゃないか」

二人の話題は、その年七月に小澤が指揮した特別公演の話に及んだが、N響との確執についてはそれ以上の話にはならなかった。

東京新聞がN響の小澤ボイコット予告をスクープしたのがこの翌朝で、N響と小澤の確執が初めて公になる。

十一月十九日夜には、小澤はNHK専務理事の前田義徳の自宅に呼ばれた。前田は小澤を説得しようとしたのだ。しかし、小澤の考えに変わりはなかった。

「十二月定期公演も第九交響曲もボクなりに自信がある」と応えた。

十一月二十二日朝、小澤はリサイタルを控えた妻京子を残し、単身渡米することになった。出発前にはN響の木村事務長から再度、病気になり、第九が終わるまで年内は帰国するなと請われた。

小澤に対して、「年長者に対する非礼」「思い上がり」「タレント性だけで深い音楽的教養がない」などの悪罵が新聞の文化面で続いていた。小澤は敬語を使うべきことを知らず、言葉の使い方も知らなかった、と浅利ですら考えていた。浅利は演出家として、大物歌舞伎役者を芝居に使うことにした時、彼への演技要求に敬語を使い、相手も演出家への敬意のために敬語を使い、互いに敬語での罵り合いをした。しかし、小澤にそれを望むことはできないと思った。

小澤への同情から楽員の側に立つ論調に変わりつつある中、十一月末、浅利は、「財界四天王」の一人と言われ、フジサンケイグループの土台を築きつつあった水野成夫に呼び出された。

会うといきなり水野は指示した。

「浅利君、征爾を助けてやれ」

浅利から見ると、水野と小澤の仲はちょっと親子のような趣さえあった。浅利は水野に対し、楽員たちと争っても小澤のイメージが悪くなる一方で、NHK本体との正面衝突に切り換える必

石原慎太郎（左）と浅利慶太（右）

要があると口にした。

「僕もそれしかないと思う。僕が君にこれを頼むには理由がある。まず君は江戸君に恩があるな」

日生劇場の役員人事の件だった。

「この問題で一番苦しみ、一番心配しているのは江戸君だ。解るな」

それは浅利もわかっていたが、劇団四季を持っている身としてはＮＨＫを敵に回したくなかった。

「骨は僕が拾ってやる。それに君は〝槍の浅利〟の末裔だろ。思い切って戦え」

浅利の先祖は江戸に剣術道場を構えていた。浅利は「解りました」と言い辞去した。こうして浅利は水野の指示で参謀長の立場に置かれることになったのだ。


浅利は石原慎太郎とともにかねてから、新たな劇場の建設話を東急グループオーナーの五島《ごとう》昇に持ちかけていた。たまたま日本生命保険のオーナー弘世《ひろせ》現《げん》が、創業七十周年記念の劇場建築構想を五島に相談していたため、彼の仲介によって二人は弘世に引き会わされ、太平洋沿岸随一のデラックスさを誇る日生劇場の設計が始まったのである。

建築は順調に進み開場が六三年に決まると、劇場の企画担当に石原、制作・営業担当は浅利という役員人選が進められた。これがN響事件の起こる年の春のことで、二十八歳の若者二人の登用には「いくらなんでも」との声が強かった。

「こういう仕事は若い人にどんどんやらせる時代になったようですね」

この一言を、劇場運営会社の株を十パーセント持っている三井不動産社長の江戸英雄が発し、錚々たる財界人たちも二人の役員就任を容認した次第だった。

二人は日生劇場を現代芸術の中心地として開場させようと走り出した。一九六三年十月の柿落《こけら》とし公演にはベルリン・ドイツ・オペラを招聘することも決まった。ロリン・マゼール指揮のワーグナー「トリスタンとイゾルデ」の日本初演である。

このときすでにN響は「イタリア歌劇団」公演を始めていて、全国の家庭にオペラ放送が届けられ、日本に本格的なオペラが定着していく。人々はオペラへの憧れを強めるようになっていた。それに対抗したドイツ・オペラ公演であり、結果的にこの企みは見事に当たった。この柿落とし公演は、第四回のN響・イタリア歌劇団公演と重なって派手な報道合戦を巻き起こすことになる。

柿落としがオペラと決まると、江戸英雄を義父とする小澤に、音楽アドヴァイザーのポストが与えられ、浅利と小澤は面識を得ることになったのである。

覚え書き

小澤はデトロイト・シンフォニーでチャイコフスキーの交響曲第五番などを指揮し、総立ちで喜ぶ聴衆を眼前にし、最高の気分で、予定通り十二月一日に帰国した。しかし、そのときN響内部は最悪の事態となっていた。

十二月の定期演奏会のための練習は四日から始まることになっており、いつものように迎えの車に乗って、小澤は高輪演奏所に着いた。朝の十時。だれもいない。待つこと午後三時十五分まで。楽員は練習をボイコットし、稽古はできなかった。

そのとき、たまたま所用でやってきた一人の楽員から離日前の十一月二十日に行った杉並公会堂での演奏会の舞台裏の話を聞いた。杉並での演奏会は成功したと小澤は確信していたのだが、「この演奏会は最初ボイコットするつもりだったが、事務局から十二月の定期演奏会は小澤に振らせないからといわれ、その約束の交換条件として出演したまでだ」というのである。

怒りが湧き上がってきた。

翌五日も、小澤はN響の練習場で待ったが、楽員はだれも現れなかった。

このままでは稽古量が足りず、演奏会は不可能になってしまう。小澤はNHKを訪ね、演奏会を中止するか、稽古ができる保証をしてくれ、と申し入れた。

五日夜、原宿セントラルアパートの六階にある自室で、妻京子とともにぼんやり夜景を見ていると、京子の父江戸英雄が訪ねてきた。

「お前は世間知らずのところがあるからな。こんどのことはいい勉強さ」

江戸はＮＨＫでなにか手を打ってきた帰りに、新居に立ち寄ったようにも思える。

その翌日、稽古三日目の十二月六日午前中、ＮＨＫ放送総局長でＮ響理事の春日由三《よしかず》が芸能局長、業務局長、Ｎ響の木村事務長らを引き連れてやってきた。春日は、紅白歌合戦や大相撲の優勝杯授与に登場するなどＮＨＫの顔として活躍していた。放送総局長はＮＨＫ生え抜きのトップのポストであり、春日は初の生え抜き会長候補とも目されていた。この頃もＮＨＫ会長職は政府が実質的に決める外部からの抜擢人事だった。

渡米の際の小澤への木村からの「病気になってくれ」との提案は、現場の総責任者である春日の了解のもとに出されていたと小澤は理解していた。その春日が翻って、次のように謝罪した。

「稽古は再開する。また君の名誉を傷つけて悪かった」

この急変にも、小澤は変わることなく言い募った。

「練習が削られたために、バルトークのオーケストラのための協奏曲、ブラームスの交響曲第二番という難曲を、他の曲目に変更せざるを得ない状態だ」

そう口にする小澤の主張に、四人ともが納得したようだった。

ところがその夜、小澤は春日の口頭の約束だけでは不安を感じ、書面の覚え書きをつくり、午後八時にＮＨＫに行って手渡した。

小澤の側からの申し入れは、次のようなものだった。

——曲目変更の責任は、ＮＨＫ及びＮ響にあること。

——今後、楽員の意識的なサボタージュが行われ、演奏成果が低下した場合、小澤は芸術的立場を保持するため指揮をとりやめるかもしれないが、その責任はＮＨＫとＮ響が負う。

——ボイコット問題で小澤の名誉はいちじるしく傷つけられた。これはＮＨＫとＮ響間の意思疎通の欠如に原因がある。十二月末の第九公演が終わってから遺憾の意を表してくれること。

これには浅利のペンも入っている。その覚書は和文タイプで打たれたものだった。有楽町で建設中の日生劇場の準備事務所にはまだタイプライターと印刷機がなく、手書きでは格好がつかないので、浅利は三井不動産の江戸の秘書に頼んで借用した。忠実な秘書は、この文章をこっそり江戸に見せた。

驚いた江戸は浅利と面会し、「泣かんばかりの表情」でこう言ったという。

「浅利さん、これはどうでしょうか。こんなものを出したらＮＨＫとの間は収拾がつかなくなってしまいませんか」

浅利は、小澤は曲解されたイメージの中にいて、これを抜け出すにはＮＨＫとの全面戦争しかないこと、自分は危険をおかして小澤を支えていると憤った。フジサンケイグループの水野からも小澤を助けろと言われている。

「貴方は観客席にいらっしゃる。私のやり方がお気に召さなければ、貴方が代っておやりになりますか」

浅利は後年、江戸に「ひどいことを言った」と反省しているが、その言葉に、江戸は退いた。

「貴方の苦労も思わず余計なことを言いました。許してください。今後は私も貴方のおやりになる通りについて行きます」


小澤がその覚え書きを手渡し日付も変わった夜中の一時、小澤の自宅に春日から「七日午前九時N響練習場に来られたし」と電報が来た。

翌日、小澤が練習場にいくと、すでに春日が来ていた。

「この問題は、N響と小澤両者間の問題だ。NHKはその立会人ぐらいになってもいいがね。NHKはもうタッチしない。これからはN響と話し合いをしてほしい」

契約はNHK、N響と小澤との三者の間で結ばれているのだ。春日もNHK放送総局長とN響理事という二つの肩書きがある。小澤は納得がいかなかった。

その一方で、事務長の木村は「第九は小澤に振らせないから、定期だけは我慢してくれ」と楽員側を説得し、稽古のほうは順調に進むようになった。

七日、八日、九日とも朝十時から午後三時十五分まで、十分な稽古をした。小澤はオーケストラの音に接すると嫌なイザコザも忘れ、汗まみれとなって指揮に熱中した。

定期演奏会の曲目は変更された。小澤は木村事務長に、「事務局の不手際で稽古が中断されたために変更せざるをえなかった」と聴衆の前で説明するとの約束もとりつけた。

小澤がブラームスなどの代わりに選んだのは、ブリテンやチャイコフスキー交響曲第五番である。

九日の日曜日は練習が休みのはずだったが、N響側の希望で休日返上となった。稽古もうまく行き、午後の練習は休みとした。これでなんとか演奏会にも臨める、と小澤は安堵した。

ところが、翌十日、午前中の練習が済んだあと、小澤が昼食をとって控え室に戻ったとき、午後の練習再開の直前にＮＨＫの春日が来た。

「すべてＮＨＫに責任ありとする覚え書きを出すような不遜な態度を改めて謝罪せよ。謙虚さがない。謝罪しなければ、演奏会は中止する」

小澤が覚え書きを手渡して四日。この時差は、ＮＨＫ、Ｎ響で覚え書きの内容を精査・検討する時間だったと思われる。両者は小澤の意向に沿わない決定を下した。

小澤は春日からは「君はＮＨＫを脅迫するつもりなのか」と言われたとも記憶しているし、「週刊朝日」（一九六二年十二月二十八日号）には、こう記されている。

〈激高したＮＨＫ・Ｋ理事はボクにこうどなった。「お前の未熟さにも責任があるんだ。サア。あやまれ。あやまらなければ演奏会は中止だ」と。ボクは人間的にも音楽的にも未熟かもしれない。しかし、その反省は演奏という手段を通してしか行えないのだ。演奏会の積重ねによって成長して行かなくて、一体どこに音楽家としての成長の場があるのだろうか。それなのに、ＮＨＫはボクから演奏会を奪ってしまった〉

小澤は絶対に謝罪の要求に応じなかった。その結果、ＮＨＫとＮ響は定期演奏会と年末の第九公演の中止を発表した。

ひとりぼっちの写真

ＮＨＫ交響楽団の十二月の定期演奏会初日が開かれることになっていた十一日夕刻、小澤は東京文化会館に現れ館長に息巻いていた。館長は演奏会中止のために、小澤の会館入りを拒んでいた。

「あなた、そうじゃない。ＮＨＫとＮ響が勝手に演奏会を中止したんだ。契約はまだ切れていない。ぼくは指揮者としての義務を果たすために会場へ来たんです」

会館に楽員は集まって来ず、また聴衆が集まる気配もなかった。

街がクリスマスと年末商戦で賑わうなか、この翌日から、その華やぎとはまったく反対の記事が新聞各紙に掲載されつづけた。

毎日新聞は「裏から見た『Ｎ響』騒動」（十二月十二日）、朝日新聞は「小澤征爾氏ボイコットの騒動　互いのエリート意識」（同二十四日）との見出しである。

六二年のその日のことを、Ｎ響会員だった桐朋生のヴァイオリニスト和波孝禧は明確に記憶している。

「九月にN響を指揮した小澤さんの『幻想交響曲』は素晴らしかった。『幻想』といえば、ボストン交響楽団の音楽監督をつとめたシャルル・ミュンシュのものが最高とされていますが、それをアメリカで学んだ小澤さんですからね。

十二月の定期も楽しみにしていたのですが、その前日『電報です』と。どこからかと思ったら、N響からでした」

内容は、翌日からの定期演奏会と年末の第九公演が中止となったという報せだった。

N響は当日に新聞広告も出し、前日には演奏会中止の電報を全N響会員に向けて打ったわけだった。小澤にもその旨は伝えられていたにもかかわらず、その当日の夕方、幻の演奏会の開始時刻に間に合うように小澤は会館に向かったのだ。新聞記者が小澤の行動を追っていた。


時間をさかのぼって、その日の朝も、演奏会が中止されなければ総稽古開始となるはずだった十時に間に合うようにと、小澤は上野の東京文化会館に向かった。

ふだんの稽古のときはN響から車が手配されるが、すでに演奏会中止とされたため、この日は末弟の幹雄が川崎の自宅から車を出し、小澤の新居へ迎えに行った。

運転しながら幹雄は小澤を励ました。

「両親のことは心配しなくていいぜ。兄貴の信ずるままにやればいい」

征爾ははじめ冷静だったが、会館に着いて自分の靴音だけが響くステージに立ったとたん怒りを爆発させた。

この日の朝は、会館に入ることができたのである。

小澤はマスコミ関係者と合流して、ガランとした会館で写真撮影に応じていた。カメラマンは指揮台にたった一人で立つ小澤を撮影すべく、ステージ奥から指揮者と誰一人いない客席にレンズを向けて、シャッターを押し続けた。

それは小澤がN響からボイコットされた証拠を示す、若い指揮者の孤独な戦いを象徴する写真となる。これによって、N響は権威主義、あるいは若い才能をいじめる体質と世間に流布されることになったのである。

取材を受けた小澤は会館をあとにし、日本フィルハーモニー交響楽団の演奏会に招かれているシャルル・ミュンシュに会いに行った。ミュンシュは先立って行われた記者会見では「小澤問題の事情は知らない」と答えていたが、小澤が現れて直接、窮状を訴えると「おまえの前途は洋々としている」と、彼らしい素っ気なさを込めた言葉で慰めてくれた。

ミュンシュに会った後、小澤は自宅で茫然自失の状態でいた。そこに夕刻、浅利慶太と音楽評論家の安倍寧が訪ねてきた。浅利はN響との間がうまく行っていないことを小澤から相談され、覚え書き作成にも関わっていた。そこで浅利はハッパをかけたと自著『時の光の中で』に書き残している。

「征爾、燕尾服に着替えろ。文化会館に行くんだ」

「だって今日は演奏会はないんだよ」

「Ｎ響事件」の手記（週刊文春1962年12月24日号）

「馬鹿だな、それはＮＨＫの論理だ。君は契約の履行を求めた。だから君は行くんだ、文化会館に」

活を入れられた小澤は顔を引き締めて立ち上がった。小澤が出かけると、安倍が各新聞社に電話をした。

「小澤征爾は契約通り、今、文化会館に向かいました」

同会館の楽屋口にまもなく社会部記者たちが集まってきた。騒然とした雰囲気に会館側も警戒を強めた。

つまり、小澤はこの日、夕方ふたたび燕尾服をかついで会館に向かったわけである。

小澤は館長と楽屋口のロビーで、「楽屋を貸せ、貸さぬ」の押し問答を二十分ほど続けた。しかし結局、会館側は「Ｎ響側から演奏会中止と伝えられている」と主張して、夕方は会館の楽屋入りすら拒まれた。新聞記者たちを前に小澤は油っ気のない長髪頭を抱えた。

「僕、本当のところ、困っちゃった。ノー・アイデアなんです」

現場を目撃した記者たちは、このシーンを翌日朝刊で報道することになるのだが、午前中に撮影された小澤だけがステージに立つひとりぼっちの写真は掲載されていない。朝日新聞に掲載されたのは、楽屋に入れずロビーの椅子に座っている写真である。毎日新聞では正面からの証明写真のような顔写真が使われている。また両紙は公平に、小澤にもN響にも肩入れすることなく報じている。

では、有名となった小澤が一人で指揮台に立つ、N響からボイコットされた孤独さを際立たせる写真は、いったいどういう経緯で、誰に撮られたのか。

これには、日生劇場で浅利とともに役員に就いていた石原慎太郎が関わっている。

実は、定期演奏会の前日の午後、小澤は日生劇場の役員室で石原慎太郎に相談をした。時はNHKが受信料の値上げを目論んでいる時期で、一般聴取者はことごとくそれに反対していた。浅利と違い、石原の方は相談されるその日まで、小澤と直接会うことはなかった。N響からキャンセルが伝えられたその前日の十二月十日、石原は小澤と初めて会って話を聞き、憤慨してこう言ったという。

「かまわないから、君一人で上野へ出かけて行け。そして、誰もいない会場で、一人ぽつんと指揮台の上に立って待っていろ。N響の団員が来なくても、かわりに何人かカメラマンと雑誌の記者を送ってやる。

君が奴らにボイコットされ、それでも指揮台にたった一人立って待っている写真が出れば、世の中の人間は、またここでもいい大人がやっかみ半分に若い者いじめをしていると、必ず同情す他に頼るあてもない小澤は素直に頷いた。こうして小澤は翌日、演奏会が開かれる当日の常のように、朝十時に東京文化会館に着いた。

そこには、石原が話をつけた「週刊文春」の取材班が駆けつけており、青年指揮者の孤独を際立たせる写真が撮影されることになる。この写真は小澤のN響事件を象徴する写真として、小澤の経歴が取り上げられる時に、たびたび借用されるようになっていく。そしてこの写真によって、小澤に対する世間の眼も、マスコミの眼も百八十度変わった。

翌週発売された「週刊文春」には、小澤の「特別手記　N響の不協和音　なぜ私が〝第九交響曲〟を指揮してはいけないのか…」が掲載された。小澤はネクタイをしたスーツ姿で、客席を後ろに舞台で腕組みをして立っている。

「契約のある指揮者から演奏会を奪うという馬鹿げたことは世界にも例がない」と、小澤は自分の行動の正当性に自信を持っていた。石原のもくろみ通り世間は小澤の側につき、これ以降、小澤を支持する記事が「週刊朝日」「週刊現代」「週刊読売」「週刊サンケイ」と続く。

小澤は「週刊新潮」の〈週刊日記〉（十二月三十一日号）でもキャンセルされた思いをぶつけている。

「NHKといい、都の所有になるこのホールといい、ケチなお役人根性が見えすいてなんとも不愉快だ」

小澤の威勢の良さは止むことがない。

さて、小澤の側から見れば、一連の事件の黒幕は岩城宏之である。

このとき岩城は外遊中であり、十二月二十日に帰国することになっていた。夏に帰国した時に、岩城が第九公演を振ると言及したために、十二月の定期は流れたにせよ、恒例の年末最後の第九公演には間に合うからか、小澤側は岩城がこれを仕組んだと考えたようだ。岩城が第九を振ると言ったのは、N響内部、つまり有馬が、小澤の起用を夏までと考えていたからだろう。

小澤との問題が起こったのを知った岩城のほうは「できれば帰りたくない」と、ヨーロッパから希望を伝えてきていた。

翌年N響は一月にフランスのジャン・フルネを迎えることが決まっていた。二月、三月が岩城、四月はピエール・モントゥだった。

十二月定期演奏会及び第九公演の中止は、葉書と電報で定期会員に通知され、新聞広告も打たれた。三十七年の歴史のなかで、楽員たちが定期演奏会を中止したことはなかった。太平洋戦争中でもナッパ服にニッカーボッカーというでたちで舞台に登場し、皇居遥拝をして演奏を始めたものだった。熾烈な空襲下でも一度も休まずに定期演奏会を続けてきた。

その後、小澤は、ふたたび石原や浅利ら同じ世代の仲間と会食をして今後のことを協議した。文化人たちからは抗議文を出すという案も出たが、結論は強硬な「古い因習や理不尽な権力と闘わねばならない」である。

十二月十八日、小澤はNHKを契約不履行と名誉毀損で提訴した。

一方、N響のほうは、二十日付の書簡で全定期会員宛に向けて謝罪した。N響が電報、新聞広告、書簡を持って会員に通知したのは、これが最初であった。


〈拝啓　向寒のみぎり御清勝一段のことと存じます。

さて、12月に予定されておりました公演は、小沢征爾氏と本楽団員との紛議によりまして、公演前日に至り指揮者と楽員との相互の信頼感に立つ責任ある演奏会を開催することが不可能となりまして、新聞広告及び皆様あての電報でお知らせいたしましたとおり、甚だ不本意ではありましたが取り止めることにいたしました。

この経緯の詳細につきましては、他日ご説明申し上げる機会もあるかと存じ上げますが、ともあれ本団最高の演奏をもちまして、ご期待に応えたく、最後まで開催の努力を続けましたにも拘らず、結果的にみなさま方に多大のご迷惑をおかけいたしましたことにつきまして、心からお詫び申し上げます。

昭和37年12月20日
財団法人　ＮＨＫ交響楽団〉

小澤征爾の音楽を聴く会

長年の小澤ファンの平川美智子は、この事件がきっかけで小澤征爾という指揮者を追いかけるようになった。

「その年の春に音楽之友社から出た『ボクの音楽武者修行』を読んで、小澤さんの生き方に共感していた時、N響のボイコット事件が報道されました。たまたま友人のお母さんが小澤さんの小学校時代の担任の先生で、家にピアノのない小澤さんに、放課後小学校でピアノを使えるようにしてあげたという話を聞いたのです。それでわたしは、小澤さんを励ます会のチケットを買って楽屋を訪ねました。小澤さんも、その先生のことを覚えていて、著書にサインをしてもらい、それから五十年あまり追い続けてきました」

小澤の小学校時代の担任とは、第1章で紹介した戸田キヨのことである。

N響事件もまた小澤のファンを増やすことになった。

そして、小澤と京子の仲人をつとめた作家の井上靖らを中心として、「小澤征爾の音楽を聴く会」が結成された。仮事務所は日比谷の三井の三信ビルで、石原や浅利が企画を進めた。一般からもさまざまな反響が寄せられてきた。

「音楽会が終わったら、NHKまでデモをやったらどうか」

「特別招待席をつくり、そこに春日総局長を招待してください。その招待状は内容証明でお送りください」

世論の方が過激になっていたが、結局はシンプルな「音楽を聴く会」となった。石原が、三島由紀夫に発起人になってほしいと頼みに行くと、「そういうスマートなレジスタンスなら大いに賛成」と応じてくれた。黛敏郎も泥仕合は避けて、日本の音楽界と小澤を決別させないようにとの思いから発起人に加わった。

六三年一月十五日夜に日比谷公会堂で催されることになった「小澤征爾の音楽を聴く会」の五百円という安価なチケットは、梶本音楽事務所から十二月二十八日に売り出されると四時間で完売した。オーケストラは小澤が修業時代から関係してきた仲間といえる日本フィルである。

チラシやポスターはあとからできてきたが、「チケット売り切れ」と書かれたポスターが都内の各駅に貼られ、それがまた評判を呼んだ。

当日、会場周辺にはクラシックの音楽会にしては年齢の若い二十歳前後の人たちが三時間前から行列をつくった。ちょうど成人の日だったので、道行く人の中にはその催し物と思った人もいたという。

〈私たちは小澤征爾さんが、日本のあらゆるオーケストラで、タクトがふれるよう願っています〉

正面ロビーの壁にはそんな紙が何枚も貼られ、和服を着た若い女性たちが署名を集めていた。

開演に先立って、井上靖がマイクを握った。

「このまま小澤くんをアメリカにやったなら、小澤くんのためにも、また日本のためにも不幸なことです」

場内から拍手が起こり、熱気が一気に高まった。

演奏は、ドビュッシーの「牧神の午後への前奏曲」から始まり、シューベルトの交響曲第八番「未完成」、チャイコフスキー交響曲第五番へと進む。小澤は大きな振りで、指揮台狭しとばかりにタクトを振り続けると、聴衆も酔ったようにアンコールを叫び続けた。発起人の三島由紀夫と大江健三郎が花束をもって小澤のもとへ歩みをすすめた。すると、観客席からも感極まったファンが花束をもって舞台に突進する。

母校成城学園の高校生三百五十人が、「オザワ！」「オザワ！」と連呼する。二曲のアンコールを振り終わったとき、小澤は大粒の涙をこぼし、全身、汗でびしょぬれだった。会を応援した浅利慶太も、拍手を聞いて予想以上の大成功を確信した。小澤はこの事件によって石原や浅利と絆を深めることになる。

ＮＨＫ側は、これほど小澤の味方が出ようとは考えていなかったかもしれなかった。

「あの会に来るのはミーハー族しかいない」

「あの三つの曲なら、指揮者が眠っていてもオーケストラがやってくれる」

そう呟くＮ響楽員もいた。

翌日の新聞紙上で、三島由紀夫は小澤のチャイコフスキーが「圧倒的であった。音楽が聴衆をとらえて引回しているのが、ありありと感じられた」と賞賛したが、次のようにも書いている。〈ただ、皮肉でもあり、恐ろしくもあることは、彼をあの事件で窮地へ追いやった、いやらしい日本的温情主義や、ゲマインシャフト（共同体）的解決の基盤は、目に見えぬところで、今夜の美しい拍手喝采の依って来る基盤とも、つながっているかもしれないことだ。芸術家として銘記し、警戒すべきことは、正にそれである〉（「朝日新聞」一九六三年一月十六日）

わざとわかりにくい文章にしているとも思える。会の大成功で慢心しないよう、小澤への警告の意味もあったのだろうか。

当時、N響のホルン首席奏者だった千葉馨（国立音楽大学名誉教授）は、後日、小澤からこんなことを言われたという。

「あなたは来てくれると思ったのに」

N響の楽員すべてが反小澤となったわけではなかった。若い指揮者に理解を示そうとする楽員たちもいた。千葉は小澤の学生時代、桐朋の非常勤講師としてホルンを教えてもいた。

だが千葉は毅然として応えた。

「オーケストラはそういうものではない」

千葉はオーケストラ奏者と指揮者が、一体であることは極めて少ない。

千葉はオーケストラという集合体のダイナミズムを語ったつもりだった。しかし、自信にあふれた若い小澤にはそれは理解しがたかったようだった。

〈カラヤンも、バーンスタインもボクの音楽を認めてくれた。昨年日本に帰ってきてからも、日本のファンはボクの音楽を喜んでくれたと思う。ボクも音楽を通して人間の心の交流があったと信じている。この六月、N響の指揮者になってからも、たとえばメシアンの『トゥランガリラ交響曲』のようにボク自身満足し、批評も認めてくれた演奏会がいくつかあった。それが、突然、〝才能のない指揮者〟になりさがるとは。りっぱな演奏をしてくれた楽団員の人たちだって妙なものだろう〉（「週刊朝日」〈特別手記「お前は生意気だ」というが…〉一九六二年十二月二十八日号）

一月十五日の「小澤征爾の音楽を聴く会」の二日後、東京・帝国ホテルで小澤とNHKとの会合が持たれた。小澤はNHKを提訴していたが、桐朋学園大学学長井口基成と親交のある評論家中島健蔵、黛敏郎や吉田秀和が仲介に入った。小澤はその後行われた会見で爽やかな笑顔を浮かべた。

「音楽会の後、ぼくは気持ちが晴れ晴れしたんです。お客さんが裁判官なのだと、心から感じました。この事件を放っておくのは日本のプラスにならないと中島さんらに忠告され、NHK側も和解を申し入れてきたので、提訴を取りやめることにしました」

果たしてこの発言はどうN響の楽員に受け止められたか。

「九月に帰国したらまたN響でタクトが振れるように」とまで小澤とNHK側は語り合ったという。

和解後、ささやかなパーティーが開かれた。その席で、江戸英雄は浅利の傍にそっと寄っていった。

「あの時私は貴方に従ってガダルカナルまで行く決心をしましたが、よくシンガポールで止められましたね」

太平洋の孤島ガダルカナルは日本の敗戦が濃厚となった戦いの地であり、一方シンガポールは緒戦の勝利を得た島である。浅利はこう言われて、和解という結果に満足した。

翌日、小澤は妻京子とともに機上の人となった。

一月、N響定期公演にはフランスからジャン・フルネが招かれ、「新春から颯爽とした名演をきかせた」と『NHK交響楽団50年史』にはある。

「音楽の友」の〈一月の演奏会　音楽会きき歩き〉座談会では、この演奏会が三人の評論家によって絶賛されていた。

「こんなに日本のオーケストラでその醍醐味を満喫したことはない。フルネは典雅で気品ある音楽を作り上げる。ラヴェル、サン=サーンス、フランクという近代フランス音楽の生地を見せてくれた点、全く満足しました。（略）印象派からあとの音楽は、合奏を縦に揃えるだけではだめで、かなり横の動きとか、揺れ、ずれを表わさなければならない。それが彼の指揮には全部出ている。N響も日本ではN響しか出し得ない美しいピアニシモを出していました」と菅野和一が言えば、

「フランス人というと、漠然としゃれた感じを日本人は考えるが、フルネは知性と澄んだ感受性の見事な調和を、ある意味では非常にきびしくみせてくれた。（略）N響がよくやったのは、小澤事件の発端があいう指揮では演奏できないという音楽上の問題だったからですね。だから納得のいくいい指揮ならば、これだけやれるんだという意思表示をしなければならなかったんでしょう。勝手な想像だけど」と大木正興が言い募る。

「そうでしょう」と菅野が相槌を打ち、上野晃が、

「意地が意地として通せるN響の実力は立派ですね」と結んだ。

楽壇では、オーケストラの側に寄り添う気持ちが強かったことが示されている。

一月のN響演奏会の同団機関誌「フィルハーモニー」には「会員の皆様へ」として、阿部眞之助（NHK会長・N響理事長）が、遺憾の意を全会員に向けて表明した。

〈……昨年秋、香港に於ける第一回アジア音楽祭には、日本を代表して本楽団が参加し、（略）音楽を通じ立派に国民外交の実を上げますと共に、N響の実力を如何《ママ》なく発揮し、その名声を一層高からしめ、まことに記念すべき年となりましたにも拘わらず、残念ながら12月の定期、並びに第9の演奏会を中止せざるを得ない事態を招来しまして、多大の御迷惑をおかけいたしましたことは誠に遺憾のことで、深くお詫びいたす次第にございます〉

また、細野達也はこう振り返っている。

〈この年の12月には不幸な事件が小沢征爾さんとN響との間に発生した。しかし、いさかいというものは、結局誰にも益することはないものだった。小澤さんも、N響も、NHKも、聴衆も、全ての人々にとって、これは悲しい不幸な出来事であった。当事者はもちろんのこと、全ての人が解決のために智恵をしぼったが、最後には、定期公演中止という緊急事態で事件は終局を迎え、みんなつかれ果てて、その年は暮れてしまった。あの不幸な事態は、止むを得なかったかも知れないが、もっと賢明な処し方はなかったものかと今でも悔やまれてならないのである。

つかれ切った年の暮れがあけて、（略）1月の末、武蔵野音大のホールで行なわれた公開録音でのフォーレの『レクイエム』は、今も忘れることの出来ないN響放送名演の一つである〉（『NHK交響楽団40年史』）

この文章を読むと、細野は傍観者のようにふるまっている。

こうして新春の定期演奏会が終わり、二月はこれまで臨時演奏会や演奏旅行などで振ってきた岩城宏之が、初めて定期演奏会に登場した。

三月には、外山雄三も定期演奏会でタクトを握った。N響ではこの後も客演指揮者が続いていくが、四月にはこの二人が正指揮者となり、小澤に与えるポストはないことを暗に示しているように感じられる。同時に若手にとって名誉ある指揮研究員に若杉弘が選ばれた。

指揮者大友直人のタングルウッド

小澤をN響に誘ったとされる細野は、のちにNHKの理事となった。この件について、梶本音楽事務所の藪田益資が、後年、細野から直接聞いた話は、「N響はNHKから出演要請を受け、たんに出演者となっただけで、小澤征爾に対する何の責任もない」「たまたま会った時に、指揮してみないか、やってみましょう」という口約束で決まった話であり、契約書もなかった、とのことである。

NHKの他の職員も「細野の仕事だ」と触れないように避けていた。当時は箝口令が敷かれていたようだった。

NHK関係者はどう見ていたのだろうか。

この事件が起きた時、入局したばかりで名古屋支局にいたある人物に話を聞くことができた。彼は、のちに春日由三同様、NHKナンバー2のポストである放送総局長を務めた。

「これはやはり政界・財界が絡んだ事件としか考えられない。というのもその事件後のNHK内部の人事が、N響の一指揮者のトラブル、つまり小澤さんの件を、それほど重要なこととして扱うのか、という処罰的なものだったから。

春日さんは放送総局長で専務理事をしていて、すでに会長のような実権を持っていた。有力な会長候補で、NHK出身者として初めて会長になると目されていて、決まりそうな勢いだった。ところが事件後、会長職の話はなくなり、新潟県十日町市の市長となってしまった。

またNHKの音楽部長が事件後すぐ、名古屋支局に飛ばされた。NHKの音楽部長というのは、音楽界では全国的にも強大な権力を持っていたのに。よくぼやいていましたね」

春日を飛ばした会長の阿部眞之助は、元東京日日新聞（現・毎日新聞）の有名な政治・学芸記者で、国語審議会会長などを務めた後、一九六〇年、池田勇人首相から指名されて会長となった。当然のことながら、池田のご意見番の水野、阿部のラインはできていた。

また「自民党通信部会」がNHK会長の人事に強大な権力を持っていて、ここにオリンピック担当大臣となる佐藤栄作や、NHK特殊法人化に尽力した建設大臣の橋本登美三郎がいた。

佐藤栄作は六四年十一月には、病に倒れた池田勇人の退陣を受けて首相となる。浅利慶太は、佐藤のマスコミ対応のブレーンであり、小澤には佐藤周辺からの支援が続いた。

前述のとおり、小澤は提訴を取り下げNHKやN響と和解したことになった。しかし、半年後に帰国した小澤にN響の指揮が回ってくることはなかった。

小澤はこれ以降「日本がとても居心地のいい国だと考えていたがそうではなかった」と発言するようになる。

唯一、小澤を励ましたのは、父開作の言葉だった。

「人殺しと盗みをしない限り、お前は俺の息子だ。それ以外のことだったら何でもやれ。最後は俺が骨を拾ってやる」

一方、斎藤秀雄がこの事件での小澤の一連の行動について、忸怩たる思いを抱いたのは想像にかたくない。斎藤は時間に厳格で、桐朋のオーケストラの授業では全員がそろうまで練習は始まらず、コンクールに出場するという理由で欠席することも許さなかった。唯一、オーケストラの練習が休めたのは親が死んだ時か、三十八度以上の熱がある時だった。それは斎藤が何十年にもわたって自分自身にも課していたことである。

斎藤の晩年、桐朋の三つのオーケストラ全部でインスペクターを務めていた店村眞積（東京音楽大学客員教授・都響名誉首席ヴィオラ奏者）は、サイトウ・キネン・オーケストラなどでも小澤の側で最後までヴィオラ首席を務めた。

「斎藤先生が一番大事にされていたのは、プロのオーケストラに入団したときにどうすべきか。『そんなもんでプロとしてやれるか』ときつく言われ、音楽以外でも和が大切だと言った。それにはまず時間の観念が大事で、遅刻は最低だと。オーケストラを乱すし、オケ・メンは新人に対してはいろいろな部分を見ているから、厳しいですよ」

斎藤に成り代わったような言い方だった。

そもそも斎藤の元で学んでいた時代、小澤は音楽に対していつも真摯だったとは言い難かった。教程では、基本曲の後ピアノの大曲、交響曲へと進んでいく。さらに編曲の課題もある。小澤の五学年後輩の秋山和慶は卒業試験では弦楽四重奏にコントラバスを入れての編曲だった。「よし！」の一言を得た秋山は斎藤のお墨付きを得たと楽壇に知れ渡った。

東京交響楽団団長の金山茂人は、「斎藤門下の指揮の一番の俊秀は秋山和慶ということで、うちは秋山さんに来てもらうことにした。あの頃、小澤さんは斎藤さんからは全く評価されていませんでしたから」という。

秋山は卒業後二十三歳で東京交響楽団にデビュー、すぐに専属指揮者のオファーを受け、同団の音楽監督を四十年にわたって務める。

短大を卒業した小澤は、高校に入学してきた秋山に、斎藤の「助手」としての、小澤が「雑用」と称する楽譜の整理や写しなどを託して渡欧したのだった。

ピアニスト渡邉康雄はN響と共演したこともあり、また、父渡邉暁雄から小澤について聞くことがあった。

「小澤さんはN響の演奏旅行でいったフィリピンのマニラで、振り間違いをした。当時はあまり勉強していなかったのでしょうね。でも、それ以降です、小澤さんが暗譜で指揮をするようになったのは。指揮者大鑑の『グレート・コンダクター』をみると、小澤さんのプロフィールには、

『暗譜で指揮をする』というのがまっさきに出てくる。小澤＝暗譜という売りができたきっかけが、このN響事件だった。

N響にボイコットされたために、小澤さんは日本にいられなくなった、海外に腰をすえる決意もしたと言っている。でも、日本フィルでは仕事がありました」

この事件は小澤の心構えを変えたことになる。直後にはタイム誌からの取材も入った。「小澤問題、実に日本的」との見出しで、小澤は「日本では出る杭は打たれる」と語った。

時代は下って、この時から二十年ほどが過ぎたタングルウッド音楽祭でのことだ。

桐朋出身の年若い指揮者大友直人が小澤同様に、タングルウッド音楽センターの講習会に参加した折、総顧問であるバーンスタインから自己紹介をするように言われた。

「N響の指揮研究員」と答えると、バーンスタインは言下に「ひどいオーケストラだ」と嘲笑した。

「私はセイジから聞いて知っている」

N響を指揮するときは、馬鹿丁寧な言葉づかいをしないと楽員は演奏してくれないのだ、とバーンスタインは最上級の丁寧語でお願いをする演技をした。

それを見て受講生たちは大笑いした。

やる気をなくした大友は、オーディションのボイコットを決め込んだ。演奏会場のクーセヴィツキー・シェドから続く芝生の上に寝転んでいると、ものすごい剣幕で怒った小澤がやってきて、胸ぐらをつかまれた。

「お前、何やっているんだ！　すぐに振れ！」

やがて冷静になった小澤はこう言った。

「君、こんなビッグチャンスをつぶすなんて、どういうことなのかわかっているのか。僕はチャンスをつぶしたことも、そこで失敗したことも、一度もないぞ！」（大友直人『クラシックへの挑戦状』）

世界に出ていくためには何が必要か、小澤の嗅覚の鋭さは天性のものだ。

もっとも小澤は「ああ、結婚は一度失敗したけどネ」とも付け加えたという。江戸京子とのことである。

N響事件の原因を、小澤は楽員に対して敬語を使わなかったから、とバーンスタインには冗談めかして説明していたのだろうが、小澤の胸にはN響事件は大きなシコリとなって残っていたに違いない。

三十二年ぶりの共演

次に小澤がN響を振るまでには、三十二年の歳月を要した。

一九九五年一月二十三日午後七時、サントリーホールで小澤は「兄貴分」と慕うチェリストのムスティスラフ・ロストロポーヴィチとともにN響と共演した。

「怪我や病気で活躍出来ないオーケストラの楽員のためのチャリティコンサート」として開催されることになったのだ。前売りチケットは三十分で売り切れた。その直前には阪神・淡路大震災があり、小澤は追悼の意味を込めて、冒頭にバッハ「G線上のアリア」を演奏した。

その演奏会からしばらくして、私がN響を訪ねると、N響理事の一人は、
「小澤さんと共演したのは、江戸英雄さんが、自分の眼の黒いうちに小澤さんと仲直りしてくれと頼まれたからなのですよ」と、幾分苦々しさを込めた言い方をした。

事件当時の楽員はすでにほぼいなかったと思われるが、知らぬまに事件の遺伝子のようなものが引き継がれてしまっているように感じた。

この三十二年ぶりの共演について、小澤は日本経済新聞の「私の履歴書」(二〇一四年一月二十八日)で回想している。

長野県で「サイトウ・キネン・フェスティバル松本」が始まってしばらくした頃、ロストロポーヴィチから言われた。
「一緒にN響の音楽会に出よう」
ロストロポーヴィチは、小澤が「日本でフェスティバルを始めたのだから、N響と喧嘩したままではいけない」と言ったという。

小澤のアメリカのマネージメント会社コロンビア・アーティスツ社長のロナルド・ウィルフォードも、「日本で腰を据えてやるべきだ」と主張していた。

ボストン交響楽団音楽監督に就いて二十年以上が経っていた小澤は、三十年経ったら辞めようと考え始め、前年には退任を見据えて、同響の夏の本拠地タングルウッドにレガシーとなる「セイジ・オザワ・ホール」も建ててもらった。ソニーの大賀典雄を中心にした寄付によるものである。小澤はロストロポーヴィチの言葉に「一理ある」と思った。

小澤が日本の関係者にも意向を伝えると、N響との共演に向け、関係者が動き始めた。こうして江戸に話が行ったのだろう。

江戸の業績は、高層ビルの先駆けとなる日本一の高さを誇った霞が関ビルの建設、東京ディズニーランド誘致、つくば学園都市構想など経済や都市設計の分野だけでない。芸術分野においても、人柄で信頼され、桐朋学園の音楽科設立に奔走後、同学園理事長を皮切りに、日本交響楽振興財団理事、日本演奏連盟会長を務めた。また日生劇場などに関わるニッセイ文化振興財団理事、舞台芸術センター理事、日本オペラ振興会理事ほか、枚挙にいとまがない。

小尾の「江戸さんは頼まれたら、断りません」がこの役職の多さにも表れている。

若い小澤がN響の指揮者になった裏には、江戸がいると考えることは不自然ではない。小澤の頼みを「財界四天王」の一人として大変な力を持っていた水野が聞き入れ、政界を通してNHKに働きかけた可能性も大きい。

いろいろな繋がりもあり、意外な場所で話が出て、わりと安易な感じで小澤起用が決まったのかもしれない。江戸の義理の息子ということで、日生劇場のポストに小澤へ白羽の矢がたったように、半年間もの長い間、指揮することができることになったのかもしれないとも思う。それは、万が一、有馬が反対していたとしても、太刀打ちできない力だったろう。

江戸英雄は、一九九七年十一月に逝去した。社葬では浅利が弔辞を述べた。

「私たち、芸術文化の仕事にたずさわってきた人間に、日本の経済人の中で一番文化に対する理解が深く、又後援者として大きなお力を尽された方はどなたかと尋ねられれば過半数を過《ママ》える人が、それは三井の江戸英雄さんだろうと答えると思います。江戸さんはその九十四年に及ぶ生涯を、御自身のお仕事に対するのと同じぐらいの情熱で芸術家を守り、育てることにそそがれました。（略）

芸術文化のパトロンとしての江戸さんの素晴らしさは、まず芸術に対する深い洞察力、暖かい愛情、広い人脈を駆使した支援活動にあると確信しています。でも江戸さんはそれを韜晦なさる方でした。口ぐせのように、『私は芸術のことなんて何もわからないから』と言いつづけておられました。江戸さん、人の評価は、中国の言い伝えでは、棺を覆うて事定まる、と申します。私は今日弔辞を捧げる名誉を与えていただきましたので、戦後日本の多くの芸術家の心を代表して申しあげようと思います」

浅利の挨拶は小澤に及ぶ。

「江戸さんが可愛がり育てられた指揮者の小澤征爾君はアメリカにいます。そして演奏会のため今日のお葬式に出られないことを嘆き悲しんでいました。セイジこそは江戸さんが育てられた才能です。（略）江戸さんなくしては今日のセイジはなかったと思います。

『僕は弔辞を読ましていただく。君の気持ちを是非送ってくれ』。二人の弔辞にしようという私の提案に、セイジは短い文を送ってきました。それを読ませていただき、永い間私の後ろ盾となって劇団四季を今日まで育てて下さった御恩に心から御礼申し上げ、私の弔辞を終わりたいと思います」

そのあと浅利は小澤の短文を読み上げ、祈りを捧げた。

〈実の父親、義父、義母を亡くしてしまった私にとって、江戸英雄さんは、生きのこっていてくれた「オヤジ」でした。

会社の仕事ぶりはよく知りません。が江戸英雄さんはまれに見る「男の中の男」でした。

家族を愛し、芸術家を尊敬し、土が好きな、勇ましい男でした。このような男はもうなかなか出てこないでしょう。

今日のお葬式にも出られない遠い所にいて寂しいです。

江戸のオヤジさん、さようなら。

色々と、本当に有難うございました。征爾〉

江戸の逝去は、小澤がウィーン国立歌劇場音楽監督に就任するという、世界の音楽界の頂点を極める直前のことだった。

浅利の言う通り、江戸英雄、ならびに江戸家の人々は小澤の音楽人生に欠かせない人たちだった。

第3章

二つの恋

指揮者を指揮する男

一九六三年一月十七日にN響事件の和解について明るい表情で記者会見にのぞんだ小澤は翌日、妻京子とともにニューヨークへ飛んだ。そして、応接間、食堂、ピアノのある居間といった間取りの、こぢんまりとしたウェストエンド三十五番地のアパートメントで暮らしはじめた。三月には石原と浅利がミュージカル観劇のためにニューヨークを訪れた。四人は徹夜で痛飲し、その翌日、ブロードウェイのミュージカルを観た。

浅利は小澤と京子の議論が時に嚙み合わず、よく喧嘩している様子も見ていたから、「合わないんなら別れちゃったらいいじゃないか」と口にすると、小澤は真剣に反論した。

「彼女のピアノはすばらしい。厳格なんだ。一音一音の分離が。例えばピアノ・コンチェルトの場合、普通はオーケストラにつつみこまれてしまうケースが多いんだけど、彼女の音はオケの壁を抜けて響く」

「劇場で音を響かせる時に大切なのは、大きさではなく分離なんだ」

二人は時に口論をしながらも仲むつまじく暮らしていた。あまり仕事もない小澤は京子の練習を妨げないように、家事を受け持っていた。

バーンスタインのアシスタントの契約は終わっていたものの、小澤は強い関係を築いていて、彼から国外の仕事までもらった。前章で述べたように小澤はバーンスタインにN響事件について話し、タイム誌は「実に日本的な」ものだと書いた。また七〇年に「ニューヨーク・タイムズ」のインタビューを受けた時も、小澤は「日本は居心地のいい国だと考えていたがそうではなかった」と、古い伝統の国日本では自分は受け入れられなかったとの発言をした。

憧れのN響から疎外された小澤は海外での活動を中心にせざるを得なくなったと考えはじめていた。カーネギーホールの向かい側のビルにあるコロンビア・アーティスツ・マネージメントとは契約したものの、仕事は回ってこなかった。

同社は一九三〇年の創設だったが、パントマイムのマルセル・マルソーの興行で話題を呼んだくらいで、音楽業界では新興だった。その後、小澤より八歳年上で七〇年代に社長となったロナルド・ウィルフォードの手腕によって、クラシック界最大のパワーブローカーといわれるマネージメント会社に成長していく。オーケストラの音楽監督を世界中の楽団に斡旋するようになり、カラヤン、クラウディオ・アバド、ジェームズ・レヴァインといった指揮者や、ソリストとしてホロヴィッツ、マウリツィオ・ポリーニ、ロストロポーヴィチらスター演奏家のほとんどと契約した。小澤は、ウィルフォードが二〇一五年に亡くなるまで絶対の信頼を置き、長野県松本市で行われるサイトウ・キネン・フェスティバルへの出演者の人選や演出まで彼に相談するようになる。

ウィルフォードは小澤を「真のヒューマニストで、人間が大好きで、彼自身も人間そのものだ」と評した。一方で「仕事に行ったら必ず次の仕事をもらってくるようにならないといけない」とも忠告した。それが音楽家として最低限の自己PRということなのだろう。この一言によって、小澤はいつ仕事がなくなるかもしれないとの強迫観念を植え付けられ、馬車馬のように走り続けた。

この頃小澤はアメリカのテレビのバラエティ番組に出演している。数人が並んで職業を当てるクイズで、痩せた東洋の若者が登場して司会者の脇に座ると、年齢や国籍などを尋ねられる。「ジャパニーズ」「イエス」「ノー」などの最低の単語だけで、質問が理解できない時には、臆せずに脇の司会者に尋ねた。

いくつかの誤答ののち、最後に「コンダクター」と当てられ、「セイジ・オザワ！」と司会者から紹介されて、ステージを去った。敗戦から立ち上がった日本出身の若い指揮者としてアメリカで売り出しているといった雰囲気である。

六三年七月九日、十日にはニューヨーク市立大学の円形競技場で行われたニューヨーク・フィルの〈スタジアム・コンサート〉に客演し、大聴衆を前に指揮する役目をバーンスタインから与えられた。

八月二十九日からはバーンスタインとともにひと月ほどのニューヨーク・フィルの国内演奏旅行の予定で、カリフォルニアに飛びハリウッドを皮切りにデンバー、ミルウォーキー、シカゴ、デトロイト、ピッツバーグ、ワシントンに同行することになっていた。相変わらずアシスタントのような仕事だったが、収入に結び付くからありがたかった。

ウィルフォードからは、「まあ、二年先にはなんとか仕事をとってあげよう」と言われていた。

のである。

ところが、N響事件から半年、バーンスタインと演奏旅行に発つ前にチャンスが早速到来したのである。

六三年七月、ウィルフォードから三日後のシカゴ交響楽団のラヴィニア音楽祭に出演予定のジョルジュ・プレートルが降板したから、代役としてすぐに飛べと連絡が入った。シカゴと聞いて小澤の脳裏にまず浮かんだのはギャングという言葉で、シカゴがアメリカのどの辺りにあるかも知らなかった。

その前日、ウィルフォードは、音楽祭の会長アール・ラドキンから電話がかかって代役を求められた時、「大物はいない、若手の無名のものならいる」と応じた。それでは無理だと会長は断ったが、ウィルフォードは「無名だがバーンスタインが推薦している若手だ」と強引に売り込んだ。

会長はその若手が日本人だと聞き、笑い出した。

「しかし他に空いている指揮者はいない」

コンサートは二回だけだからと仕方なく会長は了承した。小澤はスコアをバーンスタインの書斎から無断で持ち出し、シカゴへ飛んだ。

会長の予想に反して、ドヴォルザークの「新世界より」などを振った小澤は観客から大歓迎を受けた。

小澤に最も近しい人物のひとりで、新日本フィルハーモニー交響楽団の立ち上げから晩年にいたるまで小澤とともに歩んできた松原千代繁が語る。

「小澤さんにとってラヴィニア音楽祭の代役をつとめたことが、その後の生き方を決めるポイントになったね。その音楽祭が成功裡に終わって、主催者側は小澤さんに何か伝えたそうなんです。でも小澤さんは英語がわからないから『イエス、イエス』とだけ答えていた。それで、ニューヨークに戻ってから『来年から君にラヴィニア音楽祭の音楽監督を任せる』と言われていたことを知ったらしい」

こうして小澤は、翌六四年から六八年までの五シーズンにわたって同音楽祭の音楽監督を任されることになった。この程度の語学力で世界的な指揮者として人生を送ったことについても松原は感心する。

「だから小澤さんは凄いよね。どれだけ苦労したかと思う。でもあの人は妙に人から好かれる。その音楽祭でまもなくウォルター・ホンバーガーにも見出されるんだね。当時、ホンバーガーは若い才能を見つけてはチャンスを与えていた。ここが小澤さんの人生のターニング・ポイントだったね」

ホンバーガーはドイツからカナダのトロントに移住し、コンサート・マネージメント会社を設立した。グレン・グールドの存在は彼によって世界に知らしめられた。その彼が六二年からトロント交響楽団総監督に就任していた。

小澤はホンバーガーの引きで六四年一月にトロント交響楽団にデビューし、六五年九月には同団の音楽監督に就任することになる。

日本は敗戦を経験しながらも高度経済成長を続ける新興国だった。焼け跡の中で西洋音楽を学んで、世界へ飛び出そうとしていた若い指揮者が小澤だった。現代で言えばベネズエラ出身の指揮者グスターボ・ドゥダメルの登場に似た鮮烈な印象だったろうか。彼もまた世界の大物指揮者に可愛がられ、世界中で活躍し始めている。

ラヴィニア音楽祭の音楽監督として翌年からの契約が成った頃の六三年八月二十一日に、桐朋女子高等学校の校長生江義男が南米出張の帰りに、江戸からも頼まれていたのか、二人のアパートメントを訪ねてきた。小澤は近所の日本食料品店で買い物をし、大きな包みを抱えて帰ってきた。その後生江は、小澤がアメリカの新聞社や雑誌社からの電話インタビューを受ける様子を見ていた。

「会話も大したもんだね」と感心すると、「征爾のは心臓英語ですよ。文法はめちゃくちゃな度胸だけの英語」だと京子が笑う。

京子はコンサートの予定もあり、ピアノという楽器の特性から日々長時間の練習を欠かせなかった。小澤の方は時間もたっぷりあり、家事をしながら大学の外国人コースで英語も勉強し始めていた。

生江はこの後ロサンゼルスに向かい、ニューヨーク・フィルのハリウッド野外音楽堂でのコンサートを聴いている。楽屋を訪ねると、バーンスタインに従って同行していた小澤は楽員たちから「オザワサン、モウカリマスカ」と挨拶の言葉を投げかけられていた。

「おいおい、あまり変な日本語教えるなよ」と生江は笑ったが、小澤への楽員たちの好意が感じられて嬉しくなった。

その日はバーンスタインがタクトをとり、生江の横の席に座った小澤はアンコールのたびに「ヨウヨウ」と声をかけた。周囲の聴衆は振り向き、小澤とわかると微笑みかけてきて日本語のサインを求めていた。

生まれたままのような小澤の性格である。アラビアへ転勤した成城学園の友人の元には「ニューヨークは小便が凍りそうな寒さです」と書かれた手紙が届いたことがあった。生江は、小澤にはアメリカが合っていると思った。

六三年十月、小澤が日本に帰国すると、日本での所属先だった梶本音楽事務所には取材依頼が相次いだ。小澤の派手なデビューと前年のN響事件の余波は続いていた。

ベルリン・ドイツ・オペラ管弦楽団と日生劇場で共演し、また東京交響楽団とも初共演した。小澤の肩書きは「コロンビア・アーティスツ専属指揮者」と、契約したばかりの「ラヴィニア音楽祭音楽監督兼常任指揮者」だった。他の音楽家と比べて小澤へのインタビュー依頼の数はものすごく、時間がないと断るにしても「また頼んでくれるように断れ」と社長の梶本尚靖は担当者に厳命したものだった。

この頃東京交響楽団の練習所に、雑誌記者が小澤を訪ねている。

小澤はぐっしょり汗に濡れた下着を二、三枚、無造作にビニールの袋につっこみながら、気さくに話しかけてきた。

「僕はジャズも好きだし、クラシックと区別しません。音楽そのもの、というか――音楽全体が好きなんです」

初めから「秋はかなしい」ときめた発想で棒を振ってはいけない、日本流にいうと、間の取り方が難しいなどと、小澤流の表現で話し続けた。

「アメリカで永住権（パーマネント・レジデンス）を得ることになりました。外国の方が万事、ビジネスライクで仕事がしやすい」（「朝日ジャーナル」六三年十二月一日号）

こうしたインタビューなどから、〈世界のオザワ〉は日本を捨てたという構図が定着しつつあった。

恩師斎藤秀雄を排除して

翌六四年も小澤は帰国し、半年ほど日生劇場音楽部門責任者として東京に滞在した。四月二十四日には日本フィルの第八十三回定期演奏会で、モーツァルト「ジュピター」、武満徹「弦楽のためのレクイエム」、チャイコフスキーの交響曲第五番、五月十五日には第八十四回定期もあり、バーンスタイン作曲「キャンディード」序曲他を指揮した。その間には桐朋オーケストラを訪ね、練習しつくした曲を振らせてもらった。同オケは夏には初めての海外演奏旅行が予定されていた。

シカゴ響が出演する毎年夏のラヴィニア音楽祭の音楽監督とはいえ、それは年間を通しての仕事ではなかった。小澤は八週間のこの仕事で、「一年喰っていた時期があった」とも言った。

八月にはバーンスタインから前年と同じようにニューヨーク市立大学の円形競技場コンサートをあてられていたが、それ以外に仕事はなく、何としても指揮する機会を増やさなくてはならなかった。

七月、斎藤秀雄が桐朋の弦楽オーケストラを率いて、三週間の予定で初めてのアメリカ演奏旅行にやってきた。ロサンゼルスではUCLAの寄宿舎に滞在し、学内のホールで手慣らしの演奏会の後、ディズニーランド見学もあった。その後ニューヨーク入りをし、スウィング・ジャズの代表的存在のベニー・グッドマン主催の演奏会や日本の商社マンによるパーティーに参加した。

ニューヨーク入り翌日の七月十三日が〈ジャパン・ウィーク〉の初日であり、桐朋オーケストラのコンサートが目玉行事だった。フィルハーモニー・ホールで八回の公演を予定し、初日にはロビーで日本領事館主催のパーティーも開かれた。初日はAプログラムとして、斎藤が指揮することになっていた。モーツァルト「ディヴェルティメントK136」、ヴィヴァルディ「四季」秋、小山清茂「アイヌの唄」、チャイコフスキー「弦楽セレナーデ」などである。翌日以降はB、C、Dプログラムとして、桐朋の国内演奏会同様に秋山和慶、飯守泰次郎、黒岩英臣、久山恵子、徳丸聡子らが曲ごとに振り分ける形式で、オーケストラは二十曲を一点のミスもおかさないように厳しい練習を重ねてきた。

しかし、指揮の予定がなかった小澤が現地で合流すると、唐突に初日の全プログラムを振ることになった。

徳丸は、突然の指揮者変更に斎藤が呆然としていたことを覚えている。

「どうして小澤さんが全部振ることになったのか、一度本人に聞いてみたかった。先生は、僕はなんのためにきたのか、なんて呟いていました。あんな斎藤先生は初めてでした。初日はほぼ斎藤先生、他の日は皆で振り分けることになっていて、私はシェーンベルクの『浄夜』の指揮の予定だった。

現地の練習でも、斎藤先生は鬱っぽい様子を見せたり、逆にキツい棒になったりしてうまくいかず、小澤さんがにこやかに振ると決まってしまったりしてね」

こうして斎藤は陰鬱なまま初日を迎えた。しかし、演奏会の拍手は盛大で、途中休憩ではニューヨーク在住の木琴奏者平岡養一が斎藤の楽屋に入っていった。徳丸が続ける。

「私はジュリアード音楽院留学から帰国したばかりでしたが、ニューヨークでは、よく平岡さんのご自宅に遊びに行っていました。元気のなかった斎藤先生だったけれど、平岡さんに演奏会を絶賛されて上機嫌になった。翌日、平岡さんのご自宅に私も一緒に招待され、平岡さんが釣った魚を料理した夕食をごちそうになりました」

桐朋の演奏会では指揮者が入れ替わったり、ヴァイオリン奏者が次の曲ではヴィオラを演奏したりするのが常だったから、学生たちはどんな指揮者でも対応できるように訓練されていた。高校の指揮科にいた井上道義はコントラバスを弾いていたが、「誰が指揮するかなんて、学生は全くわからないし、誰の指揮でも弾けるようになっていた。そもそも斎藤先生にこちらから質問するなんてできない」。井上はこの時初めて小澤の本番の指揮を体験した。「小澤さんと視線が合うんだよ、後ろの方で弾いているわけだけど、こっちまで視線が飛んで来るんだ」

ニューヨーク・タイムズは四日連続で絶賛の批評をのせ、「音楽の奇跡」「トウホウは百万ドルの価値がある」などとした。ヘラルド・トリビューンは三回にわたって取り上げ、ニューヨーク・ポストなど他紙にも感銘と驚きの報道が続いた。「その柔軟な音質は多くのオーケストラの羨望となるであろう」「桐朋オーケストラを聴きに行くがよい。彼らは音楽の展開に従って、コントラスト、強調、力点の置き方などを正確に行なっている」

日本の新聞・雑誌でも大きく取り上げられた。

七月二十四日の読売新聞夕刊は、「批評家がそろって〝驚いた〟」という見出しで、次のように報じた。

「『(小澤の指揮したこの夜の演奏を)すべてをなげうって早く切符売り場にかけつけたほうが良い』とまでほめてくれたリッチ(ヘラルド・トリビューン主任音楽批評家)も『もし初日のできばえがまぐれでなかったら(まぐれとは思えないが)』とただし書きをつけていた。しかし、斎藤秀雄と三人の学生たちが指揮した翌日の別のプログラムでは『さらにすばらしい音で』で(後略)」

東京新聞は「小さく偉大な外交官たちに」(七月二十九日)、「〝世界の音楽上の奇蹟〟(ニューズウィーク(米)七・二七)」(「文藝春秋」九月号)、「実りを見せた桐朋学園の英才教育——米国で認められた〝恐るべき子どもたち〟」(「週刊新潮」八月十日号)と成果を伝える記事が続いた。

斎藤にとってはこの渡米はいわば弟子たちの就職活動であり、日本にこれだけ優秀な演奏家が育っているから、あなたの国のオーケストラで使って欲しいというアピールのためだった。

それにもかかわらず、なぜ小澤が初日を振ったのだろうか。想像をたくましくすれば、小澤をニューヨークで売り込むためにコロンビア・アーティスツが動いて、桐朋の演奏会について批評家に書かせる代わりに、小澤の出演を斎藤に認めさせたのだろうか。そして、これは小澤自身が強く望んだことなのか。確かに、フィルハーモニー・ホールへのデビューはチャンスである。

一方で、なぜ斎藤秀雄がこれを断ることができなかったか。小澤は愛弟子だが、誰かからの圧力で予定を変更する、というのは斎藤らしくない。

小澤はのちに、斎藤とはしばらく関係が悪い時期があったと回想している。小澤自身は、五九年に斎藤の許しを得ずに海外渡航したからだとしているが、斎藤は六一年の小澤のバーンスタインとの帰国にあたっては羽田空港まで迎えに行っており、空港からの帰路は家族とともに車に同乗し、小澤が「ぼくは先生に教わった通りに向こうでやってきただけです」と一生懸命しゃべり、斎藤が嬉しそうに聞いていた姿をさくらは覚えている。

この件について、その後も斎藤の側にいた秋山に問うと、そもそも小澤が初日を突然振ったことも記憶になく、斎藤の心情についても知らなかった。

「斎藤先生が小澤さんから心情的に離れたと思ったことはないなあ。いつも海外でどうしてるか、気にかけていましたね」

ただこのころ秋山は斎藤からこんな忠告をされている。

「真面目に勉強しろ、真剣に音楽に対峙しろ、とね。自分がいい格好するのに音楽を使うな、有名になるために音楽をダシにするな、とね。その頃、ポピュラー界で譜面も読めないようなマスコミの作り上げたアイドルが、スターの座についてもてはやされるようになってきていた。その手の影がクラシックにも伸びてきましたから。実際に指揮を教えていても、〝叩き〟ができないんだけど、他のやさしい方法で〝叩き〟を回避して近道する方法はないんですかとか。それは斎藤先生にとって許しがたいことだった」

しかし、それが小澤のことだとは秋山は思っていない。

「指揮者というのも、石をダイヤモンドというくらいに自分を売り込まないと続けていけないものなのです」

そういう世界だった。

ともかく、こうして桐朋の演奏が称えられるとともに小澤の名前も各紙で躍った。この後小澤は、ニューヨーク・フィルと前年同様に〈スタジアム・コンサート〉を振るが、野外コンサートのようなものばかりである。小澤が同フィルの定期公演に出演するようになるのは、トロント交響楽団音楽監督就任後、六七年十一月のニューヨーク・フィル百二十五周年記念の委嘱作品で武満徹作曲「ノヴェンバー・ステップス」を指揮した時である。

日本フィル第一回北米公演

この頃、日本フィルハーモニー交響楽団と小澤との関係はどのようになっていたのだろうか。

日フィルはアメリカ・カナダ演奏旅行を計画しており、渡邉と草刈らは渡米して興行先を当たっていた。渡邉の留学中のツテを辿ると、ニューヨークではポスターに「ヒューロック・プレゼンツ」とあるだけで観客は信用して押し寄せると聞かされ、当代随一と言われるマネージメント会社ヒューロックに辿り着き、三十一都市での公演の契約が成った。二人は、現地合流する小澤に六公演を任せようと考えていたが、ヒューロック側は、小澤がライバル社のコロンビア・アーティスツ所属というので難色を示した。しかし、二人は強引に頼みこみ、仕事のない小澤にもチャンスが与えられることとなった。

そして、六四年十月、小澤は日本フィルのアメリカ・カナダ演奏旅行に合流した。三十一都市三十四公演のうち、結局五公演で指揮をした。ヴァイオリンの江藤俊哉やアイザック・スターンも出演し、ニューヨーク・タイムズは「世界に通じる専門家グループ」と称賛した。

ヴァイオリニスト・松田洋子は、このツアーで小澤に再会した。松田は日本フィルでコンサートマスターだったブローダス・アールに師事しており、彼がイェール大学で教鞭をとり始めるとコネティカット州のアール宅に寄留しながら学んだ。サイトウ・キネン・オーケストラの創立メンバーでもある。その松田が振り返る。

「小澤さんはクーセヴィツキー賞を受賞した六〇年のタングルウッド音楽祭の帰りに、斎藤先生と同時期に桐朋オーケストラを指導してくれたヴィオラの河野俊達先生と一緒に訪ねてきた。河野先生は日本フィルの首席からボストン交響楽団に派遣されていて、小澤さんとはタングルウッド音楽祭で偶然会ったみたい。私は小澤さんは小学生のころから知っていました。東京の我が家には桐朋音楽科一期の高校生が下宿していて、堀伝さんや小澤さんたちがよく遊びに来ていたからアメリカで再会してとても懐かしかった。

それから四年経って今度は渡邉曉雄先生率いる日本フィルがアメリカ演奏旅行に来た時、アール先生は自宅でパーティーを開いて音楽界のさまざまな人を招いたの。そこにまた小澤さんも来たけれど、その時は偉い人の側にばかりいて、私には知らんふり。面白い人よね、もともとそういう人だったんだと初めて知った。

その後、小澤さんは世界的名声を得たけれど、私から見ると彼の音楽的なレベルが上がったとは思えないの。学生時代と同じ。もっとも私にとって尊敬できる指揮者は、皆亡くなってしまった人ばかり。小澤さんの指揮するサイトウ・キネン・オーケストラに加わったのは、同窓会みたいで、懐かしい皆に会えるから行っただけなの」

渡邉の息子・康雄も父からこのパーティーの様子を聞いていた。

「著名な人々が集まったパーティーで、父が普通の人と喋っている時は近くにいない小澤さんが、有名な人と話し始めると必ず側に来ていたというのですね。そういう嗅覚は天性のものなのでしょうね。そういうものがなければ、世界でのしていくことはできませんからね」

こうして二十九歳の小澤は人脈を作り、チャンスをものにし、大きく羽ばたく。

しかし、そこに至るまでの京子との結婚生活は、小澤の実力がまだその名声に届いていない、いちばん苦しい時代に営まれた。小澤はかつての仲間と演奏するのは怖いとよく口にしていたが、それは前述の松田洋子のように批評眼の高さで酷評を加えてくるからだろう。京子にしても小澤を自身が共演する世界一流の指揮者と比較するわけだから、その京子に認めてもらうのは容易なことではなかった。京子の言葉は小澤にしてみれば痛烈な批評だったたし、京子にしてみれば、演奏や言動について批評するのは小澤のためだった。

二人は親たちに手紙をめったに書かなかったが、江戸家に届く京子の手紙には、小澤との険悪さが滲み出るようにもなった。小澤が思わず京子に手をあげたこともあった。

小澤から江戸家に国際電話がかかったこともある。受話器を取った江戸英雄は「ずいぶん高くつく夫婦喧嘩だな」と軽くいなしたが、心中では結婚したのだからなんとか円満にいってくれと祈っていた。

小澤が日本フィルの仕事で帰国するたびに二人の溝は顕著になっていった。海外での評価と日本での騒がれ方のギャップもあった。週刊誌に小澤の女性関係が取りあげられたこともある。〈クラシック音楽の指揮者で赤坂の芸者にまで名前を知られたのは、彼をもって嚆矢とする〉（「週刊新潮」一九六六年八月十三日号）とも言われた。

トロント交響楽団音楽監督

一九六五年九月、三十歳となった小澤はトロント交響楽団音楽監督に就任、それを前に三月には、かつてホンバーガー総監督が暮らしたイギリスのロンドン交響楽団にデビュー、九月には同団を率いて〈英連邦音楽祭〉に参加した。この年末にはトロントに両親を招いたが、その時、京子は不在だった。トロントを拠点にするようになってからも、京子の住むニューヨークのアパートはそのままにしてあった。

開作とさくらにとっては中国から帰国して以来の海外旅行で、両親はひと月余り長期滞在した。小澤はトロント交響楽団の三十人ほどを招待し、さくらが割烹着を着て天ぷらなどの日本料理を振る舞った。小澤は客人の酒に気を配り、楽員たちを喜ばせた。

小澤のトロントでの成功を、桐朋七期のチェロ奏者でサントリー芸術財団代表理事の堤剛は次のように考えている。堤はアメリカ留学を経て教授職に就いた経験から、日本との差異を知り尽くしている。

「トロントの音楽監督はカナダでも最高のポジションです。まず小澤さんが成功した要因の一つは、非常に人に好かれるということ。街でおばあさんが雪かきをしていたりすると、二十五セントコインをチップとして渡して調子よく話したり、イカしているんですね。帽子をかぶっているから最初はわからなかったけど、よく顔を見たら小澤さんだったとか。小さいころから持ち合わせている性格もあるのでしょう。そしてウィルフォード、ホンバーガー、いいマネージャーについて華が咲いた。指揮の場合は音を出すわけではなく、演奏は人頼みなわけですから、腕を動かしたり、嬉しい時は飛び上がったりとか、それで頭角を現さないといけない。ブラームスの解釈がないなどと言われて、ずいぶん苦労もなさったでしょう。でもその後何十年にもわたって、北米で音楽監督をつとめた。これは極めて異例なことなのです」

空気が冷たく澄んでいるカナダでは、小澤は舟を出して魚釣りに出かけたりもした。酒好きな小澤は夜になるとバーを求めて街に繰り出したが、なかなか見つからない。パリのクレージーホースのような華やかなヌードショーもカジノもない。小澤はのちに世界の有名カジノの会員になったが、賭け金は小澤の公演のS席チケットほどだった。トロントでは十一時には店という店が閉まってしまい、調子が狂った気がした。

しかし、ここで朝に勉強する習慣を身につけた。夕食には必ず酒を飲んで酔ってしまうので夜に勉強することはできない。しかし、勉強しなければ「指揮者はすぐに馘になる類の商売」である。それで朝五時すぎに目覚まし時計を鳴らして机に向かうことにした。九時には地元のおばちゃんが朝飯を作りに来てくれる。そのあと倉庫のようなトロント交響楽団のコンサートホールに行って練習をする。晩にコンサートがあれば昼に軽食を取って帰宅して昼寝をする。なければ新入楽員のオーディションや会議などをこなす。ゆっくり夕食を取り、酒を飲み眠るという静かな規則正しい生活だった。

その習慣は演奏旅行中のホテルでも同様で、起き抜けにスコアを読み、その後で風呂にゆっくり浸かってビールと朝食を注文して、一杯飲んでからまた一眠りする。昼食もルームサービスである。

夕方からは演奏会場に出かけるが、英語を喋るのが面倒だから社交は避ける。そんな孤独な生活の繰り返しだ。しかし、こうした時間の使い方は音楽生活を豊かに実らせた。

「やっぱり勤勉ですよ。普通の人よりうんと努力する。日本人の根性。西洋人で伝統がある人より、僕の方が一生懸命、勉強時間も多い。日本人で偉い人は皆、勉強しましたよ。天才でポコっとでるというのはない」（二〇〇九年、ＮＨＫ「１００年インタビュー」）

日常的な付き合いがないから音楽だけにのめり込める。こうして、カラヤンに教えを乞うにも十分な時間が取れたのである。

帝王カラヤン

二十世紀を代表する指揮者、ヘルベルト・フォン・カラヤンは一九五五年からベルリン・フィルハーモニー管弦楽団の終身首席指揮者兼芸術総監督に就任、三十四年もの間このポストにとどまった。また五六年にはウィーン国立歌劇場芸術監督とザルツブルク音楽祭芸術監督にも就任し、世界を二分するオーケストラのトップを務めることになったのである。また世界四大歌劇場の一つであるミラノ・スカラ座でも重要な位置にいたし、シャルル・ミュンシュの創設したパリ管弦楽団では、六九年から音楽顧問を二年間務めた。このころからカラヤンは「帝王」の名をほしいままにし、小澤はその帝王が一番可愛がる愛弟子となっていく。

小澤は時間ができればヨーロッパに飛び、カラヤンのリハーサルに立ち会う。カラヤンも小澤の演奏会を聴く。直後には何も言わないが、翌日には事細かな批評をした。

ベルリン・フィルハーモニー管弦楽団に三十年以上にわたり所属した第一コンサートマスターのレオン・シュピーラーが言う。

「カラヤンにとって弟子はまず小澤さんです。非常に有名な写真があります。二人で譜面を真剣に見ている写真で、いかにも親しげな雰囲気が伝わってくる。小澤さんはカラヤンのリハーサルにもよく立ち会い、後ろで見ていたものです。彼をカラヤンに紹介した田中路子さんは私もよく知っています。彼女はベルリン・フィルの楽団長とも親しく、女優である私の妻とも親しかった。妻によると、路子がオザワをカラヤンに紹介して、ベルリン・フィルで取り立ててもらうように頼み、指揮できるようにしてあげたということです。カラヤンは若い指揮者にチャンスを与え、若い指揮者にはたくさん振らせていた。カラヤンが勧めたらベルリン・フィルは共演します。でも演奏が良くなかった場合は、もしカラヤンがまた勧めてきても、オーケストラはノーと言いますね。カラヤンは若い小澤さんを毎年、ベルリン・フィルに呼ぶようになりました」

小澤は六六年九月にはベルリン・フィルの定期公演にもデビューする。小澤自身も「あの先生も根性あるよ。僕を毎年、ベルリン・フィルに呼んでくれた」と親友の武満徹に語っている。

ベルリンでの批評家のインタビューでは、「あんたにバッハなんかわかるの」と言われた。「言葉がわからなかったから非常に苦労してやったんだけど」カラヤンは「依怙贔屓してくれた」「批評なんかめちゃくちゃでも平気。毎年くらい呼んでくれたんだ」と破顔した。カラヤンは選曲についても一から小澤にアドヴァイスを与えた。

ベルリン・フィルの幹部会では小澤について、「あんな指揮者を雇っていいのか」という話が出たこともあった。しかし、カラヤンは小澤をベルリンのみならず、ザルツブルク音楽祭、パリ管弦楽団などに招き続けた。レオン・シュピーラーは振り返った。

「二人の関係はカラヤンが生きている間、続きました。つまり小澤さんは二十年くらいベルリン・フィルを指揮してきました。でも、一度も彼の口からドイツ語を聞いたことはないですねえ」

武満と小澤

小澤は毎年、世界中どこにいようと、正月には新年の挨拶のためにカラヤンに電話した。カラヤンは、のちにソニー社長となる大賀典雄とも親交を重ねた。大賀もまた田中路子から、ベルリン・フィルの新指揮者となったばかりのカラヤンを紹介された。オーディオ機器にも強い関心をもち、ソニーを企業訪問すると時間を忘れて技術について質問攻めにしたカラヤンは、大賀とはコンパクト・ディスクの開発のみならず、飛行機操縦の趣味でも意気投合した。第6章で後述するが、大賀はたまたまカラヤンの最期を看取ることにもなった。

小澤と武満の絆は深まっていった。苦い思い出となった六二年のN響定期公演では武満の「弦楽のためのレクイエム」を指揮したし、六六年五月には武満徹の「蝕《エクリプス》」第二楽章〈ソリチュード〉、「弧《アーク》」を読売日本交響楽団と初演した。

さらにすでに述べたように六七年はニューヨーク・

フィル創立百二十五周年記念で「ノヴェンバー・ステップス」世界初演を任された。武満の名声は徐々に世界的に高まりをみせ、それは小澤の活躍ともリンクしていく。ヴァイオリニストの豊嶋泰嗣は、小澤の指揮のもと、各オーケストラでコンサートマスターをつとめるようになるのだが、「武満徹作品の『ノヴェンバー・ステップス』や『レクイエム』を、小澤さん以外の指揮者でやると違和感がある」と語ったほどである。

「ノヴェンバー・ステップス」のニューヨーク世界初演に先立って、小澤は入念な稽古を考えた。トロント交響楽団とも同曲を演奏・録音することにして、琵琶と尺八奏者をまずトロントに招いて音合わせをすることにした。もちろん武満も立ち会う。武満は、トロントの小澤宅に家族で逗留していたこともある。武満との交流が深まる中で、小澤は武満を介して新しい恋人との出会いを果たしていた。

武満は映画音楽を大量に作曲している。六六年公開の勅使河原宏監督・安部公房原作の「他人の顔」を担当したことがきっかけで、小澤はその映画に出演したファッションモデルと恋愛関係になった。カラヤンも数年前にディオールのトップモデルと三度目の結婚を果たしている。まさかそれを真似たわけではないだろうが、日本の音楽業界では裏でウィルフォードが小澤をそそのかしていたとも囁かれ、「君の好きなことをやれ。君は世界的な指揮者なんだから、女もよろしい。それだけかかせがせる」と吹き込んだらしいと報道された（「週刊新潮」一九六六年八月十三日号）。

この年の四月には、日本フィルの二十日の定期演奏会で、オネゲルのオラトリオ「火刑台上のジャンヌ・ダルク」を演奏することになっていて、家族には十四日の帰国と伝えられていた。ところが、小澤は十一日にこっそり帰国して、翌日から熱海のホテルにファションモデルと泊まりこんだと女性週刊誌にすっぱ抜かれた。同誌によると、この時は彼女の母も同行していたから「ファンとして親しく付き合った」という弁解は成り立つ。しかし東京で夫を待っていた京子にしてみれば心穏やかではいられなかったはずである。

日本フィルの練習所まで追いかけ回された小澤は、週刊誌記者に向かって「あんなくだらないこと書いて。あなた、大学出ているんですか!」などと発言をして怒りを爆発させた。その相手のモデルとは、ロシア革命から逃れて満州に移住した後、日本の大学で学んだロシア系男性と、四谷の割烹旅館の娘との間に生まれた、入江美樹である。

入江美樹との恋

テレビのワイドショーが我が国に誕生してから半世紀以上経つが、その先駆けとなったのがNET(現・テレビ朝日)の「木島則夫モーニング・ショー」だった。一九六四年四月一日に始まった日本で最初のワイドショーを企画・プロデュースしたのが浅田孝彦である。

浅田は六四年に小澤を番組に招き、スクーターでパリに向かった痛快な旅とその後について話してもらった。こうして指揮者小澤の名前はテレビを通してもお茶の間の人々に広がっていく。

小澤は自分の出番が終わると、スタジオから立ち入りが禁じられているサブ(副調整室)に当たり前のような顔をして入ってきたという。

その浅田と入江美樹の付き合いはさらに遡る。

「NETテレビが開局した一九五九年、母親に連れられて若くて素敵な女の子がきた。お母さんはステージママで、なんとかモデルとして仕込んでもらえないか、テレビ出演をさせられないか、と頼みにきたんだね。本来なら十八歳未満なので出演させられないことになっていたし、十八歳にならないとギャラもあげられないが、ひとつ眼をつぶろうとなって、ギャラを支払って毎週テレビ出演するようになった。週二回でヘレン・ヒギンス、松本弘子、芳村真理などのトップモデルと一緒に出てもらっていた。お父さんが来たこともあって、白系ロシア人のお父さんは『女とバスは待っていれば来るよ』なんて面白いことを言う人でしたよ」

入江美樹こと本名ヴィタリウナ（愛称ヴェラ）・イリイン・本木は一九四四年に生まれ、インターナショナルスクール在学中に、ロシア姓をもじったと思われる入江美樹の名前でファッションモデルとしての道を歩み始めた。雑誌「装苑」のモデル募集を知った母が応募して見事パスした。美樹の写真が掲載されるとすぐさま仕事が舞い込んだ。美樹は大切なモデルだったと森英恵は入江美樹著『詩集 愛のいたみを』で回想している。

「白いブラウスに紺のジャンパースカートをきて、まだ若かったモダンなママと私の仕事場をはじめて訪ねてきたときのことを思い出す。服飾雑誌の写真のための仮縫いであった。細くて、青白い顔にソバカスが浮いていた。一度も口を開かなかったが、大きな目がシャム猫みたいなふんいきをつくっていた。編集部の人から『まだ十四歳で、お父さんはロシア人で、アメリカンスクールの女学生、日本語がうまくない……』といったことをきいた。純粋なヤマト民族ではこう

男難の相をもつ世界一のモデル

この人と一週間

昨年の「インターナショナル・ファッション・フェスティバル」で「世界で一番美しく、魅力的なモデル」に選ばれた入江美樹（21）は、本名をベラ・イリイン・本木という。父のヴィクトリーさん（45）は、帝制ロシアの貴族の血をひき、ロシア革命の時に、満州に亡命した。現在、横浜で不動産業を営んでいる。母の君江さん（44）は、老舗の帯屋の娘で、江戸っ子。

着る服の総計九十九万円

日、英、仏、露の四カ国語

入江美樹の記事（週刊文春1965年11月8日号）

はいかないと思いながら、新しいタイプの出現にオドロキと期待を抱いたのであった」

撮影現場にはいつも母が付き添い、美樹はモデルとして一挙にスターダムにのし上がっていった。テレビの人気音楽バラエティ番組の「シャボン玉ホリデー」にマスコットガールとして出演したこともある。

仲代達矢や京マチ子とともに、武満が音楽を担当した映画「他人の顔」に出演し「ケロイドの女」役を演じた。映画の劇場公開は一九六六年七月半ばだが、それ以前に小澤は美樹との出会いを果たしている。日本フィルのマネージメントをしていた小尾旭がこう振り返っている。

「安部公房の映画で音楽を担当した武満徹さんに誘われて、小澤くんと三人で、入江美樹さんの自宅に行ったんですよ。仲代達矢がいましたね。俳優やモデル仲間など着飾った美男美女ばかりでした」

美樹の家はこのころ世田谷区下馬にあった。「小澤くんは首の部分に垢がついたような普段着。私たちは居心地が悪かったね」と小尾は言い添える。

小尾は先に帰り、その後、小澤はひとりで酒を口に運んでいた。するとそこに美樹の父がやって来た。ロシア人の「べらんめぇ調」の父とは妙に気が合い、ふたりは日本酒の杯をかわし続けた。帰り際、小澤は一週間後に指揮する日本フィルの演奏会のチケットを家族に渡し、美樹と言葉を交わすこともできた。

美樹はその音楽会を聴きにきて、それからふたりは密かに逢うようになっていった。まもなく小澤の行動を女性週刊誌が追うようになる。二人はメリー喜多川が経営していた四谷の隠れ家のようなバーでも逢瀬を重ねた。

一九六五年の年末発行の「サンデー毎日」（一九六六年一月二日号）には、〈第九の小澤征爾凱旋公演　世界楽壇に進出したこの一年〉との記事があり、カナダやロンドン・デビューなどが紹介された。小澤はこの年は日本フィルとの定期には出ていないが、十二月にはベートーヴェンの第九公演のために帰国し、その後トロントに舞い戻り、前述したように、招いた両親とともにトロントで年越しをした。京子は不在で、小澤と京子との間に亀裂が入っていることは両親の眼にも明らかとなった。

そして、六六年四月に入江美樹と熱海に行ったとすっぱ抜かれ、「週刊女性」五月二十八日号では、まだ京子と結婚しているのにもかかわらず、「入江美樹との再婚の噂を否定する」という記事が載っている。ここまで煽る書き振りになったのは、四月の帰国時の小澤の隠密行動にあった。

小澤くん。君は

京子は夫のゴタゴタにすっかり疲弊し、パリに発ってしまった。半年近くを過ごす間、親しくしている友人夫妻からなだめられもした。

一方、入江美樹も一日のハードスケジュールをこなしネオンが輝きはじめるころ、肩を落として銀座の森英恵の店に寄った。絨毯に靴を脱いで座り込むと、厚い化粧を拭き取りはじめるのだった。まもなく美樹は旅先のパリで吐血し、七週間の入院を余儀なくされた。結核だという知らせを受けた小澤はトロントから駆けつけ、たった一晩だけだったが看病することができた。その後、二年間、美樹は仕事を離れた。

日本での逢瀬は控え、海外で小澤との時が過ぎていく。パリで逢いローマの古い道で肩を抱かれながら歩き、海岸通りのある街で春の終りを過ごした。美樹はそれまで日本語を書くことがなかったが、このころから書くという行為に興味を持ち始めた。

『詩集　愛のいたみを』（一九六八年六月刊行）には率直な心情が綴られている。

〈もし病気をしていなかったら、こんな詩はできなかったと思う。激しいショックがあると、それを乗り越えたあとは、どうしたってそのまえの自分とはちがってくる。きのうの自分ときょうの自分でさえおなじでないのに、わたしは生死の境を越えてきているのだから……〉

〈いのちをいとおしむ中で、今まで、行きずりの愛にとも思えた一つの想いが、無数のあかりをともしはじめていた。不思議なことに……〉というくだりもある。
　また、美樹は小澤への愛情をあますところなく吐露している。

「私の好きな征爾さん」
〈征爾さんのエネルギッシュな活動と、それに打ち込むきびしい姿を、私は遠くからそっと眺めていたい。そして、きびしさから解放され、ふっとさびしさに気づいた征爾さんが、とっくりセーターの衿にあごをうずめ、くたびれたズボンに両手をつっこんでやってきたら、そのときは、あついコーヒーにミルクと砂糖をちょっぴり、征爾さんの好きな味のコーヒーを作ってあげましょう。

「あのひと」
わたしがいないと……
セーターのえりをなおす人がいない　あのひと
わたしがいないと……
雨の中をぬれてあるいてしまう　あのひと
わたしがいないと……
いつもかぜをひいてしまう　あのひと
わたしがいないと……

お酒をやめさせる人のいない　あのひと
わたしがいないと……
おこる相手のいない　あのひと

あのひとがいないので……
詩はどうやって書くのでしょう?
あのひとがいないので
音楽はどうやって聞くのでしょう?
あのひとがいないので
涙はどうやって止めるのでしょう?
あのひとがいないので

夜はどうやって朝になるのでしょう?〉

さて、京子はやっと小澤とよりを戻そうという気持ちになって帰国したが、歯車はかみ合わず、六六年八月一日、小澤の父によって京子との婚姻解消の手続きが取られた。各界の著名人から祝福を受けた結婚は、四年七ヶ月で終わりを告げた。

その日の朝、江戸英雄は離婚の経緯と二人への忠告を思いつくままに綴っていた。「サンデー毎日」（一九六六年八月十四日号）に掲載されたその手記の最後で、江戸は二人にこう問いかけている。

〈小沢君。君はにぎやかなことが好きだ。しかし遊ぶことや世間から持て囃されることによって、離婚という人生の悲劇を忘れようとしてはいけない。人生は決して上っつらだけのものではない。小沢君のいまの地位は、もちろん君のたぐいまれな才能によるものであるが、ご両親やその他、君をとりまく社会の人の善意と後援のつみ重ねもあずかって大きな力のあることを忘れないでほしい。（略）君には人生を真剣に反省して、人間的に成長してもらいたい。

京子よ。考えに考え、煩悶の日々を過ごした君も、いまはテンタンとしている。しかし君の心の奥には苦悩のあることが、私にはよくわかる。過去数年、苦労に苦労を重ねてきずきあげたものを、一朝にして壊滅してしまったのだ。愛情のなごりもあるだろう。悔しさもあるだろう。（略）あくまで強く、どこまでも自分の信ずる道を進んでいってもらいたい。苦悩が人間性を深め芸術性を高める。高校を出たばかりの君を、パリに留学させた時、私が作った和歌をもう一度思い出さないではいられない。

性つよきなれにしあれば　とつ国の独居《ひとりい》に堪えて学び行くべし〉

傷ついた京子の憔悴しきった様子が、数年にわたって、桐朋学園そのほかの場所で多くの人々の眼に焼きついていた。

一方で小澤とカラヤンの関係はさらに強固なものとなっていた。離婚成立のその夏、カラヤンはザルツブルク音楽祭に小澤を呼び寄せ、ウィーン・フィルと初共演させた。シューベルトとブラームスの交響曲、若きアルフレッド・ブレンデルをソリストに迎えてのシューマンのピアノ曲である。ブレンデルはベートーヴェンのピアノ・ソナタ全曲を三度録音した知性派ピアニストで国際的名声を博しはじめており、注目度の高いピアニストとの共演で小澤を売り出していこうというわけだった。さらに、翌月にはベルリン・フィルの定期公演へデビューさせた。名誉ある定期公演の指揮であり、カラヤンとの強力な関係が小澤を世界的指揮者へと導いていく。

シンフォニーとオペラは車の両輪

「斎藤先生はオペラをまったく教えてくれなかったのよ」

拙著『嬉遊曲、鳴りやまず』の取材のために、小澤に斎藤について聞いたとき、開口一番、口にしたのがこの一言だ。

「僕らのときは、先生は縦を合わせること（オーケストラの楽器を合わせること。アインザッツ）を気にしていて、横（メロディ）はあまりやらなかったんだよね」

戦後の焼け野原で始まった音楽の基礎教育では、歌手を必要とするオペラまで斎藤秀雄は教えることはできなかった。それでも森正指揮で桐朋学園オーケストラ第一回演奏会ではオペラを取り上げ、また小澤の五年後輩で、秋山和慶と同期の指揮者飯守泰次郎は、斎藤が桐朋で持っていた「演奏解釈」の授業での教えを忘れていなかった。

「演奏解釈の授業では先生は我々に何とか分からせようとして歌ったり、時に唸ったりしながらピアノやチェロを弾いた。すると一気に音楽が活きてきて、ああ、そうか！　と面白さがわかってくる。忘れられないのはワーグナーの『タンホイザー』序曲の授業。アウフタクト（ピックアップ＝弱起）で始まる三拍子の曲で、一小節を三つ振りで、楽譜通り指揮していれば誰でもきれいに演奏できる有名な音楽です」

斎藤は〈巡礼の合唱〉と呼ばれるこの主題について、いかにアウフタクトが大事かということを教え、三拍子の曲なのに、これはマーチだ、と不思議なことを言い出した。

「マーチならもちろん二拍子でなければおかしい。でも先生は、これは三拍子のマーチなんだ、と説明した。ローマからアルプスを越えて帰って来た巡礼の行列が、歌いながら近づいてくる。憔悴しきっていて、重い十字架を背負っている、途中で死んだ人もいたはずだ。疲れ切った重い体を『よいしょ』と引きずって、次の一歩を踏み出すにはもう一拍必要で、アウフタクトはそれを表現している、という。だから、このアウフタクトが大切だ。しかも疲れ切った辛い体をやっと持ち上げるのだから、そのアウフタクトは重いテヌートでなければならない、と」

斎藤は、巡礼のイメージからテンポについての示唆も与えた。フレーズから次のフレーズに行くのも、疲れているからスムーズにはいかない。インテンポではなく、ためらいが必要だろう。力を溜めては、何とか歩いて行くのだ。疲れた人間の体は機械的に、テンポ通りには動けない。つまり、楽譜には書かれていないテンポの変化が音楽には含まれるというわけである。

この曲は冒頭にp（ピアノ）とあるだけで、しばらく強弱記号が書かれていない。

「そして、初めて出てくるクレッシェンドとデクレッシェンド。先生は『ここでやっと、彼らの心情が出るんだ、今まではただ肉体で一生懸命歩いていたが、このクレッシェンドとデクレッシェンドは、ああ、辛い、しんどいという彼らの息遣いだ』と言った。先生のこの解釈で初めて、ここでの強弱の意味がわかった」（『斎藤秀雄　レジェンドになった教育家』）

飯守は続けた。

「音楽に情景が浮かんでくるんですよ。音楽は生身の人間のものだ、肉体でやれ、心でやれと、教えてくれた。先生はベートーヴェンの交響曲五番のように単純な動機で明快な構造になっている交響曲の世界から、ワーグナーのような複雑なものまで、説明が実に上手だった」

斎藤は「人の運命を作り変える人であり、私もその一人でした」と、ピアノ科にいた飯守は指揮科への転科を勧められ、バイロイト歌劇場で研鑽を積んだ後、新国立劇場芸術監督（オペラ部門）となり、日本におけるワーグナーの大家と言われるようになった。同じ師匠からでも吸収するところに個人差があることは間違いない。

小澤自身は、「僕くらいオペラから縁遠い男はいなかった」と発言している。日本での修業時代にも、藤原歌劇団、二期会や長門美保歌劇団があったのだから、興味があればその舞台を観に行くことができた。つまり小澤にとって、オペラは興味の範疇外だったということが言えるかもしれない。

フランス遊学前に日本フィルの渡邉曉雄の助手として「子供と魔法」にも関わったが、オペラへの興味はかきたてられなかった。

しかし、カラヤンは小澤に正統な指揮者の道を歩ませようとしていた。

「セイジ、シンフォニーとオペラは指揮者にとって車の両輪だ。どちらか一つがかけてもうまくいかない。オペラをひとつも振らずに死んでしまったら、ワーグナーをほとんど知らないまま死んでいくようなものじゃないか。プッチーニ、ヴェルディもオペラなしに語れない。モーツァルトだって、そのエネルギーの半分くらいはオペラ作品に注がれているだろう。だから、セイジ、君は是が非でもオペラを勉強しなくてはいけない」

トロント響の音楽監督になってから、ある黒人歌手からの提案で、ヴェルディの「リゴレット」をコンサート形式で取り上げることになった。その報告をすると、カラヤンは「オペラを教えよう、休暇をとってこちらにくるように」と告げた。

小澤はカラヤンとカール・ベームの両巨頭が牛耳っていた時代のザルツブルク音楽祭へ飛んだ。モーツァルト「ドン・ジョヴァンニ」の演出や照明にも精力的に関わっていたカラヤンは、歌手との下稽古を小澤にまかせた。

オペラの練習においては、オーケストラと合わせる前に、まず各配役の歌手に対して「コレペティトゥア」がつく。この仕事は、オーケストラの代わりにピアノで伴奏して助言をするもので、歌手の譜読みや暗譜、さらには発音の矯正までする。日本の音楽界ではとりいれるのが遅れた分野である。

ところが、欧州では指揮者はこの仕事からキャリアを始めるのがほとんどで、カラヤンはもちろんフルトヴェングラー、カルロス・クライバーなど枚挙にいとまがない。レヴァインやムーティはピアノを弾きながら歌える指揮者であり、カラヤンは小澤にもそういった経験を積むように仕向けたのである。

さて、「ドン・ジョヴァンニ」では、タイトルロールはバス歌手のニコライ・ギャウロフ、村娘ツェルリーナ役がイタリアが誇るソプラノ、ミレッラ・フレーニだった。

ギャウロフは戦後最高のバス歌手と謳われるようになるし、また「カルメン」のミカエラでデビューしたフレーニのほうは、ゼッフィレッリ演出、カラヤン指揮のプッチーニ「ラ・ボエーム」のミミ役でスカラ座、メトロポリタン歌劇場で歌って二十世紀最高のミミといわれた。カラヤン指揮のパヴァロッティ、フレーニ、ギャウロフという「ラ・ボエーム」の名盤もある。ちなみにパヴァロッティとフレーニはともにイタリア・モデナ出身の幼なじみで、小澤ともども同い年である。

オペラでは公演の一ヶ月ほど前から稽古が始まる。小澤は練習につきあいながら、ギャウロフとフレーニが意気投合していく様子を目の当たりにした。のちに彼らは結婚することになったから、二人は親戚のようなものだと小澤は感じるようになり、この二人との共演によって小澤のオペラ・キャリアが形成される。カラヤンの将来を見越した采配は見事だった。

小澤は「ドン・ジョヴァンニ」をすべてピアノで弾けるようになった。リハーサル指揮も任され、演出家からも学ぶことができた。演出家が演技指導をすると、歌手の歌がピアノだけのときよりもより自然になった。小澤にとっては初めてづくしの体験だったが、最高の歌手たちと学び始めることができたのだ。

小澤はのちにタングルウッド音楽祭に彼らを招聘し、ヴェルディの「レクイエム」、ムソルグスキー「ボリス・ゴドゥノフ」、チャイコフスキー「エフゲニー・オネーギン」「スペードの女王」などで共演する。

フレーニといえば「ラ・ボエーム」で、小澤はフレーニから何度も一緒にやろうと誘われたが、同世代のカルロス・クライバー指揮の同オペラを観てしまって晩年まで断念することになる。クライバー指揮の「ラ・ボエーム」はバーンスタインが「最も美しい聴体験の一つ」と評し、カラヤンはクライバーの天才ぶりを認めた。彼はカール・ベームが若手指揮者で唯一才能を認めた指揮者だった。

終演後、楽屋で小澤はクライバーに会いに行って秘密を聞きだそうとすると、クライバーの方は、「何をいっているんだ、セイジ。僕はこのオペラは眠っていたって指揮できる」と応じた。いくら暗譜の小澤とはいえ、言語が関係するオペラは至難だった。

しかし、カラヤンは、それだけの経験しかなかった小澤を、早くも六九年にはザルツブルク音楽祭のオペラに引っ張り出す。それもウィーン国立歌劇場総監督を二度つとめたカール・ベームの代役として、モーツァルトの「コジ・ファン・トゥッテ」をウィーン・フィル相手に振らせようというのである。小澤の指揮者人生でも大きな転機になるはずだった。

一方、京子と離婚して一年半以上の月日が流れ、私生活でも小澤は新しい一歩を踏み出した。

六八年、NETテレビの浅田に美樹の母から電話がかかった。小澤と美樹が一緒になりたいと言っているというのだ。浅田は小澤のつぶやきを思い出した。

「毎朝うまい味噌汁を作ってくれる相手がいたらなあ」

小澤と江戸京子がうまくいかなかった原因は、そんなところにあると想像していた。ピアニストは一日に八時間弾いてないと腕が鈍るといったある世界的ピアニストの言葉を覚えていたからだ。江戸京子にそんな注文を出すのはかわいそうだと思ったが、モデルだって同じことではないか。

「私は反対です。味噌汁を作っている美樹なんて想像できないから。小澤さんは申し分ない相手だと思う。ただ一緒になって幸せになるには条件がある。モデルをやめて奥さんに徹すること。美樹に出来るかな」

その二、三日後、美樹がモデルをやめると決心したとの電話が入った。浅田は婚約発表を番組の中でやろうとしたが、小澤から、新聞社にも配慮しなくてはならないという連絡がきた。

一九六八年四月、小澤は美樹とニューヨークにて婚約した。小澤が三十二歳、美樹は二十三歳である。これを記念してか前述の美樹の詩集『愛のいたみを』が出版され、翌年には第二詩集も出版される。そこには妻ある男性との恋で悩む女性の心情が明らかにされていた。

小澤の仕事は快進撃が続き、六月にはベルリン・フィルの定期演奏会に再び登場し、海外に出てから勉強を始めたマーラーの交響曲第一番、モーツァルトのピアノ協奏曲ハ長調ではダニエル・バレンボイムと共演した。カラヤンは小澤の共演者に話題の演奏家を選んでいた。

九月には帰国し、駿河台のニコライ堂でロシア正教にのっとった結婚式をあげた。仲人には森英恵をたて、静かな家族だけの式である。新婚旅行はカンヌとモナコの間にある南フランスのボンリュウという小さな村での三日間の滞在だった。

これは小澤が日本フィルの首席指揮者となった月でもあり、あたかもご祝儀のようなタイミングで、日本でも確たるポストを得た。しかし、N響と同様に日本フィルでも問題が発生し、ふたたび日本の音楽界に大きな波紋をもたらすことになる。

第4章

日本フィル分裂事件

日本フィル首席指揮者

アメリカ公演で小澤に指揮の機会を与えてくれた日本フィルハーモニー交響楽団は、もともとボストン交響楽団との交流があり、六六年四月からは正式な交換楽員制が始まった。

小澤のボストン響定期公演デビューがその二年後の六八年一月である。ボストンにあるニューイングランド音楽院留学中のピアニスト渡邉康雄がこれを目の当たりにしている。

「小澤さんがボストン響を初めて振ったその日、僕は音楽院のアルバイトで、シンフォニーホールのもぎりをしていました。曲目は『ダフニスとクロエ』。小澤さんは袖から登場すると、楽員と次々に握手をして、『僕のようなものが指揮をしていいのだろうか』というようなそぶりをして指揮台に上がりました。あれで一瞬にして楽員の心をつかんだのでしょうね。演奏直後、コンサートマスターの顔は紅潮、聴衆も大興奮。僕は音楽院の寮に住んでいましたが、『すごい大天才が現れた』と寮全体が異様な雰囲気だった。小澤さんとはすでに面識があったので楽屋にも訪ねました。素晴らしい演奏会だった」

小澤もこの成功に高揚したことだろう。しかし、翌年にはトロント響の音楽監督の任期が終わることになっており、この時期についても小澤は「日本の音楽界に居場所がなかった」（日経新聞二〇一四年一月二十四日「私の履歴書」）と回想している。水野成夫の計らいで与えられた日本フィル運営上のポストである「参与」に満足できなかったということかもしれない。

六八年三月、「日本フィル創立指揮者・渡邉曉雄が三月末日をもって退団して小澤が首席指揮者兼ミュージカル・アドバイザーに就任する」との報道が流れた。小澤自身は「フジテレビ社長の水野成夫さんが『日本フィルハーモニー交響楽団の首席指揮者をやれ』と言ってきた時はすごくうれしかった。日フィルは水野さんが作ったオーケストラ」(同前)だと振り返っているが、この発表はオーケストラ・シーズンが九月にはじまることを考えると異例のことだった。

定期をほぼ欠かさず振ってきた渡邉はその年の四月、五月、六月の定期にも出演することになっていたし、前年には、日本フィル創立の功績と十二年に及ぶ活動によって日本芸術院賞を受賞した。お祝いの会が黛敏郎の司会で開かれ、この時点では、まさか渡邉が日本フィルを退任するなどとは誰ひとり想像していなかったはずである。芸術性を第一義としたアカデミックな志向で進んできた日本フィルの定期公演は一五三回を数えたところだった。

渡邉退任後は、常任指揮者を置かず、小澤を中心として内外の客演指揮者でつなぎ、小澤が選定から楽員の任免にまで発言力を持つ実質的な常任指揮者ということになった。

日本は六四年の東京オリンピック以後、大不況に襲われ、音楽界には新しい波が押し寄せていた。ビートルズの人気が過熱し、ロック、フォーク、ジャズが若者の心を摑み、都内の各オーケストラの公演では入場者が激減していた。親会社のフジテレビと文化放送は、日本フィルの予算を年々削減し始めており、このままいけばオーケストラの存続さえも危ぶまれる様相だった。そんな時、渡邉は京都市交響楽団から音楽監督就任を依頼され、兼務願を水野に申し出たところ逆鱗に触れた。事務局長の草刈は、その背後には小澤がいたのではと想像している。小澤の成長を眼を細めて見守ってきた水野の独断でこの人事が行われたからだった。草刈は「私は、大先輩の渡邉音楽監督に、外国に居て時々帰って来る若い小澤常任客演指揮者という体制で、永くうまくやれると思っていたが、指揮者同士は、年齢に関係なく意識するもので、今回の問題も、底流にはそのことがあったかもしれないと思う」(草刈津三『私のオーケストラ史』)と書いている。

渡邉康雄は、父の退団についてこう理解している。

「父は僕が学生時代には音楽界の話をいろいろしてくれましたが、僕がピアニストになってからは、僕から話が漏れると思ったのか、まったく話してくれなくなってしまった。ただ父の退団については、同団を創設してやってきたが身動きができないようになってしまった、と話していました。渡邉曉雄では日本フィルは伸びない、新しいことをしなくちゃ、と言った幹部もいたらしい。ずっと常任でやってきたが、もうこれ以上いられなくなりそうだ、小澤にまかせたら伸びていくのだろう、と納得したようです」

こうして九割以上の定期公演を振り続け、委嘱によって新進作曲家にチャンスを与え、独自の芸術路線をしいてきた渡邉は去った。二十数人で立ち上げた楽団の会員数は四千名を超え、それに合わせて年間演奏回数は百回以上となっていた時期である。

小澤体制での解雇

小澤はこれまでオネゲル「火刑台上のジャンヌ・ダルク」、メシアンなどの現代物や巨大な編成のベルリオーズなど、後年にも喝采を浴びる楽曲で聴衆の支持を得てきた。しかし、九月の就任披露には「合唱幻想曲」をはじめ、オール・ベートーヴェン・プログラムで臨んだ。作曲家で桐朋で教鞭をとった別宮貞雄は、九〇年代に、「クラシック界では何といってもベートーヴェン。小澤にはまだベートーヴェンの全曲録音がない。これが世界一級かどうかの目安。カラヤンは何回、録音しているか。ヨーロッパでは特にベートーヴェンができないと認められない」と語り、さらにレーベルは、円盤レコードを発明したグラモフォンが名盤をそろえている、と付け加えた。

永遠不滅の音楽と讃えられるベートーヴェンの全曲録音をカラヤンは六度した。恩師カラヤンのごとく、小澤はベートーヴェンの真髄をつかみ、クラシックの王道を歩もうとしたように思える。

小澤と日本フィルとの契約は年二回の定期演奏会で四公演行うとされた。従来、定期演奏会を渡邉がほぼ振っていたのと対照的に、客演指揮者が多くなり、特集プログラムが大幅に増加することになった。

小澤との契約の際には、コロンビア・アーティスツのウィルフォードが来日し、ホテルに三日間カンヅメになって三十ページに及ぶ契約書が作成された。担当した草刈によると、「ねちねちとまことに細かくしつっこく徹底的にあらゆる場合を想定した契約書が作られた」といい、ウィルフォードが要求する小澤の出演料が高額なので、小澤は日本人なのだから日本だけは特別に扱ってもらいたいという要望を強く打ち出し、なんとか妥協できるギャラまで下げてもらったという。

小澤体制になった日本フィルはその後大きく揺れたと、楽員出身のマネージャーの先駆けで、のちに同団の運営委員長・理事長ともなるコントラバス奏者の田邊稔は振り返った。

「運営面で厳しい施策が打ち出され、七名の楽員の契約更新見送りが通告されました」

渡邉の退任まもない六八年五月末、新任の事務局長から七名の楽員、ピアノ、ハープ、ヴァイオリン、ファゴット、ホルン奏者らに対して、七月以降の契約更新を打ち切る旨が通告された。彼らは創立以来のベテラン奏者だった。田邊にとって、この事件を思い起こすのは苦しいことだった。

「それまで楽員の契約は全員一年ごとで、契約内容の変更がある場合は、お互いに一ヶ月以上前に通告することになっていた。しかし、例年解除者はほとんどなく、あっても事情があらかじめ説明された一名くらいだったから、この事態は楽員を動揺させました」

本人には理由の説明がなく、楽員の互助団体の「楽員会」が事務局長に会見を求めると、契約は個人契約であり、技術的財政的に近代化する必要があり、音楽的な立場から小澤とも意見が一致したことが説明された。マスコミはこの解雇を楽員の大量馘切りとして取り上げた。

「怠慢奏者をしめ出し、技能向上をはかるアメリカ式の方法で、小澤征爾就任が決まった時から予想されていた」(「音楽旬報」)、「小澤による独裁のはじまり」との論調が主だった。

それをものともせず、小澤は八月三十一日に行われた正式の就任記者会見で、この解雇はみずからの方針に基づくものであるとの発言をした。事務局のほうでは、今回は小澤によるものではないと述べていたにもかかわらず、である。

「指揮者に二通りあると僕は見ています。まず一つはじっくりと稽古をつけてオケを向上させていく型、もう一つは悪い奏者はどしどし出して行って良い奏者を入れてレベルを高める型です。僕はこの両方のバランスを取ってやりたい。楽員の入れかえはアメリカではどこでもやっている……。うらまれたくなかったら入れかえないにこしたことはないが、指揮者としての当然のことなんだから仕方がない」（「音楽新聞」）

小澤の自信のほどがうかがえる発言である。

翌六九年には、トロント響を率いた来日公演が予定されていたし、夏はザルツブルク音楽祭にオペラ・デビュー、九月はベルリン・フィルの定期演奏会へのデビューでいわば攻勢を強めていた。

初めて指揮するオペラがザルツブルク音楽祭という注目度の高い舞台となった小澤は、それに先立つ五月の日本フィルで、演奏会形式で「コジ・ファン・トゥッテ」を振って備えようとしていた。海外でオペラを指揮するときには、その前にどこかで演奏して備えるのが音楽界の常識であることもカラヤンから教わっていた。だから常任指揮者のように、思いのままにできるオーケストラを持つことが必要だったのかもしれない。

しかし、モーツァルトの生誕地での小澤の「コジ・ファン・トゥッテ」は手厳しく叩かれ、失敗と報じられた。

のちに小澤の指揮で日本デビューするソプラノ歌手の中丸三千繪は言う。

「まだ三十四、五歳くらいだった小澤さんが『コジ・ファン・トゥッテ』で失敗したとしたら、それはレチタティーボ（独唱、朗唱）がよくわかってなかったからだと思う。というのは、旋律をともなうアリアと違って、レチタティーボはシンフォニー中心に勉強してきた小澤さんにとっては、未知の分野だったはず。

モーツァルトの時代のレチタティーボは、チェンバロ奏者が即興的にその場の雰囲気や感情などを表現して、指揮者はきっかけを指示することになるけれど、イタリア語が理解できないと、これはかなりきつい作業なの」

小澤自身、「指揮者にとっていちばん大切なのは」という質問に対して「語学力」と答え、それは成城学園のスクール・ガイドでも語っている通りである。

現代物や、いわゆるオーケストラの音符が多いものを得意とし、複雑に入り組んだ音符の饗宴も、小澤のタクトにかかれば、物の見事に整理されてしまったが、逆に音符の少ないベッリーニなどのベルカント・オペラや、モーツァルトのオペラは、指揮のテクニック以前の作品の理解が必要とされた。

中丸は続ける。

「声楽についての知識もまだあまりなくて、歌がひきたたなかったらオペラは成功しない、ということも、小澤さんはこのときにはわかってなかったのではないかしら」

しかし、小澤はこのあともオペラの勉強を続け、世界進出は続く。十二月にはやはりカラヤンが大きな影響力を持つパリ管弦楽団の定期演奏会にデビュー、アメリカに目を向ければ、翌七〇年六月にはタングルウッド音楽祭の音楽監督、九月からはサンフランシスコ交響楽団の音楽監督に就任することも決まった。

この頃、日本人では岩城宏之が世界的活躍を展開していた。ベルリン・フィルでもタクトをとり、六八年からはハーグ・フィルハーモニー管弦楽団の常任指揮者となった。ウィーン・フィルの定期公演にも代役として登場して、ベルリオーズの「幻想交響曲」を指揮、その翌年には同フィルの定期にも招かれ、バルトークなどを指揮した。レパートリーが重なっている部分もあり、小澤と岩城は世界に進出する日本人指揮者としてトップを争うようになっていた。

斎藤秀雄とのわだかまり

公私ともに小澤の生活が激変する六八年、トロント響で小澤が音楽監督を務めた最後の一年に副指揮者を任されたのが後輩の秋山和慶である。

「小澤さんが帰国した時、トロント響の副指揮者が辞めてしまって、一年間だけだが副指揮者を探しているんだよね、と聞いたので、僕ではダメですか、と提案した。すると、来てくれる？といってくれて十秒で話が決まった。そのころ僕は東京交響楽団（東響）の専属指揮者で、桐朋でも教えていた。斎藤先生にお伺いを立てなくてはいけないと思って、話をしたところ、『一年間行ってこい』と背中を押されたので、トロントでも指揮するようになりました。

小澤さんは七〇年からのサンフランシスコ響の音楽監督がすでに決まっていたので、その一年はほとんどトロントにはいなくて、僕が三十回ぐらい振った。驚いたのはトロント響ではクラシックばかりでなく、ジャズも演奏すること。楽員にジャズのリズムも根付いていた」

こうして秋山もまた海外の足場を作り、七二年にはヴァンクーヴァー交響楽団音楽監督となり、ベルリン・フィルからのオファーもあった。しかし、東京交響楽団の定期演奏会と重なったために、これを受けなかったという。

「斎藤先生は名声のために音楽を利用するな、と言っていましたからね。常任指揮者になってまもなく六四年に東響がＴＢＳとの契約を打ち切られて破綻した時には、言い方は今だと許されないでしょうが、お前は一国の城を構えているのだから、『楽員は家来と思って食わせないといけない』とおっしゃった。僕は、大学を卒業してすぐ東響の専任になったものの、給料は楽団の金庫に預けたままで、ピアノを教えている女房に食わせてもらっていました。

斎藤先生の教えがあるからかもしれないけれど、ベルリン・フィルのことにしても、僕は、音楽はどこで演奏してもいいと思っている。むしろ『いい演奏だった、ところで今日指揮したのは誰だったっけ』と聴衆が思うくらいが、いい音楽ができた証拠なのではないかと感じるんだね」

欲のない秋山である。もっとも東響の楽団長・専務理事の金山茂人は、「常任指揮者の定期演奏会が先に入っていたら、ベルリン・フィルといえど、東響をキャンセルするなんて許せませんとのことである。

常任指揮者とはそれほどの責任がある立場であり、実際に海外のメジャーオーケストラへの出演のために、日本のオーケストラ公演をキャンセルした指揮者への風当たりの厳しさを耳にしたことがある。そういう意味では小澤の場合、オーケストラのキャンセルを含め、咎められることもなく、全てが思うがままに廻った。

秋山には固執するものはない。世界の頂点を目指すわけでもなく、どこで音楽をしようと構わないというスタンスである。それは師と同じ感性だった。

斎藤秀雄はこの頃、小澤、秋山、そしてまもなく井上道義など、自分の教育が次々と実りを見せ始めたのを感じていた。ある日、斎藤のもとにカナダ人が訪ねてきた。小澤だけの指揮のテクニックだと思っていたのに、今度は、秋山がきたら同じように解りやすい指揮をするではないか。日本には何か特別な教育があるのではないか。こうしてそのカナダ人は斎藤の指揮教室に通うようになった。斎藤の『指揮法教程』は英訳され、アメリカでもヨーロッパでも広がりをみせるようになっていた。斎藤は指揮が日本から発信できると確信し、その思いを民音（創価学会が設立した一般財団法人「民主音楽協会」）が受け止め、六七年から「民音コンクール」（現・東京国際指揮者コンクール）が開始された。

さて、秋山をトロント響に送り出し、ほぼ一年が経とうとしていた六九年、小澤が率いたトロント響の東京文化会館での演奏会の後、斎藤が楽屋に小澤を訪ねた。小澤はここ数年、斎藤との間に「わだかまり」ができていると感じていたが、理由がわからなかった。

「お前も横に振れるようになってきたな」

楽器間の演奏を合わせるために振り下ろす斎藤メソッドの「叩き」を「縦」と称するのに対して、ニュアンスなど繊細な指示を与える時の、弦楽器の弓の動きに似た滑らかな指揮法を「横」

という。決して褒めない斎藤に言われ、小澤は「わだかまり」が解けたのを感じて安堵した。

斎藤は、小澤を自分の仕事のためには人を引きずりおろすことも厭わない人間だと解釈したのではないだろうか。しかし、ここにきて後輩の秋山にトロント響でチャンスを与えた。そんなこともあって、ニューヨークの件は斎藤の中で昇華され、小澤との関係を修復することにしたのではないだろうか。一方、小澤はそういう部分には非常に鈍感であり、自己中心的とも思わず罪悪感を持つこともないように思える。

楽団内オーディション

さて、話を日本フィルに戻す。

七名の解雇は、小澤によるオーケストラづくりの第一歩に違いなかったが、「アメリカ流の実力主義」に基づく、小澤のやり方と受け止められた。一方、解雇は既成事実として強行され、技能レベルの問題が、近代的な契約制度の運用とからめて楽壇に大きな反響を呼び起こしていた。

作曲家の別宮貞雄は、「読売新聞」（一九六八年九月十四日）紙上で、戦後の音楽教育による若い演奏家の急激な水準の向上が、既成楽壇人をおびやかすことはさけられず、「ここ当分は楽壇に波荒き時代が続くのはやむを得ない」とした。

また「朝日ジャーナル」（九月八日号）はつぎのように総括している。

「この七人の整理は波紋が大きかっただけに小沢の負担は重い。この再契約打切りがどのような結果になって、日本フィルの演奏にあらわれるかは、早急に結果を期待するのは無理としても、小沢征爾の今後の活動を注目したいところである」

七名の解雇につづき、小澤は新しい制度として〈首席会議〉を発足させた。それまで各楽器の首席奏者はあくまで音楽的リーダーシップ、つまり演奏力が唯一の条件だったが、首席奏者に管理職の役割を担わせることにした。彼らには役職手当が支給される一方で、一般楽員の発言力は皆無に等しくなり、身分は不安定となった。小澤の改革はそれだけではすまなかったと、田邊は言い募る。

「七名の馘切り事件については、人件費削減のためと想像していました。でも、その後に〈オーディション〉というものが初めて行なわれ、これがいろいろ問題をひきおこしましたねえ。当時小澤さんは若く、血気さかんな青年で、練習中に『とつぜん、そこの打楽器、出て行け』などと叫ぶようなところもあった。

あるとき小澤さんが『一人一人の音楽性を知りたい』と言い出し、その結果、内部でオーディションをやることになった。しかも審査をするのが、同じ楽員だった。小澤さんは、最初オーディションではない、点数はつけない、オケの席順は替えない、と言っていたのに、終わったら全部入れ替わっていた。席順の入れ替わりは大問題で、これで退団してしまって藝大に入り直したり、ドイツのオーケストラに入団してしまった楽員もいました」

コントラバス、チェロとオーディションが進むうちに不満は表面化し、楽員会でも意見が対立した。技術進歩のためにはオーディションが必要と一方がいえば、評価がテクニックのみに偏っている、人間性への評価もあってしかるべきで、アンサンブルにおけるその寄与度は測れない、などと論議が沸騰した。

「このころから楽員たちが陰険な雰囲気になってきたのです」と田邊は顔を曇らせる。

結局、内部オーディションは団内に不協和音だけを残して、中途半端なまま終わった。

翌年の契約更改でもふたたび七名の入れ替えがあり、一般楽員は二年間で二十三名が退団し、十八名が新たに入団した。幹部楽員の変動はなかったが、一般楽員のほうは退団、入団が頻繁におこるようになってきていたのだ。

ロックスターのような

一方、小澤の次の任地となったサンフランシスコは、アメリカの六〇年代の風俗文化をリードする街だった。既成の価値観が否定され、フリーセックスやドラッグを愛好するヒッピーが出現し、文明以前への自然回帰が唱えられた。反体制と自然讃美の運動の発祥地で、理性よりも感性の解放が叫ばれ、長髪にひげを伸ばしたジーンズ姿の男やミニスカートに長い髪の女、胸にはペンダントをかけるようなボヘミアン的生活スタイルの本拠地だった。そんな街は小澤にとって居心地のいい場所となった。

日本でも若者たちは自由を叫び、学園を占拠し、世界中をバックパックで巡った。小田実の著書『何でも見てやろう』がベストセラーとなり、音楽之友社から発行された小澤の著書『ボクの音楽武者修行』も小澤の生き方に憧れたファンたちが読み、彼らも演奏会場へ向かった。

写真家リンカーン・ラッセルが撮影したこのころの小澤は、長髪にビーズの首飾り、燕尾服でなく、自然回帰の原点ともいうべきインド風の上着で指揮をしている。伝統的な指揮者とは一線を画したこの森英恵デザインの時代を取り込んだスタイルも若者の心をつかんだ。また、時にはプレスリーのような、ロックスターを思わせるサッシュベルトを巻いた姿でステージに登場した。

サンフランシスコでの小澤が、水を得た魚のように振る舞ったエピソードがある。

音楽監督となった小澤がオーケストラ後援者のためにパーティーを開いたとき、毛皮やディナージャケットで着飾ったセレブリティの一団を車に乗せてある店に案内した。

小澤のために他の客を断ったとみえるそのナイトクラブには、遅いディナーが準備され、ディナーのあとには、小澤の昔からの知り合いだという女性の特別ショーがあった。じつは整形手術跡の目立つこの彼女がクラブのオーナーでありスターだった。小澤は彼女を世界的ダンサーと紹介し、彼女の方は小澤を「セイジ」と呼んで、二人は兄妹のように久々の再会を喜びあっていた。

客席の照明が暗くなり踊りがはじまった。テンポはだんだん速くなって最高潮に達した瞬間、観客の方が舞台からの照明を浴びた。ここがストリップ界のメッカということは、だれひとりとして知らなかった。みなびっくりして目を大きく見開き、口を開けたままである。

小澤のほうはただニコニコとしていた。バーンスタインとともに浅草やベルリンの怪しげな場所におもむき、あたふたした若き日のセイジは、今やバーンスタイン仕込みのユーモアを発揮して、アメリカの代表的オーケストラの音楽監督として、自分の嗜好で後援者たちを接待した。

小澤はサンフランシスコの絶景スポットのトゥイン・ピークスに購入した家を改装してヴェラとの新婚生活を始め、両親をその就任披露公演に招待していた。ところが、父・開作は旅の直前に川崎の自宅で心筋梗塞に倒れ、そのまま逝った。

物心がついてから、小澤は父の活き活きとした姿を見たことがなかったが、トロントに招待した時に、初めて父の精力的な姿を見た。ベトナム戦争が泥沼化していた時で、開作は、自分の中国大陸での経験から、民衆を敵に回したこの戦争は間違いであり、アメリカは戦争をやめるべきだ、と政治家に進言したいと言い出したのだ。開作は浅利慶太を通して中曽根康弘からの紹介状を得ており、次期大統領の呼び声の高いロバート・ケネディ上院議員の面会を取りつけてくれと息子に告げた。小澤はあたふたとしながらもワタリをつけ、ワシントンに父と飛び、通訳を介した三十分ほどの面会を実現させて開作を満足させた。これは小澤が父を誇りに思い始めた出来事だった。そして父の逝去後は、遺影を持ち歩くようになった。

楽員会への支援

日本では大阪の万国博覧会で世界に高度経済成長の勢いを示し、『国民生活白書』では国民の大部分が中流意識を持っているとされた。一方オーケストラの楽員たちは低賃金のままで、社会的地位も低かった。国鉄や航空業界で労働組合によるストライキが多発し、七〇年安保闘争も起こり、国中が揺れ動いた時代である。

楽員たちも生活環境の向上を意識しはじめ、読売日本交響楽団（読響）が一九七〇年三月、初めて労働組合を結成した。読売グループの不採算部門の縮小撤廃方針に対処するために、個人契約だった楽員たちは力を結集し労働協約を結ぼうとした。同労組は楽壇にも働きかけ、十月には四百名が集まって日本音楽家労働組合が結成された。七一年年初には東京都交響楽団（都響）、春にはN響にも労組ができた。

実は、日本フィル創立当初の楽員給与は世間一般より高い水準だった。社長の水野は「三年後にはどこにも負けない待遇にする」と公言していたが、鹿内信隆とともにフジテレビを開局すると、日本フィルはフジの専属オーケストラとなり、それ以後、給与の上昇幅が限られてきた。

一方で、ボストン響から四年という期限付きで来日し、桐朋で室内楽を教え、河野俊達らとカルテットを組んで活動したコンサートマスターのブローダス・アールの呼びかけによって、創立当初からアメリカ風の「楽員会」が結成された。いち早く楽員の生活を守る活動は展開されていたわけである。

〈ペンション・ファンド・コンサート〉は、その収益で楽員の年金基金を積み立てていこうとする試みで、一九六四年の第一回は日比谷公会堂で開かれ、立ち見が出るほど超満員となった。指揮はトロントから帰国した小澤で、「ウェストサイド物語」組曲ではジャズバンドと共演、マンボズボンに色シャツで登場し、舞台上手におかれた一台のスバルがクラクションで演奏に加わる趣向が凝らされた。小澤は楽員会の活動に大いに共感して、企画段階から相談相手になり、無料出演した。

「向こうじゃ、こういうコンサートは慣例になっていて年二回はそれぞれのオーケストラでやっているよ。常任指揮者はもちろんノー・ギャラだし、ソロに大物を迎えて、たとえばピアノのルビンシュタインみたいなのが、それこそ破格の出演料で出るわけです。しかもこういう音楽会は入場料は逆に高いのが常識ですね」（日本フィルハーモニー協会編者『日本フィル物語』）

小澤は楽員会主催の演奏会には、その後も無料でほぼ毎回出演し、楽員会の幹事らとも親密となった。

しかし、経営問題は解決されたわけではなく、楽員には秘密裏のうちに、小澤新体制の翌年には日本フィルの財団法人化が模索されはじめていた。つまり、楽団の独立採算制である。楽団は独立した法人格をもっていたほうが有利だという理由だったが、実は親会社が子会社を切り離すには、独立組織であるほうが簡単だったのだ。

六八年には水野が病で倒れ、そうなると労働争議を闘ってきた鹿内信隆の独壇場となった。鹿内は、毎年正月の訓示でも必ず組合活動に言及し、労働組合を毛嫌いしていた。

六九年春、とうとう国が認可して財団化が決定され、関西、九州、四国への演奏旅行中に改組され、いつでも潰すことができる組織となった。楽員会にこの改組が伝えられたのは八月だった。

この件について小澤は事前に知っており、五月、楽員会幹事長をつとめていた吉川利幸と幹事ら二人を呼びつけた。吉川は以前ボストン響に派遣され、同地での活動などを見聞きして帰国したヴァイオリン奏者である。小澤は助言した。

「将来敵対関係になることははっきりしているが組合を作らなければだめだ」（『日本フィル物語』）

小澤の姿勢は一貫して労働組合に対して積極的だった。

ボストン響音楽監督内定

二〇一六年の日本フィルのサントリーホールにおけるレセプションでのことである。三菱銀行取締役から転じて企業再建に関わり、日本フィル理事長となった平井俊邦が登壇した。

「日本フィルは苦しい歴史の中で頑張ってまいりました。新聞社や放送局、東京都というような大きなスポンサーを持たない日本フィルの財政を支えてくださいましたのは、常に多くの個人の、あるいは法人、団体のみなさまの力強い『物心両面で支援するぞ』との温かいご支援で、それがあればこそここまで頑張ってまいれました。

この苦労は苦労として、この中から日本フィルはかけがえのない、人に寄り添うことの大切さ、人の心の暖かさ、心の交流がわかる楽団として成長してきたかと思います。今の充実した指揮者陣を堅持し、さらなる飛躍をめざしていきたいものです」

この日本フィルの「苦しい歴史」には、深く小澤が関わっている。


日本フィルが財団化された翌々年の七一年春から、「契約更新通知」がそれぞれの楽員個人にむけて、断続的に発送されはじめた。楽員会の幹部が事務局におもむくと、給料アップの要求をする楽員会に対して、会社の答えは、「個人契約だから基本的には答える必要はない、現在支給されている月給で楽員が死ぬようなことはないだろう」というものだった。幹部たちは愕然とした。

五月十一日、楽員会は急遽総会を開き、この総会をそのまま組合結成大会に切り替えた。管理職の首席奏者を中心に十五名ほどが態度を保留したが、七十余名の賛同を得て、音楽界で四番目の労働組合をスピード結成した。

小澤は強い味方で、「ユニオンがどうしてないのか、アメリカの音楽家たちはみなユニオンに入っているし、僕自身も入っている」と主張していた。

当時の楽員たちの平均年齢は三十二・七歳で、賃金は月収六万四千五百四十円、年収九十万円弱、退職金なしという世間相場を大きく下回るレベルである。一方で、同年齢で二倍の格差がある場合もあり、賃金体系の片鱗もなかった。組合はまず給与体系の確立について交渉を進めようとした。

ところが、進展がないまま十月になると突然、フジテレビ全体の編成局予算の削減を理由に、放送出演料の二十パーセント減額が通告された。楽団にすれば全体の三分の二をしめる主要収入である。フジテレビ開局によって日本フィルの出演は増大し、演奏すべき曲目もふえ、さらに定期会員は定員オーバーで入会希望者を断らなければいけない状況だったため、定期演奏会は月二回に増えたにもかかわらず、楽員の待遇は変わっていなかったのである。

さて、小澤の生涯をたどってわかるのは、海外と日本における活動の節目が、不思議に一致していることである。海外で新ステップを踏もうという時、小澤は日本でも歩みを一つ前に進めている。

日本フィル労組が年末交渉をどうするかと議論している一九七一年十一月、小澤は帰国することなく、ボストン交響楽団の理事たちや事務局長と、本拠地シンフォニーホール脇のレストランにいた。同団の音楽監督である高名なウィリアム・スタインバーグが病を得て、後継者探しに躍起となった結果、副指揮者でなく、小澤に後任をつとめてもらおうとの結論を出したからだった。

小澤はタングルウッド音楽祭における第三の地位にあるミュージック・ディレクターとしてふた夏をつとめてきて、楽員にとって馴染みのある指揮者となっていた。また、日本フィルとは楽員交換制もあり、日本人を身近に知っていたし、ボストン美術館は世界一の浮世絵コレクションを所蔵するなど、日本文化への理解が深い街である。

ボストン響の総裁のニコラス・T・ザーヴァスは絶賛をおしまなかった。

「忍耐力、精神力、仕事に対する倫理観、そして驚くほどの集中力を持ち合わせ、演奏する人達からも、自分自身からもベストのものを引き出すことができ（略）彼は謙虚なうえに強い性格と正直なところをあわせもっている。こと芸術に話が及べば、けっして妥協を許さない」

そして何より、小澤と一緒に仕事をしている人々は、みんな小澤が大好きだというのである。

小澤はサンフランシスコの後はニューヨーク・フィルかシカゴの可能性が高いとみられていたが、ニューヨークはバーンスタイン辞任の後、作曲家のピエール・ブーレーズが常任に就いた。

サンフランシスコ響との契約は七六年までで、小澤は兼任ならできると、この席上で七三年からのボストン響音楽監督の話を受けた。アメリカで五指に入るオーケストラの音楽監督のポストに二年後には就任するのだ。サンフランシスコでは年末にヴェラが第一子の出産を控えていて、さらなる喜びに小澤は満たされたはずだ。

組合委員長との国際電話

日本に目を転じれば、日本フィルの組合は激論の末、とうとうスト権を確立することになった。この年は読響も都響も年末賞与についてスト権を確立したが、いずれもわずかな上積みで妥結しストを回避していた。

一連の流れについて、組合委員長である吉川利幸は小澤と緊密に連絡をとっていた。

サンフランシスコの小澤には、聴衆に楽員の窮状を訴えるための「日本フィルを愛してくださるすべての皆様へ」というパンフレットを航空便で送り、その直後には一時間二十分ほどの組合での激論の録音テープも発送した。そこには組合がスト権を確立するまでの経過と決意が録音されていた。

ストライキ予定日のその日の午後、小澤はサンフランシスコから国際電話をしてきた。双方からの国際電話はその後も繰り返され、それらはすべて録音テープに収められた。

当時の日本フィルの資料やそのテープは、ミリオンコンサート協会に保存されており、社長の小尾旭から小澤評伝のためにと提供された。小尾は、文化放送・フジテレビ側から日本フィルの事務局に放置されたものを百万円で買い取ってくれと提案され、言い値を支払って持ち帰った中にテープがあり、保存していたのだ。

テープの小澤の声はきびきびとしていて、隙のない人物を思わせる。

「僕は遠くにいるから、もうやきもきしてね。でも、なかなかかけられなかった。これはオフィシャルな電話でなくプライベートだから、あなたも何をいってもらっても結構です」

小澤は、法律的には経営者側の地位にあったため、このような前置きをしたのだろう。

小澤がおおむね饒舌に、ときには高所から話すのに対し、吉川のほうは「はい、はい」と低姿勢の相槌が目立つ。

「ユニオンができたら、経営者との話がうまくいかないとき、ストライキをするということだよね。ストライキをすれば客が迷惑するけど、お金がないと音楽家は暮らせない。経営者側が払えないというなら、ユニオンとしてはストライキをすることは非常に健康なことだと、僕は思う。

日本の社会から、非常にヒステリカル、ヒステリカルってわかります？　そういうふうに捉えられると、あるいは悲劇的なことと捉えられると、ダメージがある。ユニオンが要求して回答がない場合に、ストライキをするか、それとも向こうのいうことをきくか。でも向こうのいうことを呑むということは、ユニオンをつくった意味があんまりないわけですね。わかります？」

吉川が同意すると小澤は話し続ける。

「そうするとね、ストライキというのは、そんなに不健康なことでもないし、悪いことじゃない。

それともうひとつは、今はもう答えはそんなにたくさんないんですよ。僕はあなたのパンフレット読みましたよ。答えは簡単で、国が読響とかN響とか、一つの会社が直面している問題ではなく、日本の文化の問題として考えて、これを助けようとしないとこれは絶対解決しないです。あなた方は一番身近な事務局に対して要求しているけれど、オーナーのところへ直接あなたたちの要求が届かない限り、これは解決しない！」

ここで吉川が割って入り、小澤の結論を問おうとした。

「いろいろ緊急なことが。きょう今晩七時から、あと三時間で演奏会の時刻となり、その前にストライキをやるかどうか、決定しなければいけませんのでね」

空輸したテープには全組合員のいつわらざる現状が録音されていて、ストライキを阻止するのは困難な状況であること、あくまで民主的な議論は重ねているが、解決策もなく深刻な状態にきていると口にした。それに対して小澤は敏感に反応した。

「全学連が火をつけたりするようなネガティブなストライキはするなということ。そうでなく、世の中にアピールするような、つまりこないだのパンフレットのようなね。あれはとてもいいと思う。なぜならストライキを行うのは当然のことであって、なぜ当然かというと、誰も助けてくれないから。問題はあなた達の問題でなくて、オーナー側の問題で、僕から見ると、信じられないくらい酷いことが日本では起こっていますよ。音楽家が暮らせないことが起こってます。その初めての結論が出たわけです。僕らがそれを勝ち取って、本当に健康な芸術というのを助けなきゃいけないと思わせられるか、思わせられないか。今、瀬戸際にきている」

長々と続く話を吉川は遮り、実際にストライキを行うかどうか、「秒刻みで重要なこと」があり、「話したいことは山ほどあるが勘弁してほしい」と、小澤を抑えて電話を切った。

オーケストラのストライキ

吉川が慌てていたのは、その日、組合側は朝十時に経営者側に対して「事態収拾と現状打開の目的をもって団体交渉を開きたいというなら、十三時に待っています」と伝えていたからだった。他のオーケストラ組合は、ここでいくばくかの回答を得てストライキを回避したのだが、日本フィルの場合には、ゼロ回答で進展はなかった。

この十二月十九日は十九時から東京厚生年金会館で、民音主催による「第九」の演奏会が予定されていた。最終回答時刻を十五時に設定し直したものの、結局なんの回答も得られていなかった。そのため、小澤との電話の直後、組合はストライキを決行することになった。

組合幹部だった田邊稔も、この日は意気込んでいた。

「ストライキを行う可能性もあったから、民音主催の『第九の夕べ』を選んだのです。自主演奏会つまり第三者の主催なので、ストライキを行った場合、負担を負うのは日本フィルの経営者側だからでした。それでストライキをするといって脅かしていたのですが回答がなくて、結局、日本のオーケストラで初めてストライキという形で対抗することになってしまった」

寒風ふきすさぶなか、夕方五時半から八時すぎまで、組合員たちは会館前でお客に対応することになった。読響、N響、宝塚関係のオーケストラ団員、または個人の資格でと、多くの賛同者が厚生年金会館に詰めかけ、組合側が作成したパンフレットの配布に協力した。

小澤が電話口で、ストライキをやめろといわず、健康的だと明言したことも強く背中を押した。組合員たちは最後のお客が帰るまでマイクロフォンで、ストライキについての説明を繰り返し、お詫びの言葉を述べ続けた。

組合はマスコミのインタビューに応じた。新聞雑誌社十社が、この本邦初の音楽家たちによるストライキを取り上げ、新聞は第一面トップ、社会面トップで報道した。それを読んだ全国の人々から、励ましの電話が次々とかかった。

二十日午前、経営者側はこれに対して緊急理事会を開いたが、それでも回答に進展はなかった。「二十日の晩に予定している『第九』だけはなんとしてでも演奏してもらいたい」ということだけが伝えられた。

吉川は、現状打開にならないと思う一方、彼らとの接触は絶ってはいけないと主張した。二十一名で作る闘争委員会では、この事態にどう対処すべきかが論じられた。

田邊稔は、前日のストライキが辛かったと述べている。

「一回目の反響が極めて大きく、マスコミもたくさん来ました。N響を知っていると思われるNHKの記者からは、楽員の方々の給料は二十万円ぐらいですか、と質問されましたが、六万四千円だった。待遇のことは低すぎて恥ずかしくて答えられなかった。ストライキだなんて、オーケストラのイメージを壊したと言ってきた他楽団の人もいました。

埼玉など遠方から来てしまったお客はストライキということを知らずに上京してしまった。看板を蹴飛ばして帰る方もあって、これはこたえました」

闘争委員全員が田邊と同じ感情を共有していた。正当な要求をかかげ、正当な手段によってストライキを実際に実行できることを示したものの、やはりお客には迷惑がかかる。低賃金打破の戦いと、お客への迷惑の狭間で苦しいことは変わらないが、前日のストライキで、組合はやるときにはやるということは、内外に示すことができた。だから、この日はお客のことを考えてストを回避しようと委員会は決定したのだった。またマスコミは、ストライキを事件ではなく、社会問題を扱う論説としてとらえようという視点で臨んでくれた。これは組合を元気づけた。小澤も語っていたように、社会運動としてストライキを捉えてほしいという組合の希望は、達成された。小澤と組合の息が一致した瞬間だった。

同時代を生きていた東京交響楽団の金山茂人はこの事件は当然のことだという認識を持っている。楽員から経営を担うことになった同じ立場だから、田邊の心境を十二分に理解できた。

「オーケストラというのはもともと儲からないものですから、経営の危機というのがある。私が所属している東京交響楽団も一度は倒産したのですから。そもそも企業というのは、儲からないとなるとすぐに手を引く。営利会社の社長の一声でたちまちオーケストラは消滅してしまう。東響の場合は、スポンサーと支援会社が横から支えてきてくれたわけだが、日本フィルの場合は、オーケストラが必要だと文化放送が自分で作ったオーケストラでしょう。それを企業の経営いかんによって、簡単に潰そうというのは許せませんよ。

楽員たちが結束しなければ、長い歴史をつくってきたオーケストラの歴史を守ることはできません。そういうとき日本では指揮者はなにもできないし、しない。楽員で守るより仕方がない」

当時金山が日本フィルの争議を応援したのは、オーケストラマンとして当然のことだった。

小澤の疑問

さて、一連の経過は、国際電話で小澤にも伝えられ、第二夜はストライキを回避して演奏会を行うことが報告された。

演奏会は東響の倒産を経験していた秋山和慶指揮の「第九」で、会場は異様な盛り上がりを見せた。オーケストラの編成によって休みになる「降り番」の楽員たちは赤い腕章をして客席で聴き、成功裡に終わったことに喜びを感じた。

組合員たちは終了後、練習場へ戻り、今後は署名運動もして放送局関係、オーケストラや合唱団、出版社、国会議員に働きかけ、社会運動に拡げていく道をさぐることで満場一致した。すでにパンフレットは一万四千部が配布され、さらに改訂版も刷り上がっていた。

吉川と小澤の電話はストライキ後も続いた。小澤の口調は、ストライキ前と微妙に違っている。

「ストライキになる前に僕がもっと動けばよかったんですがね、電話ででも。でもどうなっているのかわからないことがいっぱいあったわけで。経営者の友田さんに電話したら不在で、僕は後手になったことをたいへん後悔しているんですがね」

友田信は病を得た水野の後任として文化放送社長となった人物である。吉川は、小澤に経営者側との架け橋になって欲しいとは思っていた。しかし、結局のところどうだったろうか。

「小澤さんがおられる、おられないにかかわらず、これはこうならざるを得なかったであろうと」

そう口にすると、小澤は「ストの時点では、僕は日本にいなかったんですよ」と意外な反応を返してきた。それはともかく、吉川は小澤にこの事態収拾を首席指揮者として全力をあげて努力していただきたいと全組合員が非常に強く要望していることを伝えた。

このあと小澤がこだわったのは「ユニオンの上部団体は何か」ということである。

「組合をつくるときは、便宜上規約などについて助けを受けたことがあるかもしれないけど、本質的には音楽家のユニオンということで、変わりはないですね？」

吉川は、不特定多数の人に呼びかけていくには、組織力を利用することが必要で、一番支援してくれたのは読響、N響、都響、フジ・文化放送のユニオンだったと伝えた。

「支援、アドヴァイス、情報はいろんなところからキャッチするけれども、あくまでも我々は自主的にすべて我々独自の力でものを決定していく。ヒモ付きは絶対認めない原則。それは今も神に誓って変わりはありません」

小澤が気にしていたのは、ストライキを先導したのが特定の政党なのかどうか、という点である。経営側はそれを疑っているという。

「それが問題になっていて、変な誤解になっている。もう一つ。今あなたがたが闘っている相手は経営者だというが、実際、闘っているのは社会だと思うんですね。社会運動にしなきゃだめだって、あなたも言っていましたよね。署名運動は社会に呼びかけなければ駄目。それに国に働きかけないといけない。あるいは東京のほかの会社に。最終的なクエスチョンは、オーケストラが必要であるのか、ないのか。東京都民全員は無理でも、文化を助けようと思う大会社や人が、そこに必ず出てくると思う」

ストライキが世論を動かし、議員を動かし、政府から金が出るようにするというのが小澤の考えである。何としてもオーケストラは生き延びなければいけないが、日本経済はどん底で、フジテレビの各部門は厳しく、鹿内は頼れる状態ではなくなっているというのだ。

吉川の方は、自分たちはいい音楽をするために月給のアップを目的にしているだけである。職業的革命家は革命自体が目的で、オーケストラが潰れることはどうとも感じないだろう。ただ協力してくれるものは右翼だろうとなんでもいいとも吉川は口にするのだった。

「ヒモ付きではない、政争の道具にされないということが絶対条件ですから、気をつけてやります」

この背後の組織については田邊稔も自身の経験から思い出す。

「ある党はストライキとなると、こちらが頼まないのにすぐに駆けつけるのですよね。自民党は触りたがらないですし、当時はあちこちでストライキがありましたが、それは総評系なわけで、すぐに赤い旗が立ってしまう。要求を書いたゼッケンもつける、腕章を巻くことになってしまう。でも私は、ゼッケンつけるのは嫌になっていました。四谷でビラをまいていたら、あ、田邊さん、なにしているの、と声かけられて。それで俺はゼッケンやーめた、となってしまいました」

さて、国際電話では、小澤は経営者側から告げられた危惧を代弁した。

「あなたのパンフレットに、音楽を提供している労働者である——と書かれている。あなたたちがそういうことを言うことはよく理解できるんです。音楽家はお金をもらい、それによって音楽を提供している。ところが水野さんは、パンフレットを最後まで読まなかった。賃金を上げなきゃとおもって、病人の彼が出て行こうとしたらしい。ところが、どこかの社長が、パンフレットにこういう箇所があると赤線を引いて水野さんに渡した。水野さんは、労働者と音楽家は同じでないという考えで、それを読んで彼は怒ったり、失望したりした。これは特定の党につながっている、鉄をつくっている労働者と同じであると、水野さんはがっくりきた。その件は僕には心が痛かった。ヒモ付きじゃないと（いうことを）、どう示していいかわからない。コミュニケーションをつくらなくてはいけない」

組合では、音楽愛好議員団という五、六十名の超党派の議員団に、この数時間後にきてもらうことになっていた。小澤は、組合は団体交渉だけでなく、秘密裡に経営者側と会って、互いに妥協点を探ることも大切で、サンフランシスコ交響楽団でもユニオンとの問題が発生し、ストライキになりそうになったが自分の力で回避でき、妥結したと話し出した。小澤は要求を示せとユニオンに言い、ユニオンは小澤に託すことにして練習を始め、小澤はマネージメントやオーナーと話し合って五日ほどで妥結したのだと自信のほどを見せた。また、サンフランシスコではストライキを回避させるために寄付が増え、「そういうことが日本でもおこらないはずがない」と小澤は高揚した。しかし吉川の方は「東京とサンフランシスコでは根本的に違いますから」と返すばかりだった。

「でも、あなた三千万の人が新聞を読んだんだから、チャンスなんですよ、あなた方が言ったことはどんな人が見たって正しい。今、ストライキはしない。そのかわり五年間の時間を与えて政府にもアピールして、その要求を満たしてくれと。アメリカの一番忙しいオーケストラでも、（労働時間は）月に九十時間ですよ。それなのに、日本フィルは百十時間というのは間違っている。それを言うべきだ」

小澤は年末交渉で経営者を説得する自信があると明言した。組合側は小澤に要求を託すことにした。給料は、会社側が借金をしてでも払うべきだと小澤は考えていた。ところが十二月に帰国して説得工作に臨んでくれるはずだった小澤は第九の指揮もキャンセルしてきた。クリスマスが予定日となったヴェラの出産にサンフランシスコで立ち会うためというのだ。これまでも突然のキャンセルはあったが、今回は私的な都合だった。

ストライキでもめているにもかかわらず首席指揮者が不在であること、またこのキャンセルについての賛否が週刊誌を賑わした。まだ、妻の出産のために男性が休暇をとることなどあり得ない時代だった。

小澤は、帰国しない自分に代わって創立以来の協力者だった山本直純を仲介者として立てた。暮れも押し詰まった十二月二十七日、ようやくベースアップと賃金体系の協定が妥結を見た。しかし、妥結したのは形ばかりだったということがのちに判明する。

翌七二年二月、小澤は定期演奏会のために帰国し、ベルリオーズ「テ・デウム」を日本初演、三月六日にはハイドンの交響曲第四十七番を日本初演した。直後に経営者側は、日本フィルに対しフジテレビと文化放送での放送契約の打ち切りを通告してきた。小澤が日本フィルの首席指揮者となって三年目のシーズンだった。

日本フィルを存続させる会

文化放送社長だった水野成夫は、産業経済新聞を買収し、鹿内信隆とともにフジテレビを設立したため「財界四天王」のみならず「マスコミ三冠王」と呼ばれ、フジサンケイグループの土台をつくった。

このグループ首脳のなかでも、グループ会議議長である鹿内信隆の労働組合に対する嫌悪はよく知られていた。鹿内は毎年四月の入社式の挨拶では、例外なくその姿勢を明らかにしていた。

「(フジテレビには) 創立以来八年間労働組合というものがなかったが、二年前に一部の社員と、外部の勢力と結びついた少数の人々によって組合ができた (略) 今後ともあらゆる反体制、暴力行為に迎合する組織とは対決したいとおもうし、それがわれわれ放送人としてやらねばならないほんとうの仕事だと考えている」(『フジテレビ社内ニュース』第一七八号)

「日本を混乱させようとする勢力がいちばん狙っているのが放送施設である。現在そのなかで日本のただ一つの、組合の自由にならない放送施設、それがフジテレビであると私は思う。これは

たいせつなことだ」（同第二八〇号）

日本フィルは鹿内率いるフジサンケイグループの一員であり、財団化され経営は独立していたものの、放送打ち切りの通告は、収入のほぼ半分をしめる経済的な基盤の崩壊につながり、同団の解散を意味していた。ただちに日本フィル労組は組合総会を開き、存続のために立ち上がった。

すばやく反応したのは、日本フィルのラジオ番組「東急ゴールデンコンサート」のプロデューサーだった。文化放送で流されていたこの番組は三月で打ち切りになったが、公開録音のための会場はすでに四月以降も予約されており、支援のための演奏会を開くことを提案してきた。日本フィル定期会員たちも動き出した。七人の会員が発起人となって「日本フィルを存続させる会」が発足し、「ガンバレ！　日本フィル・コンサート」が開かれるようになる。オーケストラの危機をめぐってこうした聴衆運動がおきたのは、日本の音楽史上初めてのことだった。

このなかに、当時、銀行マンだった高田哲夫がいた。一時期、東京労音例会（労音）が日本の演奏団体や演奏家を経済的に支えていた時代があり、労音の会員だった高田は、夫婦ともに同フィルの支援賛同者として名を連ねた。「日本フィルハーモニー協会合唱団」にもくわわり、海外公演の際には個人カンパもした、根っからの日本フィル・ファンである。

「様々な業種でしょっちゅうストライキが起こっていた時代でした。日本フィルの解散では、私たち市民が音楽運動を支援するというより、自分たちが中心になってやっているという感覚でした。芥川也寸志ら文化人も支援し、これは当然のことと考えられていました」

作曲家の芥川也寸志は市民とともに歩むオーケストラの活動に共鳴し、日本フィルの公演プログラムに「日本中のオーケストラの中で、このオーケストラほど、社会的な無知とたたかい、不条理という社会的制裁をのりこえて、人間的なアンサンブルを創っているオーケストラは他にありません」と寄稿している。

高田も労音・日本フィルとともに歩んできた。

「日本フィルの合唱団では、渡邉曉雄先生のことをアケ先生といっていて、アケ先生の指揮のときにはよく当時の皇太子と美智子さまがみえていました。いろいろな指揮者で歌いましたが、アケ先生だけは、我々に対してもそれなりの音楽をやる人間という扱いをしてくれているのをひしひしと感じました。偉い方、紳士としかいいようがない。アケ先生は四十九歳の誕生日で引退されたのですが、その演奏会のときには、合唱団はこっそりふつうの聴衆に混じっていて、合唱が始まるときには突然立ち上がって歌い始めるという演出で驚かせました」

田邊稔は、フジテレビ発足時の会長で経団連会長の植村甲午郎を頼ったこともあった。

「朝駆けで朝の八時半ごろ、ご自宅を訪ねて、日本フィルを潰さないでください、とお願いしたんだけれど、なにもおっしゃらなかった。この時期には日本船舶振興会の笹川良一さんの側近が直接組合に来て、委員長の吉川に、援助するから組合の旗を下ろせ、いったいいくらいるんだ、などと言ったという話や、ジャーナリストの俵孝太郎さんだとか、優良企業だったパイオニアが関心をもって一億円なら出すとか、いろいろな申し出があった。しかし、決定的なスポンサーは見つからずに終わりました。期限を区切られていましたから、焦りもありました」

日本フィルは三月以降も定期演奏会を続け、民音主催の演奏会、レコーディング、存続させる会主催の「ガンバレ！　日本フィル・コンサート」など、これまでと変わらず月に十回の演奏会を開いた。日比谷野外音楽堂においては「市民にもっと音楽を。日本フィルを守ろう」のスローガンによる集会も開かれ、日本演奏家協議会所属の音楽家や、聴衆、支援労組らが、音楽を演奏しながら銀座から八重洲口まで行進した。

五月四日に創立オーナーの水野成夫が七十二歳で逝去すると、理事会は新スポンサーも見つからないとして、六月三十日に日本フィルを解散すると記者発表した。楽員みなが財団の解散は必至のものと思うようになり、演奏会場は一回ごとに悲壮感のこもった熱気に満ちてきた。

このころから楽団内部に労組とは異なった方法で、オーケストラを存続させようとする動きが、管楽器首席奏者の非組合員によって推進されはじめた。

三月に離日した小澤は五月に再び帰国したが、この演奏会が日本フィル最後のコンサートになるかもしれなかった。小澤の帰国に合わせて、練習所では楽員全体会議が開かれた。しかし、列席した小澤は、意外にも戦術転換を求めてきて、財団を解散したうえで「自主演奏団体としての日本フィル」を提案した。新スポンサー探しのために組合の活動を停止しなければならないという条件もつけた。しかし、この全体会議で確認できたのは、「スポンサー探しを続け、七月以降も日本フィルを存続させていこう」という一点だった。

六月三日に再度、全体会議が開かれ、小澤は記者会見にのぞんだ。

「読売新聞」のコラム〈人間登場〉に「だれかが助けてくれる」と題する小澤の記事が掲載され

ている。途中から引用する。

「援助がなくなったからってやめちゃうわけにいかない。そこで楽団員の自主運営にしていこうと思ってる。これも援助なしじゃ長く続くわけネエんですが、やれるところまでやろう。そのおなかの底では、絶対だれかが助けてくれるにちがいないと、思っているわけですよ。たとえば、(略)そのうちには町の会社が五十八階のビルを建てるところを三階分だけ節約して、その分のお金回してくれるとか、ジェット戦闘機なんか将来絶対使わないんだから、練習用には木でこしらえたので間に合わしてくれるとかしてですね」

昭和天皇直訴事件

しかし、スポンサーは現れず、焦燥感がつのった小澤は、突飛な行動に出る。

時は、日本赤軍がテルアビブ空港乱射事件を起こした直後で、新聞では赤軍派への捜査状況などが刻々と報告されていた。日本人がアラブ社会に関与し、テロリストが一般市民を無差別襲撃したこの事件に世界中で非難が巻き起こり、日航機を爆破するという脅迫電話がパリ、ローマ、ニューデリーなどで相次いでいた。

そんな記事のわきで小澤の写真が踊ったのだ。六月七日の夕刊には、五段抜きの写真を掲載している新聞もある。記事はその日の日本芸術院賞授賞式の様子を伝えていた。

この七二年の受賞者は歌舞伎役者・十三代目片岡仁左衛門や作家の宇野千代ら九名、そのなかに最年少で三十六歳の小澤征爾がいた。授賞式は天皇陛下の列席のもとにとり行われ、式の前には陛下が陳列室で受賞者の作品などをご覧になる。

さて、小澤の受賞対象となった海外録音のＬＰレコードや指揮姿のパネルが陳列されている前に陛下が近寄ると、突然、小澤は直訴に出た。

「陛下、日フィルを助けてください。指揮者はオーケストラあっての指揮者です。指揮者が国家から最高の賞をうけながら、そのオーケストラがつぶれそうというのでは、せっかくの受賞も複雑な気持ちになってしまいます」（「読売新聞」）

写真は、院長から賞を授与され、こちらを向いて立ち去ろうという小澤の斜め後ろに陛下が正面を向いて着席している構図である。それは小澤の型破りな姿をとらえている。

モーニング、羽織はかまなどの礼服にまじって、布のショルダーバッグを肩にかけ、白いタートルネックのシャツと黒カーディガン、トンボめがね、首にはネックレスをつけている。

「陛下、いま音楽界には悲しいことが起きています。日本フィルが演奏できない状態です。陛下が直接〝こうしろ〟とは命令できないでしょうが、どなたかにお話ししてください」（「毎日新聞」）

これに対し陛下は、「うん、うん」とうなずいて聞いたという点は、各紙とも一致している。

天皇直訴というと、昨今では山本太郎参議院議員が出席した園遊会の場で、天皇に手紙を渡したことが問題になった。原発事故を内容とするこの手紙は、天皇の政治的利用などと物議をかもし批判を浴びた。しかし、小澤の直訴事件のほうは話題になりこそすれ、マスコミの非難を浴びることはなかった。これは今より左傾化した時代だったためか、小澤が政治家でないためと考えられる。

「ふだん着で受賞」とキャプションをつけた毎日新聞では、布バッグは日本フィル再建のカンパ袋、カーディガンは愛妻の手製、ネックレスは父親をしのんでの数珠代わりで、すべて〈小澤式礼服〉にもとづくものだったと詳細を書き、真っ黒なトンボ眼鏡は数日前から悩まされていた蕁麻疹のためで、列席した宮内庁の役人ばかりがハラハラしていたと結ぶ。

このころの小澤はサンフランシスコでは、腰にサッシュベルトを巻くような姿でも舞台に登場している。

授賞式後にも「陛下は本当にわれわれのシンボルだと思います。しかし、われわれがなかなか近寄れないのは、まわりの人が悪い。周囲の人が変われば陛下のよいお人柄がさらに国民に近くなるのではないか」などと口にした。佐藤栄作首相に請われて初代文化庁長官となった今日出海《こんひでみ》が「さかんにやっていたなあ」と小澤に話しかけると「してはいけないものなのでしょうか」と応え、今長官も「きみならいいよ」と笑って返したらしい。

小澤はどんな場所であろうと、物怖じすることはない。相手が天皇であろうと誰であろうと、気にかけない。このあたりの破天荒さと神経の図太さは、現代日本の若者の及ぶところではない。

群馬交響楽団の丸山は、この天皇直訴事件のあとに、つぎのような手紙を小澤に宛てて書いている。

〈日本フィル問題に関してのあなたの動きを、私は私なりに興味深くみてまいりました。私は、あさからぬ因縁をあなたに感じている者なので、あなたの言動に、無関心ではいられなかったの

です〉

大正はじめ生まれの丸山と、昭和生まれの小澤の天皇に対する価値観の違いはどうにもならない断層があるとし、それには触れずに綴っていく。

〈小沢さん、あなたもよくごぞんじのように、群響の過去も、弱った、こまったの連続でしたが、それを、まがりなりにも生きられたことは、その時に、われわれなりの計画を持ち、こうしてくれれば、こうなると説明し、うったえてきたことに、一因があったように思います。

しかるに、あなたは「指揮者には、オーケストラが必要であり、そのオーケストラがこまっているから、なんとかしてくれ」といっているように、はたからみていると、みえます。しかし、それだけでは、いわれたほうも、どうしてよいかわからず、こまると思います。

あぶなくてこまっているのは、日フィルだけでなく、日本のオーケストラのほとんどであり、みな苦労の連続です。

私が、具体案を持つことを強調するのは、日フィルの再建が、日本のオーケストラの興隆に役立ち、全楽壇がわがこととして、日フィルの再建をのぞむことを念願するからにあり、具体案を持たないと、ある場合は、単なるポーズにすぎないと、逆に誤解されることすらあるからです。

そこで私は、私なりの案を提示したいと思います。結論を先にいえば、小沢征爾氏が、日本フィルハーモニー全員とともに、仙台に移住し、東北六県を根拠に、東北交響楽団を名のることです〉

丸山は東京と地方の格差是正が急務だと主張し、日フィルの代表としてこの大移住の実現のために、文化庁や政治家に働きかけて協力を要請すべきだと主張した。各広域圏ごとにオーケストラがあるが、東北だけにはなく、しかも各県は立派な演奏会場を持っている。
「小沢征爾指揮の、日本最高水準の技術を誇る交響楽団が、東北の名において六県を巡回するのです。一千万の人達は、われらのオーケストラとして、かならずや歓迎してくれるでしょう。〝世界の小沢〟ということを、見聞きします。日本から〝世界〟が生まれることとはうれしいことです。その世界の小沢の、精魂こめた演奏は、東京ではきくことはできない。東京の批評家も、聴衆も、東北まで行かなければ、書くことも、きくこともできない。経済開発のためといわれる東北新幹線も、高速道路も、そのときは、新しい時代の息吹きに躍動するでしょう。（略）だが、『今までふっていたオーケストラが、解散しそうだ。なんとかしてくれ』というだけでは、小沢征爾らしくない。（略）
音楽家が、音楽を通じ、音楽をこえて、歴史や社会に発言し、前進する姿を、小沢さん、あなたなるがゆえに、私は期待するのです」（『わが胸に泉あり』より）
この丸山の試案に小澤は応えなかったが、まもなく丸山自身が実現した。
群馬交響楽団の財政的基盤として活動範囲を関東甲信越に拡大することに乗り出し、財団法人を設立してベルリンにヴァイオリニスト豊田耕児を訪ねて説得し、内外から集めた講師たちの講習会と、彼らの演奏会の二本柱からなる草津音楽祭（現・草津夏期国際音楽アカデミー&フェスティヴァル）を一九八〇年から開催しはじめたのだ。これは日本で最初の夏のアカデミー&フェスティヴァルから成る音楽祭で、美智子上皇后は毎年この音楽祭に出向いた。ワークショップにも参加し、二〇一九年には、オーストリアのフルート奏者とのデュオでピアノを奏した。

サイトウ・キネン・フェスティバルを開催しようとした時小澤は、地方でという発想があった。丸山の思いは受け止めていたのだろう。すでに草津国際音楽祭は根付き、世界の演奏家にとって草津の講師になるのは栄誉とされていたから小澤は呻いた。

「草津の音楽祭も丸山さんが始めたのか」


七二年六月十六日、日本フィルとしては最後になるかもしれない第二四三回定期演奏会を迎えた。小澤の指揮で、曲目は皮肉にもマーラーの〈復活〉である。

〈おお信じよ　おまえは目的なく生まれたのではないと！

目的なく生きたのではなく、苦しんだものでもないと！

生成したもの、それは消え失せるものだ！

消え失せたものは復活するもの！〉

このとき楽員たちは小澤と一体だった。

田邊稔は「小澤さんは彼らしい天皇直訴に及んだけれど、オーケストラを愛した気持ちはこの演奏会に昇華され、その場に居合わせた者すべての心に深く刻まれました」という。

六月三十日、財団解散が許可され、従来の日本フィルによる定期演奏会はこれが最後となった。自主運営を決意していた同団は、即日、財団解散の承認取り消しを求める行政訴訟をおこした。しかしフジテレビは、ただちに曙橋の練習所のあるビルから楽員たちを立ち退かせようとした。

一階の喫茶店を除き、二階の財団事務局は早々と退去し、二階の楽員事務所と四階の練習所には鍵がかけられた。組合は三階の楽員控え室だけは死守しようと、夜間も交代で宿泊するようになった。

翌七月一日、一人の新聞記者が訪ねてきて、同日夜に東京・新宿の厚生年金会館で新オーケストラ旗揚げの記者会見があると知らされた。

首席指揮者に小澤、指揮者団幹事に山本直純を擁するオーケストラで、名称が「新日本フィルハーモニー交響楽団」だとのことである。寝耳に水の報は楽員たちを驚かした。

日本フィル分裂

小澤の天皇直訴事件のあと、楽団では二つの意見が対立していた。あくまで闘う姿勢の労組幹部主導の日本フィルと袂を分かって、組合員となっていない管楽器首席奏者を中心として、小澤の意向に沿って財団解散を認め、新たなオーケストラを結成しようとの動きが出ていたのだ。

新オーケストラ設立にむけての署名要請には、〈新しいオーケストラが「日本フィル」の楽団名を使い、事務所、練習所を使い、楽器、楽譜、備品などをもらう〉などの事項がならび、小澤も、この新オーケストラへの賛同を表明した。山本直純は斎藤秀雄にもいきさつを説明しており、楽員たちが斎藤を訪ねている。

「日フィルの奴がね、自分たちはいい音楽をやりたいから、あなた顧問になってくれって来た。

喜んでなりますよ、僕は音楽だけに忠実なんであって、いいもの創りたいって意欲ある人は非常に援助するけど、そうじゃない、生活のために音楽をやるって奴は愚の愚だと思うって話しましたよ」（「子供のための音楽教室」広島分室講義録）

斎藤は「音楽のために死ね」というほどの芸術至上主義者である。「僕は道楽だとか趣味はない。朝から晩まで教えてたもんで教えることすなわち道楽」といい、弟子をとっても、自分が教えたければ「実験だ」といって月謝は受け取らなかった。山本直純は自分の時代には誰も月謝を払っていなかったと回想した。

こうして七月一日午後九時半、新宿・厚生年金会館で「新日本フィルハーモニー交響楽団」の旗揚げが発表された。渡米中の小澤からは「新日本フィルは、より国際的なオーケストラ活動をめざしたい」とのメッセージがテープで流された。管楽器奏者を中心に三十三名が移った。一方、日本フィルにはコンサート・マスターのルイ・グレーラーをのぞく弦楽器奏者たち五十三名が残り、ほぼ分裂といっていい状態になった。日本フィル財団が所有していた大型楽器は、新日フィルに行った管楽器奏者が抑えて持って行った。そのほかは楽器商に売られて処分された。棚におさめてあった楽譜そのほかは、ミリオンコンサート協会の小尾旭が財団側から買い取り、このなかに小澤と組合側とのテープも含まれていたわけである。

楽員控え室を占拠されたフジテレビ側は「建物明け渡し請求仮処分」を東京地裁に申請し、同ビルへの電力供給が停止された。日本フィルは空調もなく、夜は山小屋で使用するランプの光で演奏活動準備を続けた。

七月四日には「存続させる会」総会があり、演奏が行われた。ルイ・グレーラー以外の弦楽器奏者は残っていたために、バーバーやチャイコフスキーの弦楽曲が演奏された。その十日ほど後には第四回のガンバレ・コンサート、さらに二週間後とガンバレ・コンサートは続き、渡邉曉雄も登場した。

八月になると、楽員控え室ではロウソクの灯りを頼りに、支援者や地域の住民を迎えて室内楽演奏会が開かれるようになり、それは「キャンドル・コンサート」と呼ばれた。

東京文化会館事務局からは、新日本フィルの演奏会の申し込みがあったと教えられ、これがかえって日本フィル楽員たちの心を燃やした。世論は多くが日本フィル寄りだったのである。日本フィルは多くの音楽団体や文化団体、労組をはじめ、公会堂を借りてきた縁から杉並区住民の支援を受け、「市民のためのオーケストラ」をスローガンに、「日本フィルハーモニー協会」という独自の聴衆組織をたちあげた。

財団解散後初の東京文化会館での第二四四回日本フィル定期演奏会にも、渡邉曉雄が指揮台に立った。オール・モーツァルト・プログラムである。管楽器奏者が揃っていなかったという事情があった。田邊稔は回想している。

「オーケストラを割ってはいけない、と小澤さんと山本直純さんが鹿内信隆さんに会いにいくといってくれたのですが、結局、話が通りませんでした。

小澤さんは、当初、どうしてユニオンがないのか、ユニオンがあれば安心して演奏活動に専念できるという表現で、組合をつくれと簡単にいっていたのですけれど、日本では問題が起こったら、それぞれの組合で対応しなければならず、簡単なものではなかった。まあ小澤さんも日本での組合のあり方を知らなかったというか。

日本フィルは営業から全部自分たちでやりはじめました。数人で突然、工場に行って演奏を始めるようなこともして、音楽とはそういうものかと色々な方が演奏会を企画してくれて支えてくださいました。財界人のところにも訪ね、特に日本航空の高木養根《やすもと》社長は恩人といっていい。理事長をつとめてくれ、個人でも毎年百万ずつ最期まで寄付してくれました。亡くなられたときお家へ伺いましたが、これが日本航空の社長の家か、という質素なものでした」

この後、日本フィルは財界に広く寄付を募り、支援体制を整えていった。

「当時は忸怩たる思いがあったけれど、今は遠い昔のことになりました。両方のオケがなくなることもなく、それぞれの道を歩むことができましたしね。二〇一一年には日本フィルが関係しているアフィニス文化財団から、渡邉曉雄音楽基金の特別賞を小澤さんにあげてはどうかということになり、小澤さんにもらう気があるかと連絡すると、もらうということで授与し、一緒に記念写真にも収まりました」

当時からのしこりは時を置いて、一応解決を見た。

今もオーケストラの運営は厳しい、と日本フィル理事長の平井は語る。

「N響はNHK、都響は東京都、読響は読売グループ三社などから資金が出て、新日本フィルや東京交響楽団、東フィル（東京フィルハーモニー交響楽団）などは一大企業がバックについている。各オーケストラには国からは一億円の助成金が出るが、一年間の運営には十三億円かかる。年間のコンサートは百五十回を超えるが、日フィルは、田邊さんたちの時代からのベ三十六万件の小口の寄付を集めて頑張ってきました。このオーケストラは市民オケとしてやってきた矜持がある。受託公演と自主公演が主たる財源で、昔から応援してくれた団体も残っていて、九州公演は五十年も続いている。他は、ガマ口開けて千円入れてくれて、足りないかな？　と言って、さらに千円を、とそんな意識で応援してきてもらった。

銀行出身の僕は音楽を知らない野蛮人で通しているけれど、運営に関わることになったのは、若い楽員たちも来てくれと言ってくれて、日本フィルを好きになっちゃったというのが一番大きいですね。

東日本大震災後、〈被災地に音楽を〉を開始して三百四十回以上の室内楽演奏会をしてきました。募金を募って出かけて、汽車を降りてから三時間しないと着かないような所です。地べたに這いつくばって皆とやっていく遺伝子が、日本フィルには流れていてね。もちろん一番大切なものは技術。得意なものがないと市場に埋没してしまうし、楽員の給料も最低限の保証をしたい。それができなければ解散という覚悟です。

日本フィルは、心のひだに魂を通わせて、人に寄り添うことを大切にして音楽を築いてきたし、これからもそうでありたい」

日本フィルという一つのオーケストラは分裂した。小澤は自分のオーケストラと認ずる、その名も「新」日本フィルハーモニー交響楽団を本拠地とすることになり、分裂直後の七月一日にその創立を発表した。

第5章

新日本フィルとボストン響

新日本フィルハーモニー交響楽団結成

一九七二年六月の日本フィル解散直後の七月一日、「新」日本フィルハーモニー交響楽団の創立が発表された。小澤と山本直純の掛け声のもとにできた、楽員による自主運営のオーケストラである。

約二ヶ月後の九月十五日には小澤が帰国して、東京文化会館で「結成披露演奏会」を開いた。団員は四十人に及ばず、弦楽器奏者はコンサートマスターのルイ・グレーラー以外日本フィルに残ったから、斎藤秀雄を通して桐朋の奏者を送ってもらうことになった。曲目は弦楽器が少ない編成でも聴き映えのするベルリオーズやラヴェル、水野成夫の追悼を兼ねてベートーヴェンの交響曲第三番「エロイカ」などを選んだ。アンコールはワーグナーの楽劇「ニュルンベルクのマイスタージンガー」の抜粋で、第一歩を刻んだ。

その一週間後の第一回定期演奏会のプログラムでは高らかに音楽追求の姿勢を宣言している。

〈新日本フィルハーモニー交響楽団（略称N・J・P）は、日本の交響楽運動に新しい可能性をひらこうと、二つの理想をかかげてここに発足いたします。N・J・Pの二つの理想とは、オーケストラの世界を広く国民に向かって開かれたものとすること、そして、それを通じて広い基盤によって支えられたものとすることです。（略）

N・J・Pは、小沢征爾を首席とする若く強力な指揮者団のもと、全メンバー精進を重ね、旧日本フィルを上回る芸術的水準にささえられた定期演奏会、特別演奏会、地方演奏会を開きます。また来春、香港音楽祭に参加するのをはじめ、秋の国連デーにはニューヨークの国連本部での記念演奏を実現するなど、活発な国際活動を展開します。（略）

十月からのTBSテレビ新番組〝オーケストラがやって来た〟にレギュラー出演するのをはじめ、テレビ・ラジオ・録音活動も精力的に実現します。（略）

新しい音は、新しい風によって運ばれなければなりません。N・J・Pは音楽のうえでは新しい音の、オーケストラ運営のうえでは新しい可能性を追求して、力を尽くす決意です。皆様方のご鞭撻、ご支援を、いただきたいと存じます〉

この宣言文は、山本直純、フルートの峰岸壮一、ティンパニの山口浩一ら数人の幹部と、文化放送のキャスター俵孝太郎が起草したものだった。峰岸壮一は、感激で涙を流したことを覚えている。

「いろんな苦労はしたけれど、小澤さんや直純さんと一緒に音楽をやろうという、同じ志を持ったメンバーが集まった新日本フィルで、お客様や周囲のたくさんの方々に支えられた。ちょうど四十歳になったところで、慶應時代の仲間が働き盛りでいろんな会社にいたから片っ端から回りました。妻が夏物のスーツを新調してくれてね」

宣言文こそは意欲に満ちていたが、当初の給料は日本フィル時代より二万円ダウンの月四万五千円である。メンバーは時に営業マンにならなければならなかった。

第一回の定期演奏会の曲目は、オール・ハイドン・プログラムである。弦楽器奏者が足りなくてハイドンしか出来なかったという事情もあった。

ここに登場したのが、チャイコフスキー国際コンクールやカサド、ミュンヘンなどの国際コンクールで入賞し、二十世紀最高のチェリストと言われるパブロ・カザルスにも師事してカーネギーホールでデビューを果たしていた斎藤門下の岩崎洸《こう》だった。

「留学から帰国して初めて東京文化会館でサン＝サーンスを弾くことになった時、わりと人が入っていました。そこに斎藤先生がいらして『君ね、この中で音楽がわかるのは百人しかいないんだよ』という。お客にいくら拍手されても、惑わされるなよという意味の戒めでしょう。新日本フィルで小澤さんと共演した時、練習では小澤さんの言うように弾いていたのだけれど、一般受けしなくていいという斎藤先生の教えが頭にあった。やはり小澤さんの指示は違うと思って、本番では自分が弾きたいように弾きました」

小澤は演奏終了後、「洸ちゃん、本番でヤリやがった」と言ったらしい。

第三回定期のソリストにも斎藤門下が招かれている。山本直純の指揮によるブラームスの二重協奏曲でヴァイオリニスト潮田益子が登場した。潮田は十三歳で東京交響楽団と共演し、エリザベート王妃国際コンクール入賞、チャイコフスキー国際コンクールで第二位をとった。小澤には「征爾さん、振りすぎよ」などと遠慮なく発言した。桐朋の同窓生たちは小澤にとって終生、手強い相手で、どうにも一筋縄ではいかなかった。

十月には、新日本フィルがレギュラー生出演するTBSのテレビ番組「オーケストラがやって来た」も始まった。スポンサーは佐藤栄作が電気通信大臣時代に郵政省の外郭団体として設立した日本電信電話公社（NTTの前身）で、テレビ出演によって楽団は収入を得ることも、名前を知らしめることもでき、何よりクラシックの楽しさをお茶の間に届けることができた。

新日本フィルで運営に関わった松原千代繁は言う。

「この番組は、そもそも山本直純さんと、テレビマンユニオンの萩元晴彦の友情から始まった。企画原案・音楽監督は直純さんで、プロデューサーの萩ちゃん（萩元）が自由学園初等部からの同窓生。萩ちゃんとしてはアメリカで放送されていたバーンスタインの〈young people's concert〉の日本版を作りたいと思っていた。それには直純さんのような知恵袋と小澤さんのような一種の天才が必要だった。何と言っても直純さんのアイディアだったけど、番組の話は二年ぐらい前から進んでいて、ひょっとするとこの番組は日本フィルにいく可能性もあったかもしれない。

週一回の生放送で、萩ちゃんは、山本直純というのは音楽を社会化し、小澤さんは社会を音楽化したと言って、新日本フィルの存続には山本直純さんが欠かせなかった。解散でゼロになるはずだった楽団が二つになったのは、それだけ東京が巨大な胃袋を持っていたということだね」

山本直純のマネージャーとなったミリオンコンサート協会の小尾旭は、新日本フィル設立も後押しした。

「小澤さんのもとでやろうと思って、楽員がつくったオーケストラが新日本フィル。直純さんは日本フィル時代から楽員側に立って会社側と交渉もし、斎藤先生とのパイプ役でもあった。私も神輿をかついだ一人で、創立から十年間、新日本フィルに関わりました。同フィルの事務局は、私が森ビルの森（泰吉郎）さんに頼んで西新橋第二森ビルを貸してもらった。また、フジから買い取った曙橋の練習所の壁一面の資料のなかには、日本フィルの会員名簿もあって、九月の旗揚げ公演の時には、会員宛に案内を出すことができた。でも日本フィル贔屓の会員もいましたね。九月になって日フィルから名簿を見せろといってきたけれど、森ビルにたてこもって鍵をかけてしまった」

そう思い出して笑うほど、小尾にとっても昔の話となった。

「あとで、そのコピーをとってあげて日フィル側に渡しましたよ。両方のオケが同情を受けたわけで、両方の会員になった人もいた。旗揚げ公演では、東京文化会館の会場費、宣伝、印刷、定期会員のチケットのことなど、財政が整うまではうち（ミリオンコンサート協会）が全部充当しました。首相の佐藤栄作が絡んだ日本交響楽振興財団は新日本フィルを助けるためにできましたが、その後、江戸英雄さんの尽力で、ほかのオーケストラへの援助も組み入れ、江戸さんが第二代会長につきました」

日本フィル時代には上手くいかなかった財界による交響楽団への経済的支援である。これは小澤の天皇直訴をきっかけとして時の総理大臣佐藤栄作が、経団連に直々に協力要請をしたからだった。さっそく会長の植村甲午郎が新日本フィルの救済と交響楽の普及を目的として、日本交響楽振興財団を設立した。初代会長には植村が就いた。最初の事業として、翌七三年五月に日比谷公会堂にて新日本フィル出演による財団の設立記念演奏会が開かれた。

新日本フィルは法人会員も募り、創立当初の五社には「三井不動産江戸英雄」の名前があった。個人会員は五名で、桐朋学園の父兄の名前が並んだ。

小澤は、長女京子との離婚後も江戸との関係を続けていく。しかも、躊躇せずに頼みごとをしてくる。むしろ京子の方が父に、「何もそこまでしてやることないのにと思うこともあった」と回想するのである。

小澤と山本直純は日本船舶振興会の笹川良一も訪ねている。佐藤首相から笹川に話は伝わっていて、振興会から経済的支援を受け、振興会主催の演奏会も企画されるようになる。小澤は政界財界の支援を受け、日本でのポストも盤石となった。


さて、海外での小澤は、バカンスを取る外国人指揮者をよそ目に、世界の夏の音楽祭でフル稼働していた。タングルウッド、ザルツブルク、ルツェルン、ヘルシンキとその場は広がり、暮れには帰国してテレビに出演して、新日本フィルの定期公演や第九を振り、翌年二月には新日本フィルを率いて〈香港音楽祭〉へも向かった。

小澤が年に三回ほど帰国すると、梶本音楽事務所の担当の中根俊士は、「朝から晩までという感じで、（私は）他の仕事ができないくらいに忙しかった」と振り返っている。

中根は演奏会の調整やインタビュー依頼をさばいた。東京に自宅がなかった小澤はホテル住まいで、テレビ収録もあり帰宅は真夜中という生活が一、二週間続いた。地方公演のために迎えに

モーストリー・クラシック提供

野球好きの小澤は楽団対抗のソフトボールの試合にも出場

行くと何の準備もしていない。日常的な仕事は新日本フィルの担当者がこなしていたが、中根も加わって旅行の支度から始めなくてはならなかった。

一九七四年十月には、桐朋オーケストラが二度目のアメリカ演奏旅行を実施し、ニューヨークの国連記念式典に参加するというので、海外演奏旅行に出かける新日本フィルも合流することになった。曲目は大曲のリヒャルト・シュトラウス「ドン・キホーテ」である。

斎藤秀雄が指揮する予定だったが、この年、斎藤は桐朋学園の役職から退き、秋山和慶に学内でのオーケストラ主任というポストを譲っていた。秋山はヴァンクーヴァー交響楽団音楽監督となっており、さらにレオポルド・ストコフスキーからニューヨークのアメリカ交響楽団音楽監督を引き継いでいた。小澤は帰国すると桐朋のオーケストラの訓練に、さらに新日本フィルでも「ドン・キホーテ」の練習を積み重ねて国内演奏旅行に向かった。

この曲にはドン・キホーテ役のチェロと従者サン

チョ・パンサ役のヴィオラの掛け合いがある。斎藤門下の堤剛、今井信子らが起用された。

桐朋オーケストラの演奏旅行はアメリカ東海岸から始まることになっていた。ところが、斎藤は出発直前の九月に逝去してしまった。ボストンでは急ごしらえの追悼演奏会が開かれ、この時指揮台に立った小澤はある曲を演奏した。それは師斎藤秀雄がオーケストラの課題曲として必ず取り上げた、学生たちに共通の思い出がある曲である。

嬉遊曲、鳴りやまず

遡って七三年に小澤が帰国した時、斎藤はすでに腹痛を訴えて不調を抱えた状況だった。しかし小澤には「君のラヴェルはアメリカ式で歯ごたえがありすぎるんじゃないか、フランスの作曲家の曲なんだから、もうちょっと匂いがあるんじゃないか」「ドン・キホーテは、君はテーマを歌いすぎだ」と批評の矛先を鈍らせず告げた。

一方小澤のいないところでは、「小澤もよくここまで伸びたな、と思ってね。あまり伸びすぎると楽しみがなくなっちゃう」と、愛弟子の成功に眼を細めてもいる。

「でも、わかんないですね。案外、悪趣味になるかもしれないし、トスカニーニが年取ったら悪趣味に変わったみたいに。凝り固まっちゃうのは六十過ぎだからね。小澤が六十過ぎになったら、頑固じじいになるかもわからないから。

人間歳とると、二つの変化があるように思うんですけどね。ひとつは非常にくだけてきて、酸いも甘いもわかってくだけてくる人間とね。ある戒律に自分をがんじがらめにして、堅い人間になっちゃって、頑固親父になるのと二つあると思うんですよ。小澤もどういうふうに変わってくるか。そうならないでくれと思う。あるいは、どっちみちやったって、皆わかりゃねえから、もうこのくらいでいい、なんてのも中途半端。金さえはいりゃいいなんて思うのもねえ。世界中に悪いオーケストラはなくて、悪い指揮者しかいないってこと」

斎藤は存分に話し、最後には斎藤節が極まっている。最晩年、「子供のための音楽教室広島分室」で行われた講師に向けての講義からの引用である。事務局長大畠弘人はその講義を録音し、青焼きにしたコピーを冊子にしていた。

その後、本人にも弟子たちにも病名が伏せられたまま斎藤は手術を受けた。しかし、大腸がんはすでに他の臓器にも転移していて手のほどこしようがなかった。もともと痩せている斎藤の体はさらに痩せていった。

七四年六月に小澤が帰国し、山本直純、ヴァイオリニストのアイザック・スターンとともに「オーケストラがやって来た」に出演した。小澤はこの時のことを強烈に記憶していた。

「斎藤先生はスターンの音楽に感心していて、一緒に日比谷公会堂のコンサートに行ったことがあるのよ。その時スターンに楽屋で会っている。アイザックのほうでもすごく斎藤先生のことを尊敬していた。その前から聞いて知っていたんだ」

アイザック・スターンは、演奏会が始まる前にステージの袖から客席を見て、「サイトウが一番前の席にいる」と緊張して震えていたという。斎藤の名前は、多くの名手を弟子から輩出したことや、『指揮法教程』の英語訳、国際指揮者コンクールでも世界に轟いていた。

小澤と山本は自宅療養中の斎藤を訪ね、スターンを引き合わせた。斎藤は、次に来た時には桐朋のオーケストラと共演してほしい、とスターンの手を握りながらいった。小澤と山本はスターンとの約束を取りつけ、これが斎藤への唯一の恩返しだったと泣いて抱き合った。しかし斎藤の病状は悪化し、再び入院してしまう。

夏になり、桐朋の志賀高原でのオーケストラ合宿の日が来た。

「男には命を賭けても実行しなくてはならないことがあり、やらなくてはいけない時というものがある。今がその時だ」

斎藤はすでに車椅子だったが、病院を抜け出して、看護師をしている姪と車で志賀高原に向かった。しかし、練習時刻が来ても旅館の蒲団から起き上がることはできなかった。

合宿初日、斎藤が来られないことが伝えられた。生徒たちの顔には沈痛な表情が浮かんだ。まだ学生だったヴィオラ・トップでインスペクターに選ばれていた店村眞積が斎藤の痩せた足をさすっていた。ほとんど血の気がなく、木の枝のように乾いていた。

合宿二日目に、車椅子を押されて斎藤が現れ、秋山が振ることになっていたチャイコフスキーの「弦楽セレナーデ」は自分が振ると言い出した。秋山は体に障るといったが、斎藤は退かずに譜面台の前にすわった。生徒たちの視線が集中した。

「ごめんね、……僕は体がもういうことをきかない。手がこれくらいしか動かないんだ」

秋山とともに指揮の尾高忠明が恩師の背中を見つめていた。

生徒たちはわずかの手の動きの中に、あらゆる音楽を読み取ろうとしていた。セレナーデの出だしはフォルテであり、常日頃から斎藤が指揮は「激しく振り下ろせ」と言っていたところだった。秋山が振り返る。

「斎藤先生の手はちょっとしか動かなかったので、うまくいかなかったりしたところもあったのですが、尊敬する斎藤先生が、もうこれしか動かない、っておっしゃった時の音、あれだけ育ててきた桐朋の最後のオーケストラの音は最高でした」

「歌え、歌え、もっと歌え」

第三楽章の悲歌（エレジー）では、立ち上がらんばかりの熱のこもった声を張り上げた。それは病に苛まれた指揮者の声でなく、かつて音楽のために声を荒げ、怒りのために眼鏡を投げた斎藤その人のものだった。

「お弔いの曲だと思って弾いて」

葬送の歌を歌う静かな葬列の情景で始まり、ヴィオラとチェロのピッツィカートに乗ってヴァイオリンが歌い始めるところに来ると、これは故人の一生を語り始める場面だと言った。最初は静かに、そしてだんだん感情が激してくると付け加えた。「まるで先生が自分の生涯を語っているようだ」とその場に居合わせた生徒たちは感じ、溢れる涙が楽器を濡らしていくことも気づかずに演奏していた。

合宿の最後の晩にはコンサートが開かれた。志賀高原の旅館「天狗の湯」には湯治客がいて、彼らが聴衆だった。

斎藤はモーツァルトの「ディヴェルティメントK136」を振った。上がらなくなった腕の動きを補うかのように唸り声をあげた。

このディヴェルティメントこそ、斎藤と楽員の心が一つになった稀有なモーツァルトだったと、生徒たちは必ず回想するのだ。

「アンサンブルは時間の一致じゃない、心の一致だ」

これまで頭をつかってうるさいほどに分析をしてきた斎藤の、音楽の真の目的はここにあった。

「僕がいうとおりに弾かなくていいんだ。自分で音楽を楽譜から読んで、自分の心で自分の意見として弾けるようにならなくてはいけない」

完璧な曲の演奏を終えた斎藤は、生徒たちに部屋まで送られた。誰もひとことの言葉も出ないような状態だったが、すぐに部屋にひきあげる気持ちになれずにいた。

湯治客の一人が、演奏の感激を伝えようと秋山に言葉をかけてきた。

「今晩は本当にすばらしかった。ありがとうございます。ところで、ディヴェルティメントというのは、お別れの歌という意味ですか」

ディヴェルティメントは嬉遊曲と訳されている。十八世紀後半に流行した軽快そのものの楽曲のはずだった。この言葉でそれまで抑えられていた感情が噴き出して、生徒からは慟哭と嗚咽の声が漏れた。

小澤はこの時の話を聞き、その最期の演奏のダビングテープを世界中、持ち歩くようになるのである。

「そんなに早く死にやしないよ。アメリカに行ってから死ぬんだ、そうじゃないと死ねない」

斎藤はこの頃には「死」という言葉すら平気で口にしていた。しかし、それが叶うことはなかった。九月十八日、斎藤は七十二歳で永眠した。

その前日には小澤、秋山、山本、岩城宏之らに囲まれて、最後の言葉を発した。

「君たちに謝らなきゃいけないことがある。いつも怒っていた。それは引き出しが足らなかったからだ。教え方には方法があるはずだが、本当にごめんね」

そうして閉じられた眼は二度と開くことはなかった。

ニューヨークで行われた十月二十四日の国連デー記念演奏会は、桐朋と新日本フィルの合同演奏だったが、小澤はプログラムの始まる前に、まず桐朋のメンバーだけでこの場にいるはずだった恩師に捧げる「ディヴェルティメントK１３６」を再び奏した。

これ以降、小澤は斎藤門下の「テーマソング」として、ことあるごとに演奏していく。

さて、新日本フィルはその後カーネギーホールで演奏を打ち上げ、ヨーロッパに移って二十三回の演奏会を持った。ロンドンのロイヤル・フェスティバル・ホール、パリのシャンゼリゼ劇場など、ヨーロッパの名だたる劇場である。非常に盛況で、小澤は思わず「名前も聞いたこともないオーケストラだろうによくお客が入るねえ」と口にしたほどだった。おそらく財界から日本のヨーロッパ駐在員たちに連絡が行っていたのだろう。

この欧米演奏旅行に同行取材した音楽評論家・東条碩夫はＦＭ東京に勤務していた。

「このときの小澤さんに対する聴衆の熱狂ぶりには、舌を巻きました。とくにパリのシャンゼリゼ劇場では、彼が舞台に登場するたびに、天井桟敷の若い聴衆が沸き返っていました。そのほかロンドン、ケルン、ミュンヘンなどでも熱烈な歓迎を受けましたよ。その前後にはパリ管弦楽団とすばらしい演奏の『火の鳥』や『悲愴』などのレコーディングを行なっている。小澤さんとパリとの相性の良さをつくづく感じます。最終的にウィーンに行ってしまうけれど、パリに活躍の場を得ていたらとつくづく思いますね」

暴れん坊将軍

小澤は、オーケストラをレベルアップさせるには何をなすべきかを最優先に考えた。その小澤の要求を実現するのが事務局の仕事となった。

新日本フィル草創期に入団したチェリストの國枝純一は、やがてオーケストラ・マネージャーに、十年後には事務局でパーサナル・マネージャー（人事部門責任者）となった。

「武蔵野音大卒業後、助手をしながらNHK交響楽団などにエキストラとして参加し、新日本フィルにも常トラ（常時行くエキストラ）でずっと行っていて、団員を募集しているのを知って入団試験を受けた。その時チェロの団員は二人しかいなかったので、まあ入団できたのでしょう」

楽員募集は長く続き、國枝は入団していきなりトップサイドのポストにつき、七四年十月の桐朋オーケストラとの合同アメリカ・ツアーにも参加することになった。

國枝にとって、小澤の指揮ぶりはこれまでに経験したことのないものだった。

「小澤さんという人はとにかく音楽にのめりこむ人。リハーサルから全力で、こんなに頑張っちゃっていいの？　という感じですから、こちらも気が抜けません。ですから当時は小澤さんの音楽がどうのこうのと思う余裕もなく、あちらががむしゃらに振るから、こちらもがむしゃらに弾くだけ。涼しげな顔なんてしてられない。重箱の隅をつつくような指揮だし、汗は飛んでくるわで、まさに暴れん坊将軍なんだ」

國枝はユーモラスに表現するが、一方で小澤のオーケストラ管理については、ちょっと苦い経験もさせられた。パーサナル・マネージャーになってからのエピソードである。

「『國枝くん、あいつ、なんとかならない？　あいつが弾くんだったら、俺、振らないよ』なんて言ってくるのでまいっちゃうんです。普通の会社だったら業績が悪いと替えられるということはあるでしょうが、指揮者の場合はある指揮者にとっては良い奏者が、他の指揮者にとっては悪い、という場合もある。小澤さんにそう言われた僕は困り果てた。小澤さんの思っている音を出してない人をおろせ、という指示ですから」

小澤はあくまでも自分の音楽を追求するために、楽員の交代を要求してくるのである。これは日本フィル時代にも見られたことである。

しかし、と國枝は続ける。

「ただ指揮台に立つだけで、オーケストラはそれに反応するでしょう。朝比奈隆さんはまさにそうだった。人柄が可愛い山田一雄さんにも自然にオーケストラは反応した。でも、小澤さんは、音楽は大きいけれど、オーケストラが自分の考えに沿わないと納得しない。

新日本フィルというのは、小澤さんを求めて、小澤さんの指揮でやりたいから集まった集団。小澤さんのオーケストラだから、これはもう仕方がない。技術的な問題でなく、小澤さんとキャッチボールできないと、気持ちが合わないとダメ。欠員があっても、この人ではダメだろうなということがある。小澤さんはピリピリしているから。僕のほうは、外された楽員から、お前は人間じゃない、などと言われたこともあって苦しい思いをしたものです」

一方で松原千代繁はこう考えている。

「もともとヨーロッパでできたオーケストラは個人主義、合理主義で作られている。指揮者に百人の個のある団体を合理的に任せることで始まった。でも日本では合議的となってしまう。日本型民主主義というか。外国では指揮者が替わる時には二十人ぐらい手下を連れてきて、大幅な入れ替わりがあるもの。しかし、新日本フィルでは一シーズンは切れないということになりました」

小澤は音楽に対して妥協を許さない。新日本フィルの楽員は小澤の明確なタクトに応えて、小澤の描いた音楽を奏でる集団であるべきであり、小澤のオーケストラだった。

第十三代ボストン交響楽団音楽監督

一九七三年九月、三十八歳で小澤はボストン交響楽団（ＢＳＯ）の第十三代音楽監督となった。小澤は、ボストン・ポップスと室内アンサンブルを含む年に二百二十五回ほどある演奏会のうち、七十から七十五回を振ることになった。

就任して初めての演奏会では、ベルリオーズ「ファウストの劫罰」を振った。ボストン響はニューヨーク・カーネギーホールでの定期公演シリーズを持っていて、二週間後には同プログラムで出演し、ニューヨークの聴衆を熱狂させた。この曲は小澤のボストン響との初録音となりグラミー賞候補になった。

七五年には初の全米演奏旅行、翌年にはヨーロッパ、さらに七八年三月には百五人の楽員をともなう来日公演が実現した。

楽員たちの半分は、小澤が初めてタングルウッド音楽祭で勉強した頃から在籍していた人々である。舞台の小澤は清新で圧倒的魅力をもっていた。

スティーブン・スピルバーグが小澤を知ったのは、アメリカのテレビで七四年から始まった「シンフォニーの夕べ」というボストン響の番組だった。スピルバーグはリンカーン・ラッセルによる写真集『素顔の小沢征爾』に一文を寄せている。

〈シューベルトやプロコフィエフや、ましてマーラーでもなく——もちろんそれはそれですばらしいのだけれども——指揮台の上にいる、まるでバレエでも踊っているようなスポーツ選手、驚くほど黒くてふさふさの髪をして、白いタートルネックのシャツにビーズのネックレスをしたすごい人物、のせいだった。これがセイジ・オザワその人だった。彼のあふれるエネルギーと優雅さとダイナミズムに、打ちのめされてしまった。その時には、まさかこの人と交わりができるなどとは思いもよらなかったが、なんと親友のジョン・ウィリアムズを通じて、このセイジと知り合いになるという、大いなる幸運に恵まれた。最も印象深いのは、この人には天から授かった非常な体力があって、それに人間らしさが伴っているということである。しかも面白くてやさしくて。なにより、この人のおかげで、私は自分達の音楽的伝統に対しての理解を深めることができたということを、大変感謝している〉（石井史子訳）

スピルバーグに小澤を紹介したジョン・ウィリアムズは『スター・ウォーズ』や『E.T.』など多くの映画音楽も担当した作曲家で、小澤音楽監督時代にボストン・ポップス・オーケストラの指揮者となった。

極東の日本からやってきた小澤は異色だったが、アメリカはもともと移民によって成立した国家である。アメリカン・ドリームは人々の夢でもあり、小澤を日系アメリカ人と思っている人々も多かった。服装を装ったり、偉ぶったりすることがない小澤は、アメリカ社会にすっかり溶け込んだのだった。

小澤はアメリカでサンフランシスコとボストンという二つの大きなオーケストラ音楽監督の肩書きを持ち、西海岸と東海岸を往復した。さらに時差の大きいアメリカと日本を往き来する目まぐるしい日々を過ごした。

七四年、長男が誕生した直後に帰国した時には、新日本フィルのメンバー全員に葉巻がプレゼントされた。外国では男の子が出来た時に葉巻を配るんだと言って、小澤は目を細めた。

ヨーロッパへの客演指揮も増え続けた。小澤には二十世紀のもっとも影響力のある二人の指揮者が後ろ盾となっていた。カラヤンとバーンスタイン。まったく肌合いの違うこの両巨匠から弟子とされて可愛がられた指揮者は、小澤征爾だけだった。

もっともバーンスタインは小澤に対して、弟子というよりはひとりの音楽家としてアメリカ的民主主義で接していた。タングルウッドでの公演後、「セイジ、きみはいったいどこの惑星から来たんだい？」と、小澤に飛びつき両手で顔をはさんで叫んだ。ブリテン作曲の「ピーター・グライムズ」の指揮で、複雑なリズムが小節ごとに変化していくような楽譜を小澤が暗譜して、十四人のソリストとコーラス、学生オーケストラ二編成の公演を行った時のことだった。

小澤の指揮は視覚的にも魅力がある。アメリカはクラシック界も「ショー・ビジネス」であり、演奏会ではオーケストラの弓使いや息遣い、指揮者の動きなどを眼で追うことができる。耳だけから得る音楽以上の感動を呼び起こすものだ。しなやかな動物のような小澤の指揮はいつ見ても楽しい。だからいつも聴衆は熱狂的な反応を返すのである。

小澤が自信に満ち溢れる時、時に周囲を混乱に巻き込む。それは、小澤が主張をあくまでも完徹しようとするからだった。それは海外でも同様だったし、音楽監督にはその特権があった。サンフランシスコ響とは七三年にヨーロッパ、ソ連を巡演し、七五年のアメリカ建国二百年記念の年には日本全国をまわった。しかし、そのころ同楽団内には暗雲が立ち込めていた。

黒人のティンパニ奏者の採用に関係して、人種差別に絡む問題に発展し、楽団側と小澤が対立していたのである。七六年、小澤はサンフランシスコ響音楽監督を辞任し、家族を伴いボストンに本拠地を移した。郊外の高級住宅地ウェスト・ニュートンでの一軒家での生活が始まった。秋にはボストン響を率いてヨーロッパを巡演、パリではパリ管弦楽団と六八年に亡くなっていたかつての常任指揮者シャルル・ミュンシュを追悼して合同コンサートを指揮した。ボストン響のレギュラー番組はテレビ界で最も大きい賞であるエミー賞も受賞、クラシック番組の受賞は初めてだった。翌年にはドイツ・グラモフォンからリリースされたボストン響とのベルリオーズ「ロメオとジュリエット」のCDがディスク大賞を受賞した。

新日本フィルでの「あれがいい」

さて、新日本フィルでは、ルイ・グレーラーの辞任によって七五年からはコンサートマスターにヴァイオリニストの瀬戸瑶子が採用された。日本で初めての女性コンサートマスターの誕生である。ニューヨークに拠点を置くアメリカ交響楽団に在籍した瀬戸が交わした契約条項には、小澤が指揮の時には必ず出演するという項目があった。

瀬戸同様の条件で、新日本フィルに入団したのが斎藤門下のチェリスト松波恵子である。

「帰国したばかりの時に突然、新日本フィルから電話がありました。マタイ受難曲にヴィオラ・ダ・ガンバのパートがあるけれど、それはチェロが弾くのが普通になっていて、私にそれを弾きませんか、というのです。それまでに何人かオーディションをしたようなのですけれど、小澤さんからオーケーが出ないとのことでした。時間がなくて、明日とか明後日に来てくれと。でももともとチェロの曲でないので弾きにくく、夜を徹してさらって。オーディションに受かってコンサートで弾き、それが終わると、今度はフルートの峰岸さんから電話があった。小澤さんが私のことを『あれがいい』と言ったとかで、チェロのトップをやらないかというのです。二十代で、自分にオーケストラで頭が務まるだろうかと考えたのですが、結局、お受けすることにしました」

松波はパリに留学し、ガスパール・カサド国際チェロコンクールで三位になるなどしていたが、オーケストラの経験はまだなかった。小澤が指揮をする時には必ず弾くという契約である。

「斎藤先生に感謝しました。あの教育をしていただいたのでオーケストラで困ることがなかった。いろいろな曲をやっても、オーケストラの中ではこうするべき、とわかった。桐朋のオーケストラでは一年に三曲か四曲しか勉強せず、ベートーヴェンなら三番、ブルックナーなら四番でしたが、徹底的に勉強して、作曲家の基本的な語法を学んできました。

小澤さんの指揮で弾くのは初めてでしたけれど、バトンテクニックが素晴らしいの一言で、何をどうして欲しいのか、全部わかる。全部口で喋って説明する指揮者もいるでしょう。

オーケストラって人数が多いでしょう。ところが不思議なのは、小澤さんに見られている、と思うの。そんなに見えているはずないのに、自分が小澤さんに注目されているような気がする。それがカリスマということかもしれない。小澤さんだけが特別なの。

小澤さんの指揮でやると私は違和感なくできる。『自分の手と同じにチェロが弾いてくれて感激した』とまで言ってくれたこともあった。やはり小澤さんも私も斎藤先生に習ったから、通じるものがあるのかもしれない」

松波は一九七五年から九二年まで新日本フィルで首席チェロ奏者を務めた。結局、他の指揮者のもとでも弾くようになった。

「指揮者によって個性があります。印象に残っているのは山田一雄さん。面白い方で、指揮がずっこけて『今どちら』と、楽譜のどこを演奏しているのかオーケストラに聞いてきたり、指揮者は見られるものなのに『私をご覧にならないで』なんておっしゃって心が和むというか、でも演奏する音楽に緊張感が生まれました。朝比奈隆さんは練習で冒頭だけ十五分を繰り返すこともあって、どれだけ進んだかしらということもあった。朝比奈さんでワーグナーの『ニーベルングの指環』全曲もやりました」

これは日本で初めて、新日本フィルがワーグナーの指示通りのオーケストラ編成で演奏したものである。

「朝比奈さんは研究が深く、ワーグナーは良かった。さすがだな、と思いました。一方で、小澤さんについては、彼のような強烈な人はいないように思えます。指揮者と楽員の関係は、指揮者が前に立った時にすでに始まっていて、若い指揮者だと舐められまいとしてツッパっていることもある。小澤さんの指揮はやりたいことが棒に表現されているから、その通りにやれば弾けちゃう。音楽のみならず政治力もあるし、人間としてもチャーミング。愛される人間性なのね。オペラを取り上げるようにもなってからは、話題性も意識していたとも思う。

ただ、そこまでやらなくてもわかるよ、ということもあって、そんなに全部振ると疲れるだろう、あんなに頑張らなくちゃいけないのかとも思いました。実際、体調が悪いことも多く、練習中に具合が悪くなって、本番をキャンセルしたこともあった。そうなると運営面ではチケットのことなど大変なことになりました」

山中温泉のボストン交響楽団

さて、長女が学齢に達した時、小澤は教育について悩み、日本での教育を選んで妻子を日本に帰した。東京・成城に家を買い、ボストンで単身赴任生活を始めた。隣にはハーバード大学に勤務する日本人の家族がいたし、近所の日本人女性にも面倒を見てもらった。一人で広大な庭を持つ一軒家に住んでいると妙に寂しくなることがあった。空の子供部屋を見ると涙が出てきてしまうこともあった。子煩悩な小澤は「三週間おきに欧米と日本を往復するような生活」(「クロワッサン・オンライン」二〇二一年九月二十六日)を送っていたと長女の征良が振り返っている。

七八年、長女の成城学園初等科の入学式を控え、三月にはボストン響とともに、小澤の言葉を借りれば「夢のような里帰り」を果たした。福岡、広島、大阪、京都、金沢、名古屋、横浜、東京など全国を縦断するコンサートである。小澤は四十二歳となっていた。

外国人記者クラブでは、「ボストン響のメンバーとは何語で話しているのか、と同級生からは聞かれる」と言って笑いを誘い、英語での来日会見に臨んだ。

「音楽監督として盛り立ててやろうという気持ちが彼らにはあって、僕は、自分を世界で一番し易い仕事をしている音楽監督だと思って、皆に感謝している」

ボストンに比べるとシカゴもサンフランシスコもあまり居心地が良くなかったとも陰では漏らしていた。

会見では恩師斎藤秀雄にも言及した。

「先生は、西洋音楽の伝統を持たない日本人が、どこで感覚的な見落としをするかを知っていた。私に教えてくれたのは、日本人が西洋音楽の伝統を持たないのは、逆にいえば大きな利点であるということです。つまり伝統がないというのは、悪い伝統もないということで」

「どこの国へ行っても反応できるだけの幅の広さを体の中に持つことができることだと斎藤先生は言ったんですね」

マイクに向かった小澤の中では、斎藤が生き続けていた。

東京公演には斎藤夫人・秀子を招いていた。演奏が終わると舞台を飛び降りて、夫人のところまで走っていった。隣は空席で、それは斎藤の席として空けてもらっていた。

ブラームス交響曲第三番、ベルリオーズ「幻想交響曲」、マーラー交響曲第一番などを振り、最終公演は桐朋オーケストラと合同でチャイコフスキー「弦楽セレナーデ」や斎藤のオーケストラでよくとりあげた曲を演奏した。

途中、金沢公演の後、小澤夫妻と梶本音楽事務所社長夫妻がボストン響のメンバー全員を山中温泉の旅館に招いた。旅館に着いたら浴衣と丹前に着替えるものだと小澤から教えられたメンバーたちは、怪訝な面持ちで仲居の前で着替えはじめた。食事の用意がしてある大広間に集まった紳士淑女は、長い足をむき出しにして前を開いた姿で、座敷に置かれた膳の前に並んだ。こもかぶりが小澤の手で割られ日本酒が注がれ、飲んで食べて、何回も温泉に浸り、酒宴は夜中まで続いた。大いに盛り上がった翌日の名古屋の公演は、息のあった素晴らしいものになったと小澤は自信を深めた。
ボストンのニューイングランド音楽院に留学していたピアニストの渡邉康雄は、小澤の前の音楽監督スタインバーグの時代にもボストンのシンフォニーホールに通っていた。

「小澤さんが音楽監督になってから、それまでバラバラだったボストン響の音が揃うようになった。小澤さんは調弦のことまで言える人ですからね。ただ当時は、副指揮者で〈年間の音楽家〉に選ばれたマイケル・ティルソン・トーマスがボストン響を引っ張っていくのかと思っていたが、何年かのちにはいなくなった。指揮者の世界というのも、血で血を洗う世界なのです」

同年六月、母さくらや兄弟も同行して、小澤はふたたび中国の地を踏んだ。この時は中央楽団を指揮し、楽員の指導も上海と北京で実施し、小澤が故郷とする中国との縁がここから深まっていく。

翌七九年に中国とアメリカの国交が樹立すると、小澤とボストン響は米中国交正常化を記念するアメリカ政府派遣の文化使節として、西側オーケストラとして初めて中国入りした。この時の中国訪問の様子を描いたフィルムはエミー賞のドキュメンタリー部門など三部門に輝いた。これは、のちにメトロポリタン歌劇場の総裁となった、当時はボストン響広報のピーター・ゲルブの企画によるものだった。彼の企画によるボストン響のテレビのレギュラー番組や映像作品は、小澤のアメリカでの人気に拍車をかけたに違いない。彼はメディア・テクノロジーを使って、メトロポリタン歌劇場のライブを世界中の映画館で視聴できるようにした。

ボストンでの小澤の生活は規則正しかった。野球好きな小澤はシンフォニーホールの演奏会の

小澤俊夫氏提供

北京・新開路の旧小澤宅玄関前にある想い出の狛犬を囲んで母のさくらと（79年3月20日）

後にも、運転手に言ってボストン響の車でそのままボストン・レッドソックスの球場に足を運んだ。車のナンバープレートは「OZAWA」である。こんな破天荒な指揮者が歴代名指揮者のなかにいただろうか。テレビ中継に小澤の姿が大きく映り、知人との約束をキャンセルして野球場に来ていたことがバレてしまったとも、小澤は愉快に語った。この中継で野球ファンはボストン響の小澤の名前を知り、見かけた時には気安く「セイジ」と声をかけてくるようになった。

地元の日本人経営の寿司屋にも頻繁に足を運んだ。その頃の職人に話を聞いたことがある。小澤が来ると、アメリカ人を含めてお客は皆彼の顔を知っていて、挨拶をしていたということである。

オペラ指揮デビュー

〈世界のオザワ〉という称号は、海外で活躍しはじめたばかりの小澤に、海外の情報入手が困難な時代のマスコミが、期待と多少の冷やかしを込めてつけた冠だと思われるが、この頃の小澤の活躍は、その称号通り、世界を股にかけたものになってきていた。

一方で、カラヤンに招かれて出演した六九年のザルツブルク音楽祭の「コジ・ファン・トゥッテ」の悪評を挽回するために、オペラに対する小澤の限りない努力がはじまっていた。

少し時を遡るが、オペラに関しての小澤の業績を記してみたい。

七〇年には、総顧問バーンスタイン、総監督ガンサー・シューラーが率いるタングルウッド音楽祭の音楽顧問（Artistic Adviser）となった。ここにザルツブルク音楽祭で面識を得たソプラノ歌手フレーニやブルガリア出身のバス歌手ギャウロフを招きもした。二人は互いに再婚を果たしていた。

小澤と同年生まれであるフレーニはその後、モーツァルト、ヴェルディへとレパートリーを拡げ、世界の歌劇場で歌うようになっていた。さらにロシア語を話すギャウロフとの結婚はフレーニに新境地をもたらし、プーシキン原作の「エフゲニー・オネーギン」や「スペードの女王」など、それまでドイツ語で歌われてきたものを原語のロシア語で歌い始めた。この原語上演はフレーニの大きな功績となり、彼女との共演が小澤にとっても突破口となった。「フレーニから一緒にやろうと、誘われたんだよ」と小澤は語っている。

フレーニの夫のギャウロフとは、ムソルグスキーの「ボリス・ゴドゥノフ」での共演も見据えていた。彼らにとっても小澤との共演は好ましかっただろう。というのは、小澤には常に歌手たちから学ぼうとする姿勢があったからだ。

オペラハウスでの小澤は、シンフォニーの時に発揮されるメンバーを統率しようとする司令官ではなかった。主たる共演歌手の多くはすでに世界的名声を得ており、小澤は彼らの歌唱からオペラの実際を学ぼうとしていた。一流の現場から小澤のオペラの勉強は始まったのだ。後年になっても、小澤の歌手への態度は時に謙虚すぎるほどのものだった。

後に京都で始まる「小澤征爾音楽塾」で、オペラの字幕スーパーを担当したシヴァリー・千織は今も思い出す。

「私は小さい頃から小澤さんのファンで、自分から売り込んで採用してもらったのです。音楽塾の歌手は世界の一流の方々。シュトラウスの『こうもり』にはアドリブのところがあって、練習ではその歌手たちが毎日アドリブを変えるので新しく字幕を書き換えた。十五回以上も。でも小澤さんは何もおっしゃらない。毎晩、泣きましたよ。本番前の最後のゲネプロで、小澤さんがやっと彼らに『もう変えないでくれ』と。カーテンコールには私まで舞台に上がらせてねぎらってくれたのですが」

小澤は七〇年代に世界の大歌劇場の三つにデビューしている。

失敗と報じられたザルツブルク音楽祭から五年後、新日本フィル結成二年後の七四年には、ロンドンのロイヤル・オペラ・ハウスに「エフゲニー・オネーギン」でデビュー、フレーニとギャウロフとの共演である。本格的オペラを指揮するのは「コジ・ファン・トゥッテ」以来のことだった。

また、二人を念頭においてか、小澤は七六年から二期会のオペラ舞台「ボリス・ゴドゥノフ」「カルメン」などで、国内でも初めてオーケストラ・ピットに入って指揮をした。カラヤンの教えにより、国内で曲を練り上げてから海外の歌劇場に臨もうとしていた。

毎年、ザルツブルク音楽祭には「カラヤン先生」からの招聘がある。カラヤンは小澤がオペラを振ると言うと、そのオペラについて国際電話で何十分もアドヴァイスをくれた。

この頃には、ロシア出身のチェリスト、ムスティスラフ・ロストロポーヴィチとの付き合いも濃厚になってきた。彼は旧ソ連時代に、二十世紀後半を代表するチェリストとしてだけでなく、オペラ「エフゲニー・オネーギン」の指揮でも大成功をおさめていた。ところが反体制作家ソルジェニーツィンを擁護したため活動を停止させられ、七四年に亡命、小澤との初共演はカナダ・トロント交響楽団音楽監督時代だった。七七年からは米国でワシントン・ナショナル交響楽団音楽監督兼常任指揮者として活躍を続けた。ロストロポーヴィチは私がインタビューしたとき、「最初から指揮者を目指していた」と述べていた。

小澤は「スラヴァ」という愛称で呼んでいた。日本贔屓の彼は小澤を弟といい、小澤家の墓参までしている。相撲が大好きで千代の富士とは「親友」であり、相撲部屋で朝稽古を見てコー

ロストロポーヴィチ生誕70周年記念ガラ公演のプログラムのカバー

ヒーを飲んだりした。小澤が「指揮者団首席」をつとめる新日本フィルでは、自分で考えた「フレンド・オブ・セイジ」という肩書きで出演した。スラヴァ指揮のショスタコーヴィチの交響曲を聴いて、小澤は自分には及ばないと手を付けようとしなかった。

彼と小澤との共演では兄貴分のスラヴァ主導で稽古が進んだから、小澤のロシアオペラへの挑戦に当たっては、当然アドバイスを与えただろう。チャイコフスキーのメロディは日本の演歌も好きな小澤に強く訴えかけてくるものがあった。現代曲が得意な小澤は、哀切を帯びたメロディにも涙を流す音楽家だった。

さて、小澤は七九年にパリの伝統的なオペラ座「ガルニエ宮」にデビューした。パリではこの二年前、ベルリオーズの「ファウストの劫罰」を演奏会形式で上演して大きな喝采を浴び、観衆たちは小澤がいつオペラ指揮デビューを果たすかと期待してきたのだ。名だたる指揮者の中で小澤だけがオペラを振らない指揮者だった。

七九年五月、小澤が選んだ演目はラヴェルの約四十五分の演奏時間の「子供と魔法」と、ストラヴィンスキー「エディプス王」という約五十分のオペラだった。二曲を組み合わせた変則的なプログラムだったものの、演出家と美術担当のタッグで、芸術的な仕上がりを見せていた。

「子供と魔法」は渡欧前の修業中に、日本フィル渡邉曉雄のアシスタントとして初めて接したオペラだったし、ストラヴィンスキーは小澤のバトンテクニックが存分に発揮される作曲家で、「火の鳥」をロンドン響との共演で演奏した時にも大きな手応えを感じていた。

その時のプログラムで小澤はこんなふうに語っている。

「ラヴェルは誰にも増して大管弦楽の色彩と音響を効果的に使うのに長けた、オーケストレーション史の帰着点ともいえるような作曲家です」

七〇年代にパリ・オペラ座の最盛期を築いたといわれる舞台を担当したこの演出と美術の担当者たちは「子供と魔法」を純白のステージとし、対照的に「エディプス王」は漆黒の舞台とした。そのコントラストは演劇性を前面に押し出したものだった。最後の音が消えた時、劇場は感嘆の渦で満たされた。

小澤は世界一流の歌劇場への足場を一つ一つ築いていこうとしていた。

八〇年にはイタリア・オペラの総本山ともいえるミラノ・スカラ座でルチアーノ・パヴァロッティやエヴァ・マルトン（ライナ・カバイヴァンスカとのダブルキャスト）ら人気歌手と、プッチーニ「トスカ」で共演した。シーズン中一番の注目作品でのデビューだったが、初日、天井桟敷からブーイングの嵐を浴びた。

「トルナ！　シーミャ！」（「帰れ！　猿！」）

それは現地でテレビ中継され、桐朋卒の仲間も見ていた。スカラ座の天井桟敷ほど厳しい聴衆はいないと言われている。第一幕の後には一階で席を立つ観衆もいた。小澤は酷評に晒された。

「小澤はオペラを交響曲のように扱ったと思わざるを得ない。声に雄弁に語らせる空間がなく、歌というプッチーニの創造性の第一の力を弱めてしまった」（「コリエレ・デラ・セラ」）

小澤がカラヤンにそのことを報告すると、「スカラ座でトスカなどやるものではない」と返された。スカラ座というオペラの殿堂で、イタリア・オペラの真髄に取り組む時には細心の注意が必要だ、というわけである。小澤は「東洋人だから差別されるのは当然だ」という気持ちで生きてきたが、このブーイング初体験は少なからず小澤を傷つけた。

のちにウィーン国立歌劇場音楽監督の就任時に現地在住の音楽評論家野村三郎からインタビューされた時、小澤は脈絡なく「僕は猿ですから」と言ってインタビュアーを戸惑わせた。

その悔しさを跳ね返すためには、小澤は「うんと努力する」といい、八〇年のタングルウッド音楽祭では、セミステージ形式のオペラ演奏シリーズを始め、まず指揮したのが「トスカ」だった。

アッシジの聖フランチェスコ

八一年、小澤はふたたびパリ・オペラ座に登場し、プッチーニ「トゥーランドット」でパヴァロッティとモンセラート・カヴァリエと共演することになった。しかし、パヴァロッティはキャンセルし、カヴァリエにしてもミスキャストだったが、小澤の指揮だけは評判となった。

管弦楽団のみならず、舞台上の大群衆二百人の合唱を統率するバトンテクニックが、色彩感溢れるプッチーニのオーケストレーションを際立たせた。これによってパリ・オペラ座は小澤を第一客演指揮者に格上げし、小澤は八二年には「フィデリオ」「トスカ」「ファルスタッフ」などを立て続けに振る。

しかし、オペラは小澤にとって難物だった。ベートーヴェンの「フィデリオ」では、「これがオペラであることを忘れている」(「ル・モンド」)と痛烈に評され、人気歌手キリ・テ・カナワ主演の「トスカ」は「洗練された指揮のもとオペラ座管弦楽団はその名人芸、統率の良さ、音色の幅の広さを示していた。しかしながら小澤はこの作品のもつ多感的性格を抑えていた」(「アルモニー・オペラ」)などとまた不評を被った。

ヴェルディの最晩年の「ファルスタッフ」では、「生気のない『フィデリオ』と今回の愚鈍な『ファルスタッフ』を聞いて、私は小澤が真のリリックな指揮者としてまかり通っているのを強く疑問に思った」(「テレラマ」誌)とまで酷評されてしまうのである。

これら八二年の三つのオペラでは最大級の評価を得ることができなかったものの、その不成功を吹き飛ばすほどの好評を博したのが、八三年十一月二十八日、パリ・オペラ座でのメシアン「アッシジの聖フランチェスコ」の世界初演である。

上演時間は四時間半、七人の歌手と百五十名の合唱団、打楽器四十種類という途方もない編成、九百ページに及ぶスコアという前代未聞の曲である。メシアンの唯一のオペラ作品に、作曲者自身から熱望されての世界初演である。これは世界のクラシック音楽史における偉大な仕事となった。

この世界初演に向かって小澤は三十六回という異例のオーケストラ・リハーサルを要求した。そして、この音楽を制して「名人芸」と賞賛されたのだった。

ボストン・ポップスの指揮者ジョン・ウィリアムズはこの九百ページに及ぶ長大作の世界初演を、小澤がスコアを見ずに指揮するのを見て度肝を抜かれた。「ミスも誤算も感じさせず、一気に完走した」（写真集『素顔の小澤征爾』）と書くのである。

いっぽうで小澤のほうは、「暗譜していない曲を振るのは難しい」と口にする。楽譜を見ると奏者とのアイ・コンタクトを失うことになるし、ページをめくるために表現や解釈を伝える左手が自由に使えなくなると感じるると返すのだ。

この演奏は大センセーションを起こし、パリにおける小澤の評価を不動のものとした。小澤は楽曲全体を完璧に把握し、三年後には東京カテドラルで、新日本フィルと第三幕のみを演奏会形式で上演した。演奏が終わると、小澤に作曲家のメシアンが駆け寄って握手を求めたほどだった。

一方、小澤は酷評された三つのオペラを大きな課題と受け止めていた。モーツァルトやヴェルディ、プッチーニ、ワーグナーらへの取り組みはなかなか進まなかったが、後年、二〇〇〇年から半導体メーカーのロームの支援を受けて設立した「小澤征爾音楽塾」で、これらの作品を必修科目のように扱い、若い音楽家たちと生涯取り組む姿勢を見せたのである。

「教えることは学ぶこと」と言った斎藤秀雄同様、小澤も永遠の勉強家だった。

新日本フィルのハーフステージ

小澤は新日本フィルにもオペラの舞台を取り入れようとした。松原千代繁は、小澤の姿勢を賞賛している。

「あの人の偉いところは、必ず人の意見を聞くところです。実は、指揮台からは全体のバランスがほとんどわからない。ゲネプロで、客席にいる人間や若い指揮者に、『どうだ?』と必ず訊く。そこで聞いたことは必ずおやりになる、メモを取っているわけではないのに。その謙虚さやオペラでも暗譜というのも凄いよね。

カラヤン先生も偉かった。小澤さんのところに突然電話をかけてきて、『トスカ』はこうだ、ああだ、と延々と四十分くらいにわたって教えてくれたとのこと。『ゲストで呼ばれる時には、どこかのオーケストラでやってから行きなさい』と教えてくれたのもカラヤン先生で、新日本フィルがその役を担ったわけだけれど、それは新日フィルにとっても、とても良かったんです」

モーツァルト「イドメネオ」、バルトーク「青ひげ公の城」、R・シュトラウス「サロメ」、オルフ「カルミナ・ブラーナ」、アルバン・ベルク「ヴォツェック」は四回も再演を繰り返した。R・シュトラウス「エレクトラ」、ラヴェル「スペインの時」など、実験的な舞台も作られた。ここでは、歌はすべて原語で、間の台詞は日本語という変則的な方法が、小澤のためにとられた。

オペラの演出は、新日本フィル出演の音楽番組「オーケストラがやって来た」の演出家で、監督した長編映画「無常」でロカルノ国際映画祭の最高賞を獲得した実相寺昭雄で、新日本フィルの舞台を「ハーフステージ」と名付けた。彼の演出では、オーケストラが舞台上に乗るために、観客席にじかに迫力のあるオペラの楽曲が響き、小澤が雄弁に指揮する姿も見ることができた。実相寺が証言している。

「『アッシジの聖フランチェスコ』では、来日中のメシアンがこの上演方法を気に入って、私に全曲の演出をやらないか、と言ったほど喜んでいただいた。この時期の仕事が、小澤さんのオペラ指揮者としての未来を切り拓いたということなのでしょうが、私はオペラ上演とは違った新しい舞台芸術の可能性を常に感じていたんです」

その中でもっとも評判となった演出は「カルミナ・ブラーナ」である。

五階建ての高さまで鉄パイプを使った構成舞台が組まれ、裸のマネキンがずらりと置かれた。俳優の平幹二朗が自由に行き来し、前衛舞踏家の田中泯が全裸の女性を担ぎ上げて幕となるこのオペラは、「ハダカのゲイジュツ」と写真週刊誌を賑わした。作曲家自身は映像を使ってやってほしいと言ったが、若い男女が交歓の歓びを歌っているため、実相寺にすれば「演奏が終わったら客が欲情するように」との演出をした。

このすぐ後に、同曲をベルリン・フィルの定期演奏会において演奏会形式で取り上げるというので、実相寺も演奏を聴きたいと小澤と一緒にベルリンへ飛んだ。ベルリン・フィルの団員を前にして、リハーサルで指揮台に立った小澤は、日本での「カルミナ・ブラーナ」を演出したのは「このポルノグラファー」と紹介したので、実相寺は苦笑せざるを得なかった。

松原は小澤は同じ曲を海外でも繰り返すのだから、いつか実相寺の演出が使われるものと期待していたが、それはなされることはなかった。海外では映画監督からオペラ演出にいたる監督は多かったが、実相寺は二〇〇六年に六十九歳で亡くなってしまった。松原の回想である。

「実相寺はある意味、天才でした。胃がんで入院した大学病院で、SEIJI OZAWA MUSIC DIRECTORと書いてあるボストン・シンフォニーのシャツを身にまとって息を引き取った。小澤さんも葬式に来て泣いていた。いつか彼の演出でオペラが見られるのかと思っていた。でも小澤さんが、日本人を引き立ててデビューさせたことは一度としてない。誰かを引き立てるのはフェアじゃないと気をつけておられたのでしょう。誰のことも助けなかった」

音楽世界の厳しさを身をもって知っていた小澤である。歩んできた道のりの険しさを後輩たちにも叩き込んだ。

その厳しさは八五年にピーター・ゲルブによって製作されたドキュメンタリーテレビ番組「OZAWA」の中で、後輩指揮者・十束《とつか》尚宏を激しく叱咤する姿に現れている。映像は、小澤の怒りのためか、突然途切れる。視聴者には優しく感じられていた小澤の印象が、一瞬にして変わる瞬間である。

十束は桐朋学園大学三年生だった八二年、「第十七回民音指揮者コンクール」に優勝し、八三年、八四年と連続してタングルウッド音楽祭に招かれ、小澤と同じクーセヴィツキー指揮大賞を受賞した。小澤の場合は、このクーセヴィツキー賞をきっかけとしてバーンスタインのアシスタントとなって世界への足掛かりを摑んだ。新人の登竜門としてアメリカ一名誉のある賞であり、十束はボストン響からスタンド・バイ・コンダクターとして招かれた。この人事はひょっとすると、音楽祭の総顧問だったバーンスタインの計らいかもしれない。というのは、日本人が作曲した曲の指揮には日本人の小澤にチャンスを与えたように、日本人の小澤の副指揮者には、日本語の通じる若手指揮者がいいと思ったのかもしれない。日本の雑誌「FOCUS」には、小澤の才能を凌ぐか、との記事も出た。ところが、十束は日本に帰国した。本来ならボストン響の演奏旅行についていく予定なのだが、日本に戻って大学で教えていた。不思議に思った楽壇関係者が尋ねると、副指揮者はいらないと小澤に言われたので帰国したとのことだった。この直後、十束はベルリンに留学してしまう。

「小澤さんは音楽のためには親でも殺す」と言ったのは、五十年来、小澤を見てきたセイコーエプソン出身の武井勇二である。武井は後述するようにサイトウ・キネン・フェスティバル設立に動き、小澤をすぐそばで見続けることになった人物だ。

どんなに貧乏な時代でもスキーを

さて、家族を日本に戻してからほぼひと月に一度は帰国するようになっていた小澤は、長女が入学した成城学園初等学校の冬のスキー学校にも顔を出した。成城学園では中学年になると冬に奥志賀に向かった。そこは小澤が斎藤に連れられて行った懐かしいスキー場であり、桐朋オーケストラが夏合宿を行い、がんに侵された斎藤が車椅子で参加した忘れ難い場所でもあった。

ある年、スキー学校に出かけた長女の後を追うように、小澤は奥志賀に向かった。

ここで生徒たちにスキー指導をしていたのが「杉山スキー&スノースポーツスクール」の杉山進である。

「父兄は参加しないことになっていたが、小澤さんたちご夫妻だけが、子供たちの滑っているところを見ようと、遠巻きにウロウロしていたんですね」

杉山は一九五六年のコルティナ・ダンペッツォ冬季オリンピックの日本代表で、皇太子時代の今上天皇と雅子妃が毎年、奥志賀を訪れた時に一緒に滑った。

「小澤さんの長女が喘息を起こし、その治療にスキーがいいと言われたとかで、学園から紹介されて小澤さんが訪ねてきたところから付き合いが始まりました。小澤さんは息子さんと、うちのスクールの狭い二段ベッドに泊まったこともありましたね」

やがて小澤自身も杉山にスキーを習うようになった。

「どんなに貧乏な時代でも、スキーをしなかった冬はありません」と言い、「音楽家以外で先生と呼ぶのは、杉山先生しかいません」とも口にするのだった。

「あの人のこだわりは、一度繫がった縁はずっと続けていくことなのかな、とも感じています」

杉山は小澤についてそう振り返る。

スキー学校では、成城学園の生徒たちと地元の小学校との交流も行なわれていた。小澤の子供たちのクラスがこれに参加する時には突然小澤が現れ、演奏会が始まってしまった。指揮者は楽器を奏でられないから、堀伝や堤剛ら桐朋の同窓生が駆けつけてくれた。

ある時、高原での演奏会が始まってすぐに雨が降りだした。弦楽器は時に億単位となることもある高価なものである。奏者たちはリフト乗り場に近い長野電鉄のロッジに逃げ込んだ。その時に素早く対処したのが地元町内会「常会《じょうかい》」の人々である。

常会は奥志賀高原にある企業の保養所やペンション、ホテルなど、二十数軒が構成員となっていて、小澤は杉山もそのメンバーである常会の人々とも面識を得て、気安く奥志賀を訪れるようになった。ペンションで新年会や忘年会をすると、小澤は、すぐ床にぺたっと胡座をかいて座ってしまい、常会の人々は驚いた。

妻ヴェラは別荘族からスキーを習うようになり、ちょうどその別荘の真向かいに杉山が土地をもっていたため、小澤はそれを買いたいと言い出した。

「梶本音楽事務所で契約したことを覚えています。家自体は小澤さんが江戸英雄さんに相談して、アメリカンな別荘を建てました。スキーで骨折をして、休養のために三十日ぐらいいたこともあって、そういう時間が持てた後には、小澤さんはいい音楽ができたらしい」

まだ小澤の長髪も豊かに黒々としていた五十代のことである。

「もうすでに小澤さんは名を成し遂げていましたけど、家庭サービスについては、日本の男性としては最高の男じゃないですか。ベルリンで仕事があって五日だけ仕事が空いたことがありました。休みができたから、日本に電話をして、家族でヨーロッパへ来てスキーをしないか、と誘ったらしい。ところが、子供二人と奥さんたちにはその気がなくて、三対一で行かない、ということになった。すると、ベルリンからお父さんが帰ってきちゃった。

よく一人でも来ていましたね。ある晩、急に立ち寄って、明日いっしょに滑ってくれと言う。ところが朝になって小澤さんを待っていても来ない。それで電話すると、『じつは今東京に向かっています、うちに電話したら長男のバスケットの試合があることがわかって、それを見に行ってきます、それでその日のうちに奥志賀には戻ってきます』という。

小澤さんは朝が早いですから、リフトが動き始めると一番に滑って、それで、奥さんを迎えに行かなくちゃと別荘に戻り、駐車場からは奥さんのスキーをかついでくる」

別荘にピアノはなかったが、朝五時ごろ起きると、小澤は父開作の写真に向かって線香をあげ、スコアを読み始める。荷物は宅配便で送ってきても、楽譜だけはみずから腕に抱えてきた。母さくらと弟の幹雄が来て、一緒に滞在したこともあった。

杉山が長野駅まで迎えに行くと、小澤は翌日の朝食用だといって、地元のスーパーで食料品を買い、一人で朝から滑り、昼と晩は杉山のスキー学校で食べた。時には従業員食堂に入ってきて

「ここでいいよ」と座った。

小澤は奥志賀高原で開く演奏会を「森のコンサート」と命名し、これに常会の人々が協力するようになった。

小澤には、何事においても真摯に向かい合う姿勢がある。類い稀な謙虚さも持っている。特に音楽における恩師の教えは決して忘れなかった。斎藤が「オーケストラの基本は室内楽にある」と言い、学内にまずクヮルテットを結成し、オーケストラの授業を進めたことを忘れなかった。小澤はオーケストラの成長のために、室内楽の勉強会をすることを思いついた。

杉山のスクールには、オーストリアのスキーの師匠の名前にちなんで「クルックサール」というホールがある。そこにある重厚な銅板の扉は帰国の時に師匠から譲り受けたもので、〈この扉は人と人を結びつける〉という文字が掲げられていた。小澤はじっとこれを見て「ここで音楽会やろうよ」と言い出した。常会の人々がいれば、それは可能に思われた。まもなく梶本音楽事務所を通して、「ここで音楽の勉強をやりたい」という小澤の意向が正式に伝えられた。

こうして杉山のスキー学校を会場にして勉強会が始まり、それはやがて「小澤国際室内楽アカデミー奥志賀」という名称を持つようになる。

「小澤さんは、始めたらやめない。継続は力なりというか、始めたらやめちゃいけない、死んでも、というニュアンスなんですよね」

実際にアカデミーのオーディションに合格した若い音楽家たちを指導するのは、演奏家である。

チェロの原田禎夫を中心に、ヴィオラの店村眞積や川本嘉子、ヴァイオリンの堀伝や川崎洋介、小栗まち絵、ジュリアン・ズルマンらトップ奏者たちの指導の現場を小澤は回った。どういうふうに講師たちが教えるかを楽譜を睨んで確かめ、講師たちから「音楽を学ぼう、いや盗もう」という姿勢すら見せた。

「最後には遊びではないけど、弦楽合奏をして指揮をする」と、小澤は自分の出番も作った。この時は斎藤秀雄から徹底的に教え込まれたチャイコフスキーやモーツァルトを取り上げた。

二〇二二年に新日本フィルのアシスタント・コンサートマスターになった立上舞は、子供の頃小澤の「若い人のための室内楽勉強会」に参加した。

「小学生の時に小澤さんの室内楽の勉強会に参加して、その時楽譜台などを並べているおじさんがいたのですが、あとで母からそれが小澤さんだったと聞いてびっくりしたことを覚えています」

それほど謙虚に、楽器を演奏しない指揮者は振る舞っていた。

「小澤さんの指導では、『歌え、歌え』という言葉と、『聴いて、聴いて』と他の楽器の音を意識して演奏するようにという言葉が残っています。そういうことがいかに大切かを学び、それがオーケストラの楽しさだと思って入団しました。一緒に演奏することの楽しみが出てくるのです」

当初は、発表の場として奥志賀高原ホテルのレストランや長野電鉄のロッジの食堂が使われていたが、小澤は音楽ホールの建築を望み、長野電鉄の社長が常会に参加したのをきっかけとして、一九九〇年秋には「森の音楽堂」が建立された。

奥志賀高原での演奏会用ポスターには、次のような小澤の言葉が載っている。
〈仕事の関係でアメリカ、欧州の各地でスキーに励んだのだけれど、自慢じゃないが、奥志賀のスキーが一番です。ぴったり、私に合っています。
安全性も。スキー学校も。山の男たちも。その山男たちに支えられている音楽のアカデミーも、強いです〉
小澤は余暇をも仕事に繋げ、その後に至る足跡をしっかり刻んだ。

マッハの多忙さにより「明日からキャンセル」

一九七六年、マッハの壁を破るコンコルドが定期国際路線に就航すると、ニューヨーク＝ロンドン間は二時間五十分ほどで結ばれるようになった。二十世紀半ばまでは想像できなかったくらい売れっ子の音楽家たちは忙しくなり、小澤はコンコルドで、アメリカとヨーロッパを往復するようになった。さらに日本をも行き来する。

この頃、新日本フィルのステージから戻ってきた小澤は、「國枝くん、僕、もうだめ、明日からキャンセル」と言いだしたりした。新日フィルのパーサナル・マネージャーだった國枝の回想である。

「すべてがぎりぎりで動いているのでしょう。朝の十時半ごろから練習となっていても、きちんと始まったためしがなかった。ぎりぎりまで何かやっていたのでしょう。N響では遅刻が問題になりましたが、それを問題にしないのが新日本フィル。小澤さんにしてもそんなにスケジュールがびっしりだったら、どこか具合も悪くなるのでしょうし。自分がキャンセルした演奏会をお忍びで見に来たこともありましたよ。休んでいればいいのにと思いました。

僕が楽譜を届けたりした時も、楽譜をおいて夢中でテープを聴いていた。いろいろな人のテープを聴いているのかな、と思いました。そうやって暗譜するのでしょうね」

帰国すれば成城の自宅のみならず、奥志賀、地方公演を行き来し、小澤のスケジュールは超過密となっていた。

新日本フィルで、小澤の代わりに人事にまで関わらなくてはならなくなった松原千代繁は、「人事に関わると、友達はできないよね」と苦笑する。

「小澤さんはそもそも七〇年代には一年に約八十回指揮をしていた。海外でオペラの練習をすると一ヶ月かかるでしょう。新日本フィルのオペラも最初は他の指揮者に任せていたけど、帰国して付き合うようになった。一九八〇年代になると、指揮回数は年間百二十回でした」

飛行機の技術革新はやすやすと世界を結んだが、これは小澤を多忙にするばかりだった。

元日本航空客室乗務員の寺澤龍二は、ニューヨーク＝東京便で小澤と二度遭遇している。寺澤の従姉妹で女優の表泰子の葬儀や一周忌で小澤と面識はあったが、寺澤からそれを告げることはなかった。

「彼は飛行機を休息の場として捉えていました。当時ファーストクラスはフルフラットでなかったから、エコノミークラス三席のアームレストを上げて横になろうと、ファーストクラスの枕を抱えて機内をぐるぐる回って、ご自分に格好な場所を探していた。ドンペリ、サーロインより睡眠第一。彼のエコノミークラスの巣作りは社内ではよく知られていました」

その一方で、小澤が機内の床に楽譜を並べて、横になりながら一生懸命見ている姿も目撃された。長大な曲らしかった。その演奏会を聴きに行くと、全て暗譜で指揮していたのに驚いたという話もある。

超多忙な小澤を見かねて、スケジュールを調整しなければならないと松原は考えた。

「小澤さんが主に関係しているベルリン・フィル、ウィーン・フィル、ボストン響と新日本フィル、コロンビア・アーティスツらのマネージャーが集まって、一年間のプログラムをどうするか、小澤さんの都合に合わせて会議の場を持つようになった。それで年間八十回の指揮に戻そうということになりました」

マネージャー会議では、小澤の収入を確保するための分担も決めた。小澤のギャラは世界最高ランクだった。浜離宮朝日ホールが九二年に開館した時、支配人を務めた志村嘉一郎によると、岩城宏之とオーケストラ・アンサンブル金沢を呼んだ時には、〈出演料は指揮者楽団合わせて一公演二百万円。小澤征爾指揮もやりたかったが、一振り六百万円から八百万円。定員五五二席の小ホールでは、とてもペイできるものではなかった〉（「音の栞」十七号、二〇二四年）とのことである。

松原は、出演料は「需要と供給の関係だね」という。小澤が聴衆に求められれば、出演料もそれだけ高くなるのは当然というわけだ。

「新日本フィルは、小澤さんからレベルアップ、レベルアップと言われていた。でも練習場もなく転々としているわけで、いくら練習しても本番は響きが違って、何のために三日間練習したかわからない状態が続いた。ある財界人は『夢のオーケストラを作りましょう』と言ったけれど、大々的に援助する日本企業はなかった」

楽団の経営は潤うことはなかった。

小澤は出演料も高額な歌手たちを呼んできた。八五年秋にはソプラノのジェシー・ノーマンが来日し、彼女が得意とするワーグナー「タンホイザー」の中の独唱などに接した。

「オペラを振らなかったら、ワーグナーを知らないで終わってしまう」とカラヤンに諭された小澤は、とうとうワーグナーとの接点を持った。

八六年にはカーネギーホールで「アッシジの聖フランチェスコ」アメリカ初演も行った。

新日本フィルのコンサートマスターに、まだ桐朋学園大学在学中の学生で、八六年から就任したのが豊嶋泰嗣（現・京都市立芸術大学教授）である。豊嶋は小澤の最期までサイトウ・キネン、水戸室内管弦楽団で支え続けたコンサートマスターだ。奥志賀の「森の音楽会」では、ギャラが地元でホテルを経営しているフェニックスのスキーウェアだったと懐かしむ。

「小澤さんの指揮を初めて経験したのが、サイトウ・キネン・オーケストラのヨーロッパツアーでした。小澤さんの音楽はフランス物、ドイツ物と分けることができないような、エネルギーが常に見えてくるものだった。僕が桐朋の時にはもう斎藤先生は亡くなっていらして、サイトウ・キネンには先生の門下でない人も結構いましたね。

指揮者でも、練習場に入ってくるだけで空気が変わる人は限られている。学生オーケストラでもカラヤンが来ただけで演奏が変わるとか、フルトヴェングラーもそうだったと聞くけれど、小澤さんもそう。ただ彼の場合は、舞台を降りたらスイッチが変わってオーラも消すし、汚い格好をしていて山姥と言われていた時代もある。楽屋に来た子供が『あの魔女のおばあさん誰?』と聞いたりしていました」と笑う。

「このころ小澤さんは世界中で活動を始めていたから、新日本フィルに専念するとは思わず、ベルリン・フィルにでも行くのかなと思っていましたね」

小澤は時間通りに現れたことはなく、到着すると間髪を入れず指揮台に上がってタクトを下ろした。その直前に世界のどこで指揮をしたかが練習に大きな影響を及ぼした。

「フランスで指揮した後だと、ヴィオラのことをアルトと言ったり、ベルリン・フィルから新日本フィルだと、スイッチが変わって懐かしいホームグラウンドという気持ちになったりしているのが雰囲気でわかった。サイトウ・キネン・オーケストラの後だと、怒鳴って凄く怖い。自分の要求する音にすぐに反応できない、エネルギーが弱すぎると感じるのでしょう」

リハーサルではしつこく何回もやり直しをさせ、「最初からそうやってくれないと困るんだよな」と不機嫌に言うこともあった。

「斎藤先生もうまくできるのにやらないと怒ったと聞くけれど、オーケストラもハードな日常の中でやっている。でもコンサートマスターは、指揮者がピリピリしていたら緩和する方向にすべきだから、僕が謝りに行くしかない。小澤さんは、オーケストラによく思われていないだろうと感じながらも、自分を通していた。初期のサイトウ・キネンでは自分の中ではピリピリしているのでしょうが、演奏家たちも一年、さらに一年と活動して蓄えて戻ってくるわけで、指揮者である自分も成長しなくちゃいけないと思って指揮していたでしょう。

ウィーン・フィルやベルリン・フィルは、小澤さん以上に曲やオペラを知っているから、全部の〈出〉を合図しなくても大丈夫なわけでしょう。でも、小澤さんは全部振る。小澤さんの指揮は明確。でも、明確でないことがオーケストラにいい作用を生むこともあるんですよ」

豊嶋は、対極にある朝比奈隆に言い及んだ。

「指揮がクリアだとかどうだとか、朝比奈先生はそういうところとは無縁のところで音楽をやっていらした。テンポやリズムを重視していて、朝比奈さんのような棒は振りたくてもできない。八十二歳の小澤さんと、八十二歳の頃の朝比奈先生。明らかに朝比奈先生はわからない棒だけれど、そういう棒のほうが僕にとっては勉強になった。

指揮者はスコアで勉強して音を要求するけれど、音を出すのはオーケストラ。そういう意味で、小澤さんは、オーケストラを敵とは言わないけれど、常に闘っている、と僕は痛感していた。小澤さんのような明瞭な指揮はミリ単位のことも指示できるけれど、演奏する方はそれにスポッとはまらなければいけないというのがあった」

豊嶋が新日本フィルに入団し、初めて経験したオペラが「エレクトラ」だった。小澤は「エレクトラ」をパリ、タングルウッドで上演し、ボストンでは、レコード・レーベルのフィリップスによる小澤とボストン響のオペラ録音第一号になる予定で、新日本フィルで入念な準備に入った。

「小澤さんはどんなオペラであろうと、新日本フィルではだいたい同じソプラノ歌手を起用してきた」と当時、第二代音楽監督だった井上道義は語る。ところが、いつも主役を務めているソプラノ歌手が突如降板してしまった。このオペラは「ソプラノ殺し」と言われ、ドラマチックな表現力と複雑な音符で超絶のソルフェージュ力が要求される。ソプラノ歌手の中丸三千繪は新日本フィルから十日後のオーディションを受けるようにとの電話をもらうと、徹夜を辞さずに覚え込み、小澤の前で歌った。ところが途中まで歌ったところで「あんたで行く」と言われ拍子抜けした。声質は違うが、楽譜通りに音が取れたというだけで採用されたと思った。

中丸は翌年ミラノに留学し、パヴァロッティ・コンクール、イタリア国営放送RAI主催マリア・カラス・コンクールで優勝し、のちにスカラ座で小澤と再会することになる。

「エフゲニー・オネーギン」と「スペードの女王」

八六年六月、小澤はミラノ・スカラ座で「エフゲニー・オネーギン」を指揮している。タチアーナ役はフレーニだった。八八年にはフレーニとの「エフゲニー・オネーギン」でウィーン国立歌劇場にデビューした。

ウィーン・フィルのメンバーの何人かに「小澤との共演で一番印象に残ったものは」と尋ねると、かならず「エフゲニー・オネーギン」という答えが返ってくる。

八九年十一月には新日本フィルと民音との企画で三回にわたって「スペードの女王」、翌九〇年六月にはミラノ・スカラ座でフレーニがタイトルロールを歌う「スペードの女王」を指揮、この舞台でスカラ座にデビューしたクロエ役の中丸は、「エレクトラ」以降、小澤と久々にスカラ座の練習で対面した。

「あんた、こんなところにいたの、海外で日本人とオペラで共演するのは初めてだ」と言われた。

「練習では、フレーニと小澤さんがいかに親しいかがわかりました。『セイジ、ン、チェ、ン、チェ』とフレーニが繰り返していた。イタリアではンが八分音符を意味し、チェというのは英語の〈there is〉にあたる言葉で、フレーニは、セイジ、そこに八分休符があるわよ、と繰り返していたわけ。それがないと息継ぎができない、歌のメロディを確認しながら、歌手の様子をみながら振ってほしいということだったのでしょう。

　このとき指揮者はダブルキャストでした。フレーニが言っていたように、もう一人のロシア人指揮者と比べると、小澤さんの指揮ではたしかに八分休符が短い。ただその傾向は小澤さんだけでなく、日本人指揮者の特徴でもあって、だいたいにおいて裏拍が短い。

　小澤さんはオーケストラの音が多いものを好んでいらしたように思うし、またそれが小澤さんの指揮には合っていると思う。ベッリーニのオペラのように音が少ないと振りにくいでしょうし、プッチーニはぎりぎりかもしれない。またプッチーニやヴェルディには、イタリア独特のアーティキュレーションがある。日本の歌舞伎に見得があるように、イタリアっぽい独特のコブシみたいなものがあるのです」

　そのイタリア独特のコブシについて、サイトウ・キネン・オーケストラの創立からのメンバーで、フランクフルト放送交響楽団に三十七年間にわたって所属したホルン奏者、大野総一郎も次のように語っていた。

「オペラといえば、まずはイタリア・オペラです。いま人気のドイツ人テノールのヨナス・カウフマンが、スカラ座でヴェルディを歌ったら、すごいブーイングだった。誰でも得手不得手があるけれど、ドイツ物とイタリア物というのは、明らかに歌い方が違う。イタリア物のアリアは、いわゆる楽譜通りに歌っても、ちっとも面白くない。破綻がないと面白さが出ないのですよ。ヨーロッパで生まれたカウフマンですら、イタリア・オペラをものにできなかったということなんです」

話をミラノでの小澤に戻そう。

中丸は、小澤の海外でのふるまいにも驚かされた。

「ふつう指揮者というのはマエストロと呼ばれ偉そうにしているのに、小澤さんは、フレーニにあれだけ言われたのにかかわらず、私にむかって『フレーニはどうやって暗譜してるのかな。こっちが落ちても（譜面を忘れる）フレーニは落ちないんだよ』なんておっしゃる。だいたいにおいて指揮者は、歌手には（音楽を）押し付けてくるものです。けれど小澤さんはそうではない」

スカラ座の食堂で約七百円のランチを、裏方に混じって食べる指揮者は、小澤だけと言われていたくらいだった。

「ムーティにむかってだれもリッカルドとは言わないけど、セイジ、セイジと呼ばれても実に謙虚です。セイジと呼ばれるのも、東洋人への差別ではないか、と思うのですけど。日系三世のケント・ナガノはケントと呼ばれ、私もイタリア人の演出家からトヨタと呼ばれたことがあって、そのときはスパゲッティと返してしまったこともある。

でも、小澤さんはずっと腰が低い方。ぎごちなさがあっても、必死な姿や一生懸命さがみえて、オーケストラもついてくるし、劇場関係者や先輩指揮者からも好意をもたれて、可愛がられたのだと思います。『僕はオペラの指揮者でないから、僕なんかとやっているとよくないよ、ムーティみたいなオペラの振れる指揮者と仕事したほうがいいよ、自分とやっているとオペラが歌えないのかと思われるよ』なんておっしゃるほどなの」

小澤は食べることへのこだわりも見せた。パリならホテルはムーリスがいい、隣には「KINUGAWA」という日本食屋があるから、などと助言した。

本番当日は、午前中ゲネプロをこなし、そのあとテニスを一時間あまりして、その後ビールを飲みながら中華料理を食べるのだという。熟睡してから本番に臨むのが小澤のやり方だった。

本番のあとは関係者を引き連れて和食屋に繰り出し、部屋に呼んで夜中まで騒ぐ。最初は日本酒でもあとにはウィスキーになった。部屋にはリハーサルテープが楽譜とともに整然と並び、サプリメントも多く置かれていた。中丸は続ける。

「この時代はヨーロッパのオペラ予算がきわめて多かった時代でした。また日本企業も財政的に豊かで、アーティストをメセナ的にサポートしたけれど、その後、世界中で状況は激変していきました」

小澤はタングルウッド音楽祭でも八〇年度のシーズン以降、コンサート形式でオペラを取り上げ海外に備えた。梶本音楽事務所、民音などの支援を得たこともある。

民音ではもともとは「世界オペラシリーズ」として、ウィーン国立歌劇場やスカラ座の引っ越し公演を企画し開催していたが、日本人の歌手達の要望もあり、日本人キャストで総合芸術のオペラを制作しようということになった。小澤からは「ホフマン物語」をやってもらえないかと頼まれた。「スペードの女王」も提案されたが、オペラの練習の合間には地方でのオーケストラの仕事もあり、移動中のローカル電車の中での演出家との打ち合わせとなった。小澤としては完璧にできるスケジュールで動いていたが、民音企画部門の江藤昌子は、「もう少し時間を取ってオペラは振るべき」との考えで齟齬があり、民音主催のオペラは二本で終わった。

さて、新日本フィルの〈ハーフステージ〉が終結すると、次には外資のヘネシー・コニャックがスポンサーとして名乗り出て、年に一億から一億五千万円を出して〈ヘネシー・オペラ・シリーズ〉十本が始まった。世界的な歌手を招いて、九〇年の第一回にはモーツァルト「イドメネオ」を取り上げた。小澤は七月にはザルツブルク音楽祭に飛び、前年に亡くなったカラヤンが聴いてくれるはずだった同演目をウィーン・フィルと共演した。

現地でこれを聴いた東条碩夫は、「とてもリリカルな、柔らかい演奏で、ウィーン・フィルの美しい音色が清澄に流れ出て行くという感じの音楽だった。東京の上演とは、ずいぶん違う音楽に聞こえました。僕の席からは、オケ・ピットで小澤さんがどういう振り方をしているかは見えなかったのですが、おそらく肝心なところはウィーン・フィルに任せて、その流れに乗って指揮されていたのではないか」という。

秋には帰国して「サロメ」、その後「マノン・レスコー」「さまよえるオランダ人」「ファルスタッフ」「トスカ」「セヴィリアの理髪師」「蝶々夫人」「魔笛」「ペレアスとメリザンド」を指揮し、このシリーズは九八年まで続いていく。

東京、横浜、名古屋、そして尼崎にできた劇場では、新日本フィルがオーケストラ・ピットに入る本格的な形式でのオペラ公演をした。小澤にしてもピットに入って指揮するのと、〈ハーフステージ〉の時のようにステージの上で指揮するのとでは、指揮台で聴こえる音も違ってくる。

豊嶋泰嗣は「これぞオペラという『ドン・ジョバンニ』をやりたかった」と振り返った。

「この頃には小澤さんの軸足はだいぶオペラの方に振れていたが、あの人の頭の中にはオペラのスコアも全部入っていた。モーツァルトのオペラは終わり方が同じようなので、レチタティーボが短い、長いとか粘り強く繰り返した。そこまでやらなくていいのに、と皆、言っていましたね」

事務局にいた松原千代繁は、

「『セヴィリアの理髪師』の時はウィーン国立歌劇場から二千万円で借りることができ節約できたが、歌手も多数の中からオーディションで選ぶわけで、その才能を含めて、オペラは壮大な無駄使い」と振り返った。舞台装置にしても国内で製作すると八千万円から一億円かかった。新日本フィルでは年三回の定期演奏会出演と、随時「小澤特別演奏会」が開かれた。

その中でも特筆すべきは、小澤がパリの「エレクトラ」で共演したベーレンスを定期演奏会や「小澤特別演奏会」に招いて、ワーグナーの代表作「ニーベルングの指環」四部作の「神々の黄昏」からの独唱の指揮をしたことである。

〇三年八月には新日本フィルで四回にわたって二十世紀の作曲家であるドビュッシーの「ペレアスとメリザンド」を取り上げることになっていた。

新日本フィルで人事をにぎるパーサナル・マネージャーの任にあった國枝純一は、苦い表情を浮かべた。

「小澤さんは、だいたいいつも疲れている。十時半にはじまる練習にも、時間通りに来たためしはなかったですね。この『ペレアスとメリザンド』のときは、練習が終わって引き上げてくると、國枝くん、あした僕振れない、キャンセル、といってきた。これには驚きました。どこか身体の具合が悪かったのでしょうね。

忙しすぎるのでしょうね。楽譜を届けても、後ろを振り向きもしないで、そこに置いてくれ、と一生懸命になってテープを聴いている。いろいろな人のを聴いて、取り入れているのか、自分のと比べているのか。そういう勉強法なんだな、と思いました。

小澤さんの場合、楽器から出発した指揮者ではないでしょう。最初から指揮。だから音楽家といっていいのかな、と思ったこともありますよ。このオペラが新日本フィルと小澤さんの最後のオペラとなりました」

新日本フィルとはオペラの企画がなくなったが、小澤はサイトウ・キネン・フェスティバルでオペラを続けていく。

ベルリン・フィルでは、その年亡くなったカラヤンに代わり、八九年末のジルベスターコンサートで「カルミナ・ブラーナ」を指揮、ウィーン・フィルのニューイヤーコンサート同様、全世界で衛星放送され、映像化された。

ところで、六九年のザルツブルク音楽祭で酷評された「コジ・ファン・トゥッテ」で初共演したウィーン・フィルからはその後、しばらく声はかからなかった。

国立歌劇場の専属オーケストラでもあるウィーン・フィルだが、オーケストラ単体としても活動しており、国立歌劇場とは一線を画した自主運営をしている。彼らはウィーン楽友協会を本拠地とし、年に十回の定期演奏会を行い、その指揮者たちは自分たちで決定する。オペラができない指揮者は定期演奏会に招聘されず、この指揮台に登場するのが世界で十指に入る指揮者だというのが通説である。

ウィーン祝祭週間

小澤が久方ぶりにウィーン・フィルを振ったのは、八二年のザルツブルク音楽祭のことだ。それまでカラヤンから毎年のように招かれても、最高峰のウィーン・フィルを振るチャンスはなかった。このとき指揮したのは、バッハの無伴奏チェロ組曲の録音で注目を浴びていたヨーヨー・マによるハイドンのチェロ協奏曲と、チャイコフスキー交響曲第四番だった。この公演は聴衆を興奮と熱気に包み、これがきっかけとなったように八四年にふたたびウィーン・フィルを指揮する機会が訪れた。ウィーン祝祭週間（ウィーン・フェストヴォフェッン）でのことである。

このウィーン祝祭週間には、小澤の後輩の井上道義が、これより十一年前の七三年にすでに出演していた。井上は斎藤門下で、桐朋卒業後、斎藤に背中を押されて海外へ出ることにした。七一年には二十四歳でスカラ座主催のコンクール「グィード・カンテッリ指揮者コンクール」に優勝、審査委員長はスカラ座の指揮者で、カラヤン亡きあとにベルリン・フィルの芸術監督に就任するクラウディオ・アバドだった。アバドは井上の才能を認め引き立てようと「ウィーン祝祭週間」に招いた。井上は本番に向けてリハーサルに余念がなかった。

「そこに小澤さんが突然、現れたんだ。それで、主催者にある言葉を告げていった。これにはまいった」

井上は在学中進路に迷っていて、武満徹から「小澤のアドバイスを受けたらいい」とヴェラの自宅に連れていってもらったことがあった。まだ結婚前だったが、小澤は帰国の際はヴェラの自宅に泊まっていた。小澤は「ともかく外国に行け、僕はスクーターでパリを目指したんだ」と言った。

「でも、あてもなく行くことはできないでしょう？　それで、僕は言ってしまった。スクーターで行く時代じゃない、なんて。

小澤さんと僕は十一歳違うから、時代も変わっていたしね。僕は当時から生意気で、斎藤先生にも逆らっていたし、あとでヴェラさんから呼ばれて、征爾にとってはあのスクーターでの旅は誇りなんだと言われた……。どうしたらいいのかわからなくなっていたけど、斎藤先生から、『お前も小澤のように海外でやってこいよ』と言われて、海外へ出ることにした。

ウィーン祝祭週間では、小澤さんは僕のリハーサルをずっと見ていたらしく、『あんな練習の仕方ではだめだ』と主催者に告げていった。主催者のほうが後で僕のところにきて、『セイジが来て、君の練習がなんだかんだと言っていたけど、どうしてだ？』と聞かれた。けど、こっちもわからない。どうして僕に直接、言ってくれなかったのか、それがわからない」

井上は、そのときを再現するかのように、肩をそびやかした。

アバドは井上の本番が終わると楽屋に現れ、楽譜も見ないで指揮の誤りを指摘したりもした。

「アバドは僕の音楽を気に入ってくれていた。そのときもっとアバドに取り入っておけば良かったのでしょうね。アバドほど指揮者とオーケストラとの関係を近代的にしようとした指揮者はいないし、時にはいわば必要な主従関係すら取り払おうとした。それなのに僕は、斎藤秀雄、セルジュ・チェリビダッケの弟子と自認しているから、彼の抽象的すぎる音楽語法、文学的なやりとりの練習法に違和感があった。アバドに対しては、今考えると自分が情けない。指揮者であんなに率直な人はいない。アバドがベルリン・フィルを振ったときにも、『ベルリン・フィルを振っているのに、どうして自分のやりたいことを付け加えないのですか』などと言って、自分の方から去ってしまった。

その点、小澤さんは凄い。秀吉は信長のために草履を温めたというけれど、バーンスタインやカラヤンの草履を温めるどころか、舐めるくらいの迫力だったでしょう。セイジは凄いわよ、と江戸京子さんからも聞いていた。

アバドに対してそういうふうに喰らいついていけばよかったんだけど、僕にはできなかった。しようとも思わなかった。だいたいアバドの音楽が好きじゃなかったしね。いい音楽をしたいということはあっても、そこまでして世界的になりたいという欲もなかった」

井上は「老いぼれた姿を見せたくない」といって二〇二四年末での引退宣言もした。小澤の気迫は別格だった。手に入れたものは手放さないという執念の違いかもしれなかった。

八四年、小澤はウィーン祝祭週間で、ウィーン・フィルを前にタクトをとった。この「春の祭典」は翌日の新聞で絶賛され、以後小澤はウィーンと強い絆を持つようになる。それでもウィーン・フィルの定期演奏会に招かれるわけでなく、共演はザルツブルク音楽祭に限られた。八八年、とうとうウィーン国立歌劇場に「エフゲニー・オネーギン」でデビューを飾った。そして二年後の九〇年に、ウィーン・フィルの本拠地である楽友協会大ホールにおける定期演奏会に初出演した。曲目はベートーヴェンの交響曲第四番と、バルトークの「オーケストラのための協奏曲」だった。

「ウィーン・フィルはメンバー一人ひとりの技術はそれほどでないのに、アンサンブルは素晴らしい」と小澤も絶賛し、ここから両者の蜜月時代が始まった。

ウィーン・フィル団員たちの来日

ウィーン・フィルの首席トロンボーン奏者のイアン・バウスフィールドは、このときに小澤の指揮で演奏している。イギリス生まれで、ロンドン交響楽団首席のときに小澤と初めて共演した。

「私がセイジと会ったのは一九八九年。ベーレンスが歌う『エレクトラ』の舞台だった。セイジの指揮では過剰なプレッシャーがかかったことを覚えている。

指揮者のピエール・ブーレーズとバレエ・ダンサーを合わせたような人で、よく踊る。その後、指揮棒を持たなくなると、持っていたときとは全く違っていて、セイジという指揮者は二人いるのか、と思わせた。手だけの指揮は非常にいいと思う。左手は、ときにクラウディオ・アバドだ。ティーレマンのドイツ物、ムーティのイタリアやフランス物、ブーレーズのマーラーや現代曲。それらが彼らの売りだけど、セイジといえば、オペラの『エフゲニー・オネーギン』。歌手が見やすいように大きな動きになるね。でも、セイジはオペラよりコンサートが素晴らしい。ストラヴィンスキーのバレエ音楽『プルチネルラ』や、ブラームスのシンフォニー、それにオペラ『イェヌーファ』。彼は自分自身を実験と言っているけど、ちょうど東洋人が世界に出ている時期で、（インド人の）ズービン・メータも活躍していた。

セイジは音楽に対しては分析的だけど、英語はおかしい。理解はできるが、まあ、Seiji's Englishだね。ドイツ語？　フランス語？　日本語も？　それこそがまさにセイジ。

音楽もユニークでね。彼の音楽は、小節の区切りとか、縦の合わせは取り払っていて、大きな流れのように揺らめく。ともかく彼はグッド・マンだ。グッド・マンでない指揮者もいるからね。指揮者は独裁者であり、ときにレフリー。管理者であり、交通整理のお巡りさんであり、手と目で奇跡やマジックを行う人だよね。セイジが振った曲を、スイスのルツェルン音楽祭でサイモン・ラトルが振ったら、全く違った」

バウスフィールドに比べて、九八年に二十八歳で入団したチェロ首席のタマーシュ・ヴァルガは比較的若い。そのせいか、小澤のことは「マエストロ・オザワ」と呼ぶ。

「会話は英語で、また、ちょっとしたドイツ語。僕も母国語が英語でないから、マエストロ・オザワの英語は問題ない。彼は音楽とともに生き、エンジョイしているのがわかる。バトンのないときは、顔や身体、つまりボディランゲージが多い。楽しげな部分では楽しそうだし感情が出ている。印象に残っているのは『エフゲニー・オネーギン』。ファンタスティックなサウンドと柔らかさ。それは信じられないくらい丸く美しい音だった。ハイドンではソリストとして参加したことがあるが、音楽は固定的で正確でもいけないでしょう。僕も練習ではメトロノームを使うけれど、あとは自分で息を吹きこむ。マエストロの指揮はメトロノームのようなところもあるけれど、最終的には彼自身のサウンドになってくる。タイミングや間がね。でもベートーヴェンはというと、どうかな。解釈だからとやかくいえない。彼自身のベートーヴェンだから。

マエストロ・オザワが国立歌劇場の音楽監督になったことについては、ホーレンダーが決めたこと。僕達はマエストロといっしょに練習してきたから、絆は繋がっていたけどね。マエストロが冒頭でどういう音が欲しいかは、手の感じだけでわかる。指揮者にはオーラやパーソナリティ、政治的センスも必要でしょう。自分のやりたいことを他人にやってもらうわけだから、どう接すれば従ってもらえるかと考えなくてはいけない。かといって、自分の決断には絶対的な自信も必要。特別なサウンドに、特別なメッセージ。それがないとね。マエストロ・オザワにはそれがある」

ウィーン・フィルほど日本で人気の高い楽団はなく、楽員たちはそれぞれにさまざまなイベントで日本を訪れていた。茨城県北茨城市で開かれたフェスティバルの教育プログラムに招かれたヤイトラー夫妻を訪ねると、まずは「春の祭典」の感想から話が始まった。

「あの演奏は素晴らしくて今でも忘れられない。オペラでは『エフゲニー・オネーギン』。彼のベートーヴェンや、モーツァルトのオペラ、とくに『フィガロ』はちょっと違う気がする。音楽監督になったことについては、総監督のホーレンダーが、いろいろと目論む人だからね」

バストロンボーン奏者のカール・ヤイトラーはウィーン育ちで、ウィーンを代表するモーツァルトとベートーヴェンの音楽に対してはとくに厳しいようである。

「ウィーン・フィルは独自の音を持っており、どのような指揮者が来ても変わらない」としばしば言われるが、カラヤンやバーンスタインのような不世出の名指揮者を指揮台に招くことによって、オーケストラの側も彼らから学び続けるのだという。

ウィーン・フィルでは、ブルックナー後期の交響曲が、カラヤンやベームの指揮で定番レパートリーとなっていた。ところが、作曲を始めてまもなかった頃の第二番はほとんど経験がなく、小澤が取り上げることによって、ウィーン・フィルのブルックナー解釈が深められた、とウェルナー・ヒンクは回想している。また、自分たちと同じ文化圏にあるドヴォルザークやヤナーチェクらチェコ系の作曲家や、バルトークに代表されるハンガリー系の作曲家の作品を、東洋人の小澤が積極的に取り上げたことも評価した。

小澤は九一年のウィーン・フィルの定期演奏会では、モーツァルトの交響曲第三十九番とドヴォルザーク「新世界より」を指揮し、これはライヴ録音された。しかし、小澤とウィーン・フィルによるCDは極めて少ない。その翌年録音されたドヴォルザークの交響曲第八番と、同作曲家による「真昼の魔女」ほか数回、そしてベストセラーとなった「ニューイヤーコンサート2002」があるだけだ。これはどうしたことなのだろう。

フランクフルト放送交響楽団で定年まで三十六年間にわたってホルン奏者をつとめた大野総一郎は、サイトウ・キネン・オーケストラ創立当初の欧州演奏旅行に参加した。

「小澤さんの指揮では、ドイツのオーケストラと違って、縦の線を綺麗に作っていくモーツァルトで、リズムも刻みもドイツ人の演奏するモーツァルトと違う。いいとか、悪いでなくて、ドイツ語圏の人なら自然に身に付いているものなので、そうでないと不自然に聞こえるのでしょうね。小澤さんのは、日本的な演奏ということになるかな。サイトウ・キネンでウィーンで演奏した時、モーツァルトの楽章の途中で帰るお客さんがいた。ウィーンの人にとって、モーツァルト、ベートーヴェンは特別なんですよね。

ベートーヴェンにしても、アクセントの置くところがドイツ人と違う。曲のテンポも伝統的に違っていて、小澤さんがベートーヴェンを振ると七番もエロイカも速い。緊張感を出すには速いといいのでしょうけれど。ワーグナーについても、タンホイザー序曲を聞きましたけれど、ドイツ人とは違っていた。メロディの刻み、スタッカートの扱い方や、例えば十六分音符の『タンターン』という時には、ドイツ人はその間に必ず間をとる。『タン・ターン』となる。サイトウ・キネンには最初は世界から演奏家が集まっていましたから、アメリカ系かドイツ系かで結構せめぎ合いがあったけれど、だんだんとフィラデルフィア管弦楽団にたとえられるアメリカ的な、整然と合うオーケストラになっていきました」

指揮者の持っているオーケストラ・スコアには、それぞれの楽器の旋律が縦並びで記されている。どの楽器がどこで加わるかは一目瞭然で、大野は楽器の入りがピタリと合うのが小澤の指揮だという。

「アメリカの音楽はロジカルに勉強する方向に進展し、ヨーロッパには、どうしてこうなるのかわからない、という先生もたくさんいる。ベルリン・フィルなど音は合ってない。ドイツでは百二十から百三十ほどのオーケストラが税金で賄われていて、田舎の小さな町のオケは下手ですが、そんなところでも中音から低音にかけてが豊かな音になる。教会での演奏なら、音が跳ね返ってきて時間差によって豊かな音に聞こえる、そんな音なのね。ぴったり合うと邦楽になっちゃう。斎藤門下の指揮者は細かく振るけれど、ヨーロッパの指揮は朝比奈さんのような、オーケストラの出を待っているような指揮者が多いです。

誰でも得手不得手がありますけれど、ウィーンではベートーヴェンとモーツァルトができないとだめで、オペラだったらなおさらなのです」

さて、毎年のようにウィーン・フィルの定期演奏会に出演するようになった小澤は、ヨーロッパ、そのほかの国外演奏旅行にも同行するようになった。ヴィオラ奏者で、サイトウ・キネンや室内楽勉強会の講師の川本嘉子は「小澤さんの指揮で弾くと、死んじゃうかもしれないくらい集中してしまう」と冗談めかして言うが、ウィーン・フィルの団員は、いつも小澤のように全身全霊をかけて演奏するわけではなかった。小澤のタクトに応えないこともあって、「きょうはやる気ない、真面目にやってない」と、楽屋で馴染みのファンにぼやくこともあった。

ハイドンの交響曲第六十番「うかつ者」、バルトーク「中国の不思議な役人」、ドヴォルザーク交響曲第九番「新世界より」などをプログラムに掲げた一九九三年のツアーは、ミュンヘン、パリ、ベルリン、ロンドンを回り、十一月になるとさらにアジアへと続いた。台湾、ソウル、大阪、名古屋、東京、仙台――。

同年には野村証券がスポンサーとなり、それ以後、五年間にわたって「ウィーン・フィルハーモニー・ウィーク・イン・ジャパン」が開かれた。

この公演のプログラムには、弱冠二十歳にして七一年よりコンサートマスターとなったライナー・キュッヒルのインタビューが掲載されている。小澤の特質は二十世紀の音楽、特にバルトークやストラヴィンスキーであり、指揮は明確で、リズムもアーティキュレーションもはっきりしていると発言している。「特別なエピソードが小澤との間にあるか」との問いには、「そうですね。残念ながら私たちがこれまでカラヤンやベーム、バーンスタインなどと体験してきたようなことはまだないのですよ。それほどお付き合いがないものですから。

小澤さんはとても気さくな方なのですが、私としては、指揮者というのはオーケストラの楽員と少し距離を置いた方が双方にとっていいのではないかと思っているのです。親しい楽員同士はDu（「君」の意の親称）で呼び合っていますが、団員と指揮者はやはりSie（「あなた」の意の敬称）の間柄で、距離を保ちつつ礼儀正しく接する方がいいと思いますね。（略）

我々メンバーが小澤さんのことをどう評価しているか、これは難しい。一度、メンバー全員が一人ひとりの指揮者についてどう思っているのか、秘密に調査していると面白い結果が出るかもしれませんね」と、笑って話を締めくくった。

ウィーン・フィルと小澤の初共演に日本のファンは歓喜し、チケットはまたたく間に売り切れ、これ以降、毎年、定期演奏会に招くようになった。こうして小澤＝ウィーン・フィルの良好な関係の積み重ねもまた、別組織とはいえ国立歌劇場音楽監督への道を開かせたはずである。九九年五月末から六月中旬にかけて、小澤はフレーニのチャイコフスキー「スペードの女王」とヴェルディの「エルナーニ」を四公演ずつ指揮するという大活躍もした。

また一方で、ボストン響とも積極的にヨーロッパや日本へのツアーを敢行し、それは絶賛され続けレパートリーも拡がっていった。

八九年にはボストン響のオーディションなどで新しく小澤が採用したメンバーも五十人となった。これでオーケストラの八割が、小澤の採用決定権行使（アポイント）によって採用されたことになった。小澤のめざす音楽を演奏する奏者のみが在団できるという雰囲気が醸成されてきていた。

地元紙「ザ・ボストン・グローブ」

私が初めてボストンで小澤を聴いたのは、この八九年の秋である。二十世紀初頭に建築されたレンガ造りのシンフォニーホールで、現地で活躍する小澤の指揮姿がいよいよ見られる。家人の都合でのボストン行きだが、私の本当の目的は小澤の存在だと考えるくらいに、ちょっと興奮した秋をむかえたことを記憶している。

ボストン郊外にある緑深いニュートンの教授宅で渡米最初のひと月ほどを過ごした。数軒先には、かつてバーンスタインの住んでいた屋敷が残っていた。

しかし、一年ほどのボストン滞在で、シンフォニーホールで小澤を聴いたのは残念ながら一度だけだった。

九〇年二月、小澤はそのシーズンのボストン響との全ての演奏会をキャンセルした。地元紙「ザ・ボストン・グローブ」には体調不良と書かれていた。この評伝のための取材を始めて判明したのは、小澤がどうやらこの年一月のスキーで骨折してしまったということだった。

しかし、小澤とボストン響の繋がりは強固に保たれていた。ラジオからは同楽団へ寄付をする日本企業の名前が延々と放送されていた。日本経済が力強さを誇っていた時代である。

オーケストラ恒例の資金集めのための催し「サリュート・トゥ・シンフォニー」もあり、アメリカで音楽監督の任についている小澤には、企業の社長のようにオーケストラのために金集めをしなければならないことが実感される機会だった。音楽のことだけを考えていればいいというわけにはいかないのがアメリカ社会である。

アメリカで長く教授職にあったチェリスト堤剛がそもそもアメリカに留学したのは、斎藤から「アメリカは新しい国で移民が主で、音楽面でもこれから拓けていく。日本もこれからだから、アメリカを見てくることは日本のためにいいんじゃないか」と言われたためだった。

「アメリカがどういう風に苦労して音楽を開拓していったか、学んでこい、というわけです。アメリカでは、オーケストラの運営に政府はタッチしない。全て寄付で成り立っている。大学でも寄付を集められる人が学長になる。州立大学でも寄付と半々です。そういう世界なので、ただ人当たりがいいだけではうまくいかない。指揮というのは、腕などを動かすだけで、演奏をしないので人頼み。それでも小澤さんは三十年近くボストンの音楽監督を務めた。それは稀なことです。ブラームスの解釈では随分苦労なさったけど」

さて「ボストン・グローブ」は、タブロイド判の大きさではあるが、毎日、分厚く、音楽批評も日本のような短評ではない。日曜日には週間レポート、ウィークデイには音楽コラムがある。数ページが割かれる充実ぶりで、音楽の詳細が記されている。

毎日配達されるタブロイド判の記事を追っていくと、徐々に「ボストン・グローブ」の音楽欄では、小澤の指揮があまり評価されていないこともわかってきた。

少し遡って、一九八六年十月二日、マーラーの交響曲第二番についての批評家リチャード・ダイヤーの署名記事ではこんなものもある。

〈アンサンブルはボストン響の最高水準とはいえなかった。この作品で一九七九年にクラウディオ・アバドが引き出した響きからは遠く、小澤の全体的な解釈はイタリアの指揮者の正確で深い感情を伴った解釈には及ばなかった〉

また、ボストンのもうひとつの有力紙「ボストン・ヘラルド」にも同じ日のコンサートが批評されている。

批評家のエレン・ファイファーはスケルツオを「惨憺たるもの」とこきおろし、最終楽章についても〈テンポは多くの部分で遅くなりすぎ、フレージングは型どおりで単調。小澤はクライマックスの箇所に力を入れたが、それぞれを徐々に盛り上げることに失敗し、最後に嵐をもたらすことが出来なかった。彼はマーラーの厳密に計算された効果を生かせず、雷鳴のようなパッセージもあまりにどんよりした泥沼と化し、音楽の流れが明確にならなかった〉と手をゆるめない。

客演指揮者が来ると賞賛を与えるのにである。また、同じ曲を小澤とボストン響がヨーロッパ各都市で演奏すると、絶賛の嵐となる作品が、このような批評を受ける。

これは、小澤がボストンから離れていることが多いためだろうか。

雑誌「ボストン」でクラシック音楽のコラムを担当していたカール・A・ヴィーゲランドは、

小澤とボストン交響楽団について『コンサートは始まる　小澤征爾とボストン交響楽団』（木村博江訳）という書籍を出版している。

ここでは、一九八六年から八七年にかけての一年が詳しく描かれる。ヴィーゲランドによると、小澤はボストンを不在にすることが多いため、いったんボストンに戻ってくるとステージ以外の仕事で追いまくられることになるという。たとえばマスコミがインタビューを申し込んでも引きのばされ、土壇場になって約束をキャンセルされることも多い。記者会見や写真撮影は許されるが、個人的に飛び込みでインタビューするのは不可能なのだという。これは日本でも同様で、小澤がボストンを離れた後のことだが、ある宗教系の英字雑誌がインタビューを申し込むと、「音楽雑誌か百万部以上の刊行物ならインタビュー可能」といわれ、諦めたという。小澤のマスコミへのガードは固かった。

ボストンの音楽記者たちは、時に指揮者たちと夕食の機会を持っていたようだが、小澤との時間は絶対に叶えられなかった。

しかし、そんな小澤の対応が新聞の音楽批評に影響を与えることがあるだろうか。日本では紙面の制限もあり徹底的な批評はなされないが、ボストンの新聞批評は厳しい。指揮者はもともと孤独なものだが、ボストン響内部での問題も起こっていた。

ボストン響でのオーディションとストライキ

すでに小澤は一九八四年、コンサートマスターを交代させていた。前任者のジョゼフ・シルヴァースタインは、二十九歳の時にコンサートマスターとなり、二十年以上その地位にあった。彼は外交的でもあったから、ボストンの重要な行事で集うセレブリティとしても欠かせない存在感を示していた。楽団においても、後半の十二年ほどは副指揮者も兼任し、小澤との連携が必要だった。

ところが、二人の間には演奏について微妙な解釈の違いが生じはじめ、それを感知した楽員たちの間にはしらけたムードが漂いはじめた。

小澤はコンサートマスターの交代を決断し、新しいコンサートマスターを選ぶためのオーディションが行われた。ヨーロッパから飛んできた奏者や、内部からも六人が応募したが、結局、コンサートマスターに選出されたのは、カナダ人のマルコム・ロウだった。

アメリカでは知名度のないヴァイオリニストだったが、故郷では賞を獲得してソリストとしても活動し、またケベック交響楽団のコンサートマスターの経験も積んでいた。一方、内部から応募したヴァイオリニストのうち何人かは、まもなく退団した。

ボストン響のコンサートマスターは契約上、すべてのオーディション委員会に参加する義務がある。だからマルコム・ロウは小澤から毎回相談を受けている。もちろん小澤に決定権があるのだが、人事というのは生易しいものではない。オーケストラのレベルが、楽員一人ひとりの力量によって左右されるわけだし、指揮者とのコミュニケーションも大切である。演奏家選出はきわめて重要だ。

さらに、交代させたとしても、全てがうまく運ぶ訳ではない。小澤が選出した人物でも要求した音を出さない場合もある。

一九八一年にオーディションを受けて採用されたボストン響の首席トランペット奏者のチャーリー・シュレイターがそうだった。彼は解雇を申し渡された時、裁判に持ちこんだ。これについては、前述のボストン在住の記者カール・A・ヴィーゲランドが内部事情をよく取材している。

仮採用されたシュレイターは、一年後に本採用となった。この時小澤は、シュレイターの「音量」が気になりながらも本採用の決定を下していた。

シュレイターはニューヨークのジュリアード音楽院を卒業したプライドの高い演奏家で、それまでミネソタ管弦楽団に在籍していた。ミネアポリスのホールと、輝くような響きを持つボストンのシンフォニーホールとは違う、音響の違いをじきに彼もわかってくれるだろう、と小澤は考えた。

また、時々ヴィヴラートをつけすぎた。小澤は「音量に注意してくれ」と本採用の際に注文をつけた。自己主張する音を出したいのだろうが、首席が音量を上げると、それにつられてほかのトランペット奏者も大きく吹いてしまう。さらにそれにつられて金管楽器全体の音量も増してしまいがちだ。それでは金管とオーケストラ全体の演奏とのバランスが崩れてしまう。

これは小澤にとっては認められなかった。色彩、融合、調和のためには、どのセクションも自分を強く押し出してはいけない。

三年目のシーズンに問題が起こった。シュレイターが昇給の要求をした時、小澤の側は彼に解雇を申し渡したのである。もちろん小澤の口から聞かされたのではなく、オーケストラ・マネージャーの職にある、大卒四年目の若い女性からだった。

小澤が解雇の手続きに関わることはない。それは小澤が音楽監督を務める新日本フィルでも、サイトウ・キネン・オーケストラでもそうである。

法廷闘争の証言

シュレイターとの法廷闘争は長引いた。正式な契約満期終了通知が送られてくると、彼のほうは労働協約に基づいて訴訟を起こした。シュレイターのような経歴の奏者を音楽監督が解雇するのは、アメリカではほぼ起こらないことだった。

一九八四年十二月、ニューヨークで二日間にわたる陪審員裁判が開かれた。小澤は音楽的な論点について証言した。本採用からたった二年で彼を解雇することになってしまった理由を述べなくてはならなかった。しかし、シュレイターの弁護士はこれには反論せず、音楽監督が正しい手続きを取らなかったことを争点としてきた。小澤は解雇の理由にあたるものを正確に伝えていなかったとされた。楽員仲間の何人かはシュレイターの弁護に登場した。楽団には労働協約があり、これは楽員を守るために存在する。本来、指揮者の気まぐれから解雇されるような事態をふせぐために作られたものなのだ。指揮者が絶対者である時代は過ぎていたともいえる。

ボストン・グローブは「トップの存在そのもの、つまり音楽監督自身に統率力が欠けている」

などと書いた。小澤にとってストレスの続く日々だったことだろう。

一九八五年四月、判決が下され、裁判では小澤側の主張は認められなかった。芸術的な問題に触れられることはなく、シュレイターはボストン響に在籍し続けることが認められた。かといって、このような裁判のあとで、小澤とシュレイターの間にしこりが残らないはずはない。また、こういった雰囲気はほかの奏者たちにも微妙に伝わり、演奏を左右することになる。

小澤はシュレイターにやっと接近して言葉をかけた。

「やり直そう——」

言葉は少ないが、なんとかうまくやっていくしかない。それに、小澤はもともとこだわりのない、さっぱりとした気性の男だった。だが、ボストン響との十四年目のシーズンには、さらなる苦難が待ち受けていた。

楽員の抗議

一九八六年の秋から始まるシーズンの開幕に、小澤はマーラーの交響曲二番をもってきた。年末にはこの曲で録音を予定していた。これは小澤にとっては世界的な看板となるはずで、フィリップス・レコードが名乗りをあげていた。

その大切なマーラーの二番でシーズンを開ける初日の十月二日の夕刻、マサチューセッツ通りにあるシンフォニーホールの正面入り口の近くでは、あと一時間後に演奏会が始まるというのに、雨のなかオーケストラのメンバーたちがビラを手にして立っていた。

初日は演奏会のあとに「ガラ・ディナー」が設定されており、二五〇ドルを払って最高の音楽と食事を楽しもうというボストン・シンフォニーのパトロンたちが大勢参集する晩だった。

大型のリムジンから観客が降りてくると、オーケストラのメンバーは走り寄ってビラを渡す。

そこには「ボストン交響楽団メンバーからのメッセージ」と一ページにぎっしりと文章が綴られていた。

——ボストン交響楽団はほかの大オーケストラ並みの給料と待遇が確保できなければ、今後世界最高の音楽家を集めることは難しくなる。

九月以来、オーケストラは契約なしで演奏を続けていた。夏のタングルウッド音楽祭の最終日で契約は期限切れとなり、新たに三年間の労働協約が結ばれなかったので、ボストン響始まって以来の抗議デモに入ることを計画していた。

それまで入団一年目の奏者は年収四万五八〇〇ドル弱となっていた。年月が経つにつれほとんどの奏者は契約以上の収入を得てきたが、首席奏者といえど七万五〇〇〇ドルを超えることはない。例外はコンサートマスターで約一〇万ドルの年俸である。

収入が労働協約に当てはまらないのが指揮者で、小澤は年間約四〇万ドル以上の収入だった。次の高額所得者は演奏者でなく、オーケストラの総支配人で一四万ドルとなる。

オーケストラ奏者たちは常にボストンにいて演奏し、客演指揮者とも共演する。一方小澤はあまりボストンにいず、支配人は演奏しないということが、不満を高めていた。ボストン交響楽団の予算は総額二四〇〇万ドルにもなり、世界のオーケストラのなかでも際立っているのに、指揮者や総支配人らの仕事量と年収額のバランスから考えると楽員たちは不遇である、という結論が導きだされるというわけだ。

その莫大な予算には、小澤が日本企業から集めた寄付が入っていることは考慮されていないようだった。彼らにしてみれば、あくまでボストン交響楽団によせられた寄付だった。

ボストン響は膨大な出費を補う資金を常に求めていた。奏者たちの給料や指揮者、ソリストたちの出演料が出費の最大の比率を占める。チケット売上は年間で約一四一〇万ドルである。一番高いチケットが三八・五ドルだが、これはアメリカのオーケストラでは一番高いから、これを値上げすることは憚られた。

雨のなか、テレビ・カメラがシンフォニーホールの正面玄関での出来事を撮影している。演奏会用の服装に着替えたメンバーたちが、いくつかの扉のあたりで並んで立っている。レポーターは労働組合長の首席トロンボーン奏者をインタビューし、タキシードやロングドレスの観客たちはビラを受け取り、中の広間でシャンパンを飲みはじめる。

小澤の姿は見えない。この日、ビラ配りを止めて奏者たちが楽屋に戻ったのは、開演十分前だった。

当事者である小澤は何の反応も返さなかった。また、返す時間もなかったのだろう。ボストンが終わったら翌日はコネティカットに移動してもう一度マーラーの二番を演奏する。翌週はプロコフィエフの三時間に及ぶ組曲「ロメオとジュリエット」のリハーサルと演奏会、そして録音と、ぎっしりとスケジュールは分刻みに決まっていたし、そのあとも今後取り組む作品の譜読みがある。初日の批評すら気にする暇もないほどなのである。もっとも小澤は批評を読まない。どうせ有力紙ボストン・グローブの批評家ダイヤーは、相変わらず意地の悪い見方しかしないからである。

この二週間後にはベルリン・フィルハーモニー管弦楽団がボストン響のシンフォニーホールで演奏会を開いたが、病に伏していたカラヤンの体調が依然回復しないために、小澤が代わった。その時もブラームスの交響曲第一番で、シンフォニーホールは熱狂的にもりあがったのだが、ボストン・グローブは「田舎じみた興奮」と書いただけだった。

内部ではオーケストラ側の行動はおさまらず、ボストン響のメンバーはベルリンの楽員たちを招く昼食会を催したが、なんとその日にストライキ委員会が結成されたのだ。奏者たちに送られた手紙は、初日にまかれたビラよりも過激さが増していた。

契約調停が行き詰まったこの出来事は、アメリカ中の音楽家たちを動かしたといってもよかった。他の州にある遠くのオーケストラの楽員たちからも、成功を祈る手紙がたくさん寄せられてきた。ボストンでの結末がアメリカ中のオーケストラの労働条件に影響を与えると考えられたからである。

レナード・バーンスタインからも楽員長宛に手紙が届いた。

「あなたが関わっている芸術は貴重なものです。愛情を持って優しく扱ってほしい」

それはどちらの側にも加担するものではなかったから、小澤を救うことにもならなかったのであるが、バーンスタインはオーケストラ楽員の地位向上など民主化には大いに関心を寄せた指揮者だった。

契約に関するこの問題は、月末までに決着がついた。楽員たちには三年間で一五パーセントの昇給が決められ、満足する結末を迎えたためだった。

録音と労働時間

小澤がマーラー・チクルス（連続演奏会）を始めたのはこの八六年からで、四年がかりで交響曲全曲と三つの歌曲作品を取り上げることにした。録音も並行して行われることになった。

ことに初日を飾るマーラーの二番は、一九一八年にボストン響が初演したものであり、プログラムに頻繁にとりあげられる交響曲だったから、オーケストラにとっては馴染み深い曲だった。しかし、労働協約という側面からみると、マーラーを演奏する場合にはさまざまな問題も出てくる。

交響曲二番はベートーヴェンの第九のように、オーケストラだけでなく、合唱団、独唱の歌手たちが加わって二百五十名を超える大編成となる。曲自体も一時間半に及ぶ壮大かつ巨大なものである。このような大曲を、たった四回のリハーサルで仕上げなければならなかった。

マーラーの二番はレナード・バーンスタインの名録音がすでにある。彼によってマーラーは第二次大戦後、脚光を浴びはじめたといってもいい。

録音についてはボストン響が果たせば二十九枚目となる。すでに小澤には新日本フィルとの録音もあり、バーンスタインとも違う小澤独自の世界を創出しなければならなかった。そのためにはリハーサルが重要だ。ところが、足かせとなるのがオーケストラの労働協約だった。

一日に二回リハーサルがある時には「二回目の設定をどのようにするか」「休憩時間をどうするか」まで制約がある。一回のリハーサルが九十分続く場合は、二十分の休憩をとることになっている。もし指揮者がそれを守ることができそうもないと予想される場合は、前もってオーケストラ委員会に諮らねばならない。委員会はもちろんこれを拒否することもできる。休憩なしにさらに六十分を超える場合は、リハーサルを終了とするか、超過手当の対象となる。さらにコンサートとリハーサルを合わせた回数も、一週間に八回と制限されている。小澤はリハーサルを凝縮して、効率的に運ばなければならなかった。

そのためには、散文的に説明を与えることはできず「第二ヴァイオリン、デクレッシェンド！」と簡潔に叫ばざるをえない。もとより小澤のタクトの明確さは定評があるが、リハーサルには言語が必要だった。言葉の魔法による楽員と指揮者のコミュニケーションにより、一体化した演奏ができるようになるはずだった。だから英語の語彙力も必要だ。だが指揮者にはたしかに語学力は必要だろうが、それ以上に思想が必要なのではないだろうか。楽員は演奏する機械ではない。楽員に指揮者がどのように曲を解釈しているかが伝わってこそ、音楽の深遠にともに歩んでいくことができるはずだ。指揮者とは、オーケストラの楽員一人ひとりが別々の概念で音楽を奏でるのを同じ方向を向かせて音楽を創造していく音楽家である。小澤は演奏家一人ひとりと対峙しなければならない。

ところが小澤には、ともかく時間がなかった。

「シンコペーションがすごく変だ！」

「きれいすぎる」

「まだだめだ」

第一音から繰り返し演奏させる。

「二つの音にスラーをつけるべきか」という楽員の質問に対して返答はしても、なぜそうするべきかの説明をする時間もない。

小澤は猛烈に細部にこだわる。徹底的に楽譜にこだわる。暗譜するほどに。しかし、手馴れたマーラーで十回も繰り返しをさせられると、楽員の一部には辟易したムードも漂ってくる。

ボストンのフリーランス記者リンダ・コールマンによる楽員への取材である。

「よく思うんですが、（小澤の）解釈は木の一本一本にこだわりすぎて、森全体を見失っている」

「彼はメニューや電話帳、あるいは『リヤ王』も暗記できるでしょうが、作品にある詩は理解しません」

小澤のリハーサルのスケジュールの組み方については、あたりまえだが好意をもつ人もいれば、そうでない者もいる。楽員のなかには小澤のお気に入りのティンパニ奏者エヴァレット・ファースのような音楽家もいる。彼は後にサイトウ・キネン・オーケストラのメンバーとして招集された。

小澤はつねに時間との闘いを強いられた。本番前日に最終楽章をやる時間がなければ、本番の日の午後のリハーサルにまわされることもある。八六年のマーラーの初日がそうだった。

ボストン・グローブの手厳しい批評は「ボストン響を取り巻く問題は、契約などの問題ですべて片がつくものでもなさそうだ」と結ばれている。オーケストラの楽員との関係が演奏を左右することは明らかだった。

小澤はステージでは率直で明るいアメリカ人のように振舞うのに、ステージ以外ではそっけない、とっつきにくい音楽監督のようだった。

このようにボストン響とはある時期、さまざまな問題に見舞われた。しかし、この辛苦の時期を乗り越え、小澤は音楽監督として、アメリカ・オーケストラ史上最長の二十九年の長きにわたる任期を務めるという偉業を成し遂げてしまうのである。

ボストン響への貢献

アメリカは一九七〇年代に経済成長率が低下し、生活水準の向上率も鈍っていた。公共事業予算は減り、ボストン市内の道路には、雨でもふれば大きな水溜りができる穴がいたるところにあり、車で走ると体が上下に揺れた。建物の外壁のスプレー・ペインティングは消されることもなく、街にはホームレスの姿が目立った。

一方、日本では七〇年代半ばから経済は安定成長に入り、九〇年代初頭まで空前の好景気が続いた。世界経済は日本企業が牽引し、コンピューター、半導体や通信機器を売る世界一の総合電機メーカーのNEC、トランジスタラジオやウォークマンのソニー、ロータリーエンジンのマツダなどの製品は、世界市場を席巻した。かつて一ドル三百六十円だった換算レートは、百五十円台で取引されるようになり、円高を利用し海外に不動産を求めた企業も多い。

トヨタでは高級車セルシオが発売された。また海外を主要マーケットに定めた上級ブランド・レクサスが、世界的なブランド力形成の大きな戦略となった。この時トヨタの純正カーオーディオに採用されたのがナカミチである。そんな好調な幾多の日本企業のサポートは、小澤率いるボストン響の経営に潤沢な予算を与えた。

小澤はボストン響とは充実した録音を残している。コンサート・ステージでオペラを取り上げ、カラヤンが試みたように一つの作品をステージに乗せて、そこで練り上げてから録音する方法を採用した。ただモーツァルトやプッチーニ、そしてワーグナーの主要作品への取り組みは見られなかった。一方で、演奏旅行を積極的に行い、多くの地域にファンを作ったのも小澤音楽監督時代の特徴だった。

七六年から九九年にかけて、小澤とボストン響は国内外合計二十四回のツアーを実施している。ヨーロッパ八回、日本六回、南米一回、香港や中国も二回ずつ訪れた。一方、国内の全米ツアーは数年に一度の五回のみである。アメリカでは残念ながら、地元ボストンと定期演奏会のあるニューヨーク以外で、小澤＝ボストン響を聴く機会は少なかった。

小澤が地元市民だけのために活動することはできないのは自明のことだったが、「それでも」と同響の広報は口にせずにはいられなかった。

〈マエストロ・オザワはボストンにあるオーケストラの音楽監督でもあり、従って同地の音楽文化に精一杯寄与すべきである。例えば彼はチェロのムスティスラフ・ロストロポーヴィチと組み、日本の音楽的過疎地を巡演しているが、そのような取り組みこそ、このマサチューセッツでもなされなければならない、何故ならBSOは、マサチューセッツ州民のオーケストラだからである〉（上地隆裕「音楽芸術」一九九九年七月号）

小澤はロストポーヴィチに誘われて、一九八九年から日本で「コンサート・キャラバン」、別名「スラヴァ・キャラバン」と称して、僻地に音楽を届ける活動を始めた。周りからも長すぎると言われるようになったボストン響音楽監督の辞任も視野に入っていただろう。小澤は少しずつ活動の拠点を日本に移しつつあった。

九〇年には、茨城県水戸市が市政百年記念事業の一つとして水戸芸術館を開設した。市長だった佐川一信が吉田秀和から講じられた中央大学での音楽講義が忘れられず、彼に館長を依頼し、吉田が小澤に相談して水戸から世界向けの発信を意図して室内楽団を結成した。現市長の高橋靖によると「今は予算は少し減っているが、当初から市の予算の一パーセントを芸術館関連に使うことになっていた。小澤さんで思い出すのは、水戸室内楽団がサントリー・ホールで公演をした後のこと。天皇皇后両陛下をお迎えする部屋で歓談したのですが、両陛下に対して、ホームパーティーでのような気安さで接してらした。凄い方に水戸に来ていただいていると思いましたよ」。

水戸は、サイトウ・キネンの中でも精鋭の奏者達が十分な練習の上で音楽づくりをする場となった。小澤は吉田に請われ、総監督に就任した。

この頃、妻のヴェラとオザワを組み合わせたような名称の個人事務所「ヴェローザ・ジャパン」を設立する。小澤も一般人の定年の六十歳に近づいていた。

第6章

サイトウ・キネン・フェスティバル

斎藤秀雄先生を偲ぶコンサート

斎藤秀雄没後八年にあたる一九八二年、五十三名の弟子が一堂に会した「斎藤秀雄先生を偲ぶチェロ・グランド・コンサート」が東京文化会館で開催された。戦前からの弟子を始め、子供時代から斎藤に師事し世界的チェリストに成長した弟子たちである。彼らは桐朋学園音楽科で「チェロ族」と呼ばれ、斎藤にもっとも近い弟子と畏怖された集団だった。

そのなかの一人で、ドイツで活動後、読売日本交響楽団首席チェリストとなった千本博愛《ちもとひろちか》はこう振り返る。

「斎藤先生が亡くなって、ますますその偉大さがわかってきた頃でした。七回忌が過ぎて、なにか皆でできないか、と相談して演奏会を企画した。本来は広く楽壇にはかって、すべての門下生で企画進行しなければならないところですが、まずチェロの弟子から初めてこの輪を拡げてゆくきっかけになればと思っていた。そのとき小澤さんはチェロ族に先にやられた、と思ったらしく、その後秋山和慶さんと相談して、斎藤先生を偲ぶオーケストラをやろうということになったようですね」

千本の言葉を裏付けるように、この「チェロ・グランド・コンサート」のプログラムには小澤の言葉が載せられている。

〈こんなにたくさん斎藤先生のチェロのお弟子さんが集まって音楽会をなさるということは、さぞかし斎藤先生も喜んでいらっしゃると思うし、僕らのように指揮の弟子達から見てもうらやましいと思うような感じです。最も、指揮者の弟子仲間では、こんなに集まって何もすることもできないということになってしまうでしょうが……。

斎藤先生がなくなってもう8年になろうとしていますが、この何年もたった今でも、時々、「今、斎藤先生がいてくれたらなあ」と思うことが、僕自身音楽をしている時もあるし、あるいは、僕自身が若い人を教えている時にも感じます。又、日本に帰ってきて、ちょっと電話をして話をしてみたいなあ、先生に会って話をしてみたいなあ、と思うことがまだあります。

これは、おそらく何年たったらこのような現象がなくなるというのではなく、我々が音楽活動をしていくにあたり、いつまでもついてまわる斎藤先生対我々弟子の関係だと思います。

斎藤先生がなさった音楽活動が、どんなに大事な尊いもので、すばらしかったかという事を、このような会で又考えかみしめるということも大事ですし、日本だけでなく世界の音楽界で、その価値が認められていくように我々みんなでがんばっていかなければならないと思います〉

そして没後十年の一九八四年、小澤と秋山和慶の呼びかけでオーケストラが結成されることになり、斎藤の薫陶を受けた門下生が集って「斎藤秀雄メモリアル・コンサート」が九月十七日と斎藤の祥月命日の十八日に大阪と東京で行われた。モーツァルト「ディヴェルティメントニ長調K１３６」、シューマン交響曲第三番「ライン」、R・シュトラウス「ドン・キホーテ」（チェロ＝堤剛、ヴィオラ＝今井信子）、斎藤秀雄編曲のJ・S・バッハの「シャコンヌ」などを二人で振った。

海外から馳せ参じた演奏家は約四十人で、ほとんどがソリストとして活躍していた。メンバー一人ひとりに支払われたギャラは一律十万円で、往復の足代も十分に出なかった。そのメモリアル・オーケストラの音色はマスコミから「夢の百万ドルオーケストラ」と絶賛された。

小澤はこのオーケストラの響きを忘れることができなくなっていた。斎藤の教えという共通の文法をもつこのオーケストラは、他のオーケストラのどれとも違っていた。音楽における語法が共通していて、どういう気持ちでどう表現するかが暗黙のうちにわかっていた。呼吸の仕方も同じだった。

三年後の一九八七年には、ふたたび十日間だけ集まる変則的なオーケストラとしてヨーロッパ・ツアーを敢行した。このとき「サイトウ・キネン・オーケストラ」という名称が初めて使われた。

私が、斎藤秀雄の名前を冠したオーケストラができたことを知ったのは、この年である。当時、家人の仕事の都合でドイツに在住しており、フランクフルトの劇場の前で小澤の写真付きのポスターを目にした。そこから小澤はなぜそんなに斎藤秀雄のことを尊敬し続けるのかと興味を持ち始め、斎藤秀雄伝の執筆へと進むきっかけとなった。

小澤のマネージメントをしていた梶本音楽事務所の平佐素雄がその由来を知っていた。

「メモリアル・オーケストラというのは、海外で活動する時にはどうかということになって、〈なんとか記念〉というのはよくあるネーミングなので、キネンという日本語をそのまま使ってオーケストラの名称に入れようということになった。北欧の人の名前にも『ネン』という語尾がよくあり、海外の関係者から提案された」

秋山と小澤の指揮でウィーン、フランクフルト、ベルリン、パリ、ロンドンなどヨーロッパ主要都市を回り、アンコールは必ずモーツァルトの「ディヴェルティメントK１３６」だった。これを演奏するたびに指揮をする小澤の目には涙があふれた。オーケストラ・メンバーも、小澤の視線の先にいる師の姿を共有していた。

この年のツアーではボストン響も支援してくれたＮＥＣがスポンサーとなってくれた。しかし、単発のツアーでなくその後も継続的な活動をするためには、そうとうな理解を持って援助してくれる企業が必要だった。

俺に反対できるのはあんたぐらい

小澤のその思いをうけ止めたのが、三歳年下でアマチュアの諏訪交響楽団会長をつとめていた武井勇二だった。二人の出会いは一九六四年にさかのぼる。その頃小澤はトロント交響楽団音楽監督、武井は諏訪のセイコーエプソン本社に勤務しながら、諏訪響でヴァイオリンを弾いていた。この年の一月、小澤は成城学園時代の担任だった長野県出身の今井信雄の仲介で諏訪響を指揮することになった。本番当日に帰国するとそのまま諏訪入りし、すぐにリハーサルを開始して四時間ぶっ続けで練習したあと、六時半から本番にのぞむ強行スケジュールをこなした。武井は詳細を記憶していた。

「武者修行の本やN響事件で有名になっていたときで、お客さんもいっぱい入りました。私は当時、諏訪響では下っ端でしたが、いずれ楽団を率いていかなくてはいけないという思いがあり、翌朝八時に小澤さんが宿泊している旅館に挨拶に行った。小澤さんは朝五時に起きて諏訪大社を訪ねたあとスケートを滑っていた、と言ったので驚きましたね。小澤さんが二十八歳、私が二十五歳で、その時撮った写真もあります」

武井はそれ以降、小澤が日本フィルを指揮するときには東京まで聴きに出かけ、必ず楽屋を訪ねて写真を撮ったりしたが、特にこれといった話をするわけではなかった。

それまでの関係に変化が訪れたのは出会いから二十四年後、サイトウ・キネン・オーケストラのヨーロッパツアーの翌年の一九八八年だった。諏訪と隣の茅野市は奇しくも日本フィルの創立指揮者・渡邉曉雄のゆかりの地で、渡邉のメモリアルホールが建てられ、武井は小澤の弟の幹雄を招いて落語公演を依頼した。幹雄は俳優であり、ラジオ番組のパーソナリティとしても活躍しており、落語を趣味としていた。兄の演奏会には必ずといっていいほど顔を出す幹雄とは、いつのまにか自然に面識を得て、征爾よりもむしろ幹雄と喋ることが多かった。

このとき幹雄の口から「征爾が二つのことを考えている」という言葉が出た。こういうことは初めてだったから、武井は身を乗り出した。小澤は諏訪を訪れることになった幹雄に自分の願いを託した、と理解した。

——タングルウッドにコンサートホールを建てたい。

——サイトウ・キネン・オーケストラを育てたい。

これらの実現のために、武井の勤務しているセイコーエプソンにスポンサーになってほしい。幹雄は率直に武井にそう伝えた。

武井は遠いアメリカのホール建設は不可能だと思ったが、サイトウ・キネン・オーケストラについてはなんとかなるかもしれない、と直感的に感じた。それまでのサイトウ・キネンの活動の詳細については、すでにテレビの密着番組などを見て知っていた。

小澤の音楽は長年にわたって聴いてきたし、応援もしたい。小澤から直接、胸の内を聞いてみたいと武井は幹雄に伝えた。第5章で述べた、一九八六年から毎年小澤が主宰する「小澤国際室内楽アカデミー奥志賀」に武井は出向いた。

「サイトウ・キネンをライフワークにしたい」

小澤は明言した。前年にはボストン響で楽団員によるストライキも辞さない混乱があったし、近い将来のボストン響退任後は、サイトウ・キネン・オーケストラを中心とした活動を模索しているようだった。武井の決心は固まった。

「わたしは、この男は金をかける価値があると思ったのです」

折しも、武井の直接の上司であり、世界初のクオーツ式腕時計の商品化を成功させた中村恒也が一九八七年からエプソンの社長となっていた。武井の脳裏には、この天才的な男二人を引き合わせたいという思いも膨んだ。武井は中村に持ちかけ、その翌日にはイエスの回答をもらった。奥志賀から小澤を連れ出し、中村に挨拶に来てもらった。

こうして三年間にわたるエプソンの支援が約束され、八九年九月には第二回のヨーロッパ・ツアーが行われた。秋山がシューベルト交響曲第五番を、小澤がブラームス交響曲第四番と武満徹の「ノヴェンバー・ステップス」を振った。

レコード・レーベルのフィリップス・クラシックによる録音もこのツアー中にウィーンで行われた。小澤指揮のブラームスと武満徹作品で、ウィーンのコンチェルトハウスでのリハーサルは延々と続いた。それはほんの数日で、ヨーロッパ最高のオーケストラになろうとするかのような練習ぶりだった。アメリカから参加した演奏家が、音楽家の労働組合に訴えたほうがいい、と冗談めかして口にするほどだった。

「アンダンテをもっとよい表現で演奏してほしい」

小澤はそう頼むと、オーケストラの前でひざまずいた。それまでの小澤の指揮者人生にはなかったことだ。

小澤はこのオーケストラの前では音楽監督でも指揮者でもなく、メンバーは「仲間」だと言った。逆に仲間であるからこそ、初の録音では、指揮者の意思を実現するときには、ひざまずくほどのインパクトのある行為が必要だと考えたのかもしれない。小澤の気遣いはその後、長野朝日放送によるコンサート収録でも続いた。テレビ朝日の「題名のない音楽会」のプロデューサーだった大石泰は成城の自宅に呼び出され、「メンバー全員の顔を必ず一回は映すように」と厳命された。

チェリストの岩崎洸は、創立からのサイトウ・キネンのメンバーであり、この時のみならずその後のフィリップスによるレコーディングにも参加した。

「フィリップスとの録音で驚いたのは、小澤さんがプロデューサーの意見を最優先にしていること。小まめに確認に行って、これでいいか、などテンポや解釈についても聞いていて、柔軟なんだよね」

マネージャーの平佐素雄によると、最初のレコーディングで小澤一人が指揮することになったのは、フィリップスから「複数だと学生オーケストラみたいだ」と言われたからだという。ただそもそも、小澤は録音に対しては積極的でなかったという。カラヤンの名盤は勢い衰えず、小澤の世代を見渡せば、粒よりの才能の指揮者が揃っていた。小澤には、あまり録音されていない曲や、ポピュラーな売れ筋の曲がレコード会社から要望された。

この年は八六年についでボストン響がまた来日した。日本へのツアーは確かに多かった。小澤は軸足をほぼ日本に移していた。生前のカラヤンにサイトウ・キネン・オーケストラの優秀さをとうとうと述べていたこともあり、九〇年にはザルツブルク音楽祭へ招かれた。ロンドンのプロムナードコンサート、エディンバラ、ドイツなどの各フェスティバルへも参加した。

九一年にはヨーロッパ各地からニューヨークに至るツアーを果たし、コロンビア・アーティスツのウィルフォードが動いてニューヨークの新装カーネギーホール百一年目の「開幕ガラ・コンサート」にも出演した。

サイトウ・キネンの首席ヴィオラ奏者の店村眞積は、この時のツアーについて「思い出すと呆れる」という表情で振り返った。

「初期のころのサイトウ・キネンは、小澤さんの晩年のサイトウ・キネンとは違うんだよね。というのは、スケジュールが凄くキツく組まれていたけれど、だれも文句も言わないの。〝うち乗り〟と言って、移動して着いたらそのまま演奏会というのが続いたりしても、みんな平気。仕事っていう感覚がなくて参加していた。だから、言われなくても練習したり、斎藤先生のオーケストラでやったように楽器ごとの分奏を勝手に始めてね。あのころの情熱は凄かった」

一年に一度、世界中から集うと、斎藤の思い出がメンバーからつぎつぎと溢れ出した。メンバーの父兄もまた子供の演奏会に同行していた時代に戻ったように海外ツアーに帯同し、同窓会のような懐かしさが溢れていた。恩師の名前を冠したオーケストラの楽員たちは、会えばたちまちのうちに意気投合し、音楽は同じ方向を向いた。

「斎藤先生に教わったことをみなすぐに思い出す。僕たちは同じ音楽の言語をもっているから。こんなすごいオーケストラ、斎藤先生に聞かせたいと思うね」

斎藤秀雄伝のための取材の時に、小澤は私にそう語っていた。ただ、中には最初のメモリアル・コンサートには出演したが、その後のサイトウ・キネン・オーケストラは「斎藤先生が目指したものとは違う」と言って参加しなかったヴァイオリニスト原田幸一郎、ベルリン・フィルのコンサートマスター安永徹や、ソリストだから参加しないという演奏者たちもいた。それでも、サイトウ・キネン・オーケストラは日本では聴くことのできない「幻のオーケストラ」と呼ばれるようになっていた。

サイトウ・キネン・フェスティバル創設

小澤にとって、留まることは退歩を意味するのだろうか。九一年を最後にエプソンの支援は終わることになっていたが、小澤はサイトウ・キネンを永続的に活動させるために、このオーケストラを核として、音楽祭を開くことを考え始めていた。ウィルフォードも日本で腰をすえてやるべきだと主張した。

梶本事務所の小澤担当の平佐素雄が動きはじめた。デザイナーの森英恵や、小澤が「おやじさん」と呼び続けている江戸英雄らにも協力を求めた。

九一年一月に、武井勇二は東京の京王プラザホテルに呼び出された。武井が座ると小澤の脇にいる平佐が膝を乗りだしてきた。

フェスティバルの候補地が奈良市と松本市に絞られてきた。奈良開催になれば、関西の財界が全面的にバックアップすることになっていて好条件だが、奈良にはフェスティバルを開けるようなホールがなく、新たに建築することが必要だし、また大阪には日本最高齢指揮者の朝比奈隆がいてはばかられる、というのだった。

武井が振り返る。

「江戸さんが、東で育てたものを西にもっていかれたら寂しい、とおっしゃったとかで、僕も、もし松本市で開催となれば、ひき続きエプソンが支援できると同調した。こうして松本でという流れになった。僕は小澤さんに、すぐに県知事に電話してもらいたいとも頼みました」

小澤は奥志賀の常会の人々との関係から、一九九八年の長野オリンピックの誘致活動を始めていて、県知事とはすでに面識があった。松本では文化会館を建設中でもあり、今なら大規模なコンサートホールへの設計変更も可能だということも好条件だった。

こうして武井は再びセイコーエプソン社長を説得し、松本市での開催が決まった。さっそくウィルフォードが来日して、楽屋やオーケストラ・ピットの拡充を助言し、設計変更は了解された。すべてがうまく運びそうだった。

しかし、と武井は振り返る。

「やはりフェスは金がかかる。当初はいろいろ問題もおこり、僕はその火種を消す消防士のような役目でした。小澤さんは自分の音楽は変えたくない。だからしばしば問題が起こりました。小澤さんは人間としての目標が高い。謙虚であるところも驚くべきところ。でも芸術では妥協ができない。いったん許せないとなると、むくむくと激しい気性が起き上がってくる」

世界的なソリストを降板させてしまったことも二度あった。小澤の指名でキャスティングしたものの、声の質が合わず、相手から告訴すると言い出されてギャラを払って病気降板ということにした。もう一回は歌手の勉強不足で、小澤の指摘に自ら退いた。注目されている演奏家でも、アンサンブルに合わなければ二度と呼ばなかった。小澤と性格的に相性が合わない、目立ちすぎる演奏家もはずされていった。

「まあ、豊臣秀吉とか徳川家康などもそういう人物だった、と想像します。小澤さんが倒れるか、僕が倒れるか、とことん付き合うつもりでした」

武井は「俺に反対できるのは、あんたぐらいしかいない」と小澤に言われたこともあった。

当初から一緒に活動した秋山和慶には「船頭は二人いらない」というニュアンスが伝えられ、さらにオーケストラのメンバーも変わっていく。それは長く続くオーケストラの宿命かもしれないが、毎年招集されるとは限らず、メンバーは斎藤門下から小澤の「室内楽勉強会」の参加者などへと広がっていく。「室内楽勉強会」のリーダー格のチェリスト・原田禎夫は「この勉強会への参加がサイトウ・キネンのメンバーへのステップとなりつつあって、僕はちょっと危惧してます」と語る。若い演奏家たちにとってこのオーケストラに招集されることは名誉なこととなっていった。だんだんと小澤色が強くなっていき、創立メンバーの中でも小澤が信頼できる奏者だけが残っていった。ある楽壇関係者は「小澤が若い頃には、斎藤の悪口をよく言っていた。このフェスティバルもサイトウ・キネンでなく、オザワ・キネンだろう」と囁いた。しかし、ひとたび松本でチケットが売り出されると、テントを張って徹夜で多くの人が並ぶほどで、小澤人気の凄まじさが示された。

八九年七月、カラヤンが急死した。くしくも飛行機操縦などの趣味でも気の合うソニー社長大賀典雄が私邸を訪れている時だった。小澤はベルリン・フィルではこの数年前から、体調が悪くなっていたカラヤンから回された演奏会を含め年三回のプログラムを担当するようになっていた。

またザルツブルク音楽祭のキャンセルや、八六年の来日公演のキャンセルでもカラヤンの代役を務めた。ベルリン・フィルの後継者は小澤になるのでは、との日本国内の報道が音楽ファンの期待を高めた。

だが、一九九〇年に就任したのは、クラウディオ・アバドだった。同フィルは楽員の運営で成り立っている楽団である。常任指揮者の選出はまるでローマ教皇選出のように、長時間かけて楽団員による複数回の投票によって決めると元団員は語った。

「最初の段階で、候補にマエストロ・オザワの名前は出なかったと記憶している。最初に選ばれたのは、カルロス・クライバーだが、彼は断ってきた。それで再び投票をやり直し、最後に残った三人にもやはりマエストロ・オザワの名前は上がってはいなかった」

ロリン・マゼールやリッカルド・ムーティが選に漏れて立腹した話が伝えられていたから、彼らがアバドと争った最終候補だったのだろう。このベルリン・フィルの常任指揮者が決定した頃から、小澤のボストン響退任後はサイトウ・キネンが中心的仕事になるというのが衆目の一致するところになった。

ハーモニーメイトのボランティア

一九九一年、小澤は、半導体メーカーのローム創設者である佐藤研一郎が設立した公益財団法人ローム・ミュージック・ファンデーションの理事になった。関西に行くと小澤は、京都・祇園の会員制のバー「ぎをんてる子」に足を向けた。

私が朝比奈隆伝を書いた時、朝比奈と小澤について話したことがあるが、「小澤くんとは妙なところで会うんだよね」と言っていた。別の機会に私が小澤と話をした時には、小澤の方も「朝比奈さんとは妙なところで会うんだよね」と言っていた。側にいた長女・征良が「どこでしょう？」と嬉しそうに尋ねてきたので私が「祇園でしょう？」と答えると、「大正解！」とはずんだ声を響かせた。

ふたりが遭遇したのがこの「てる子」の開店何十周年かの記念の会で、朝比奈は財界人に連れられて行ったらしいが、会の発起人代表で挨拶したのが小澤だった。

私は松本のフェスティバルの後、てる子が関西のマスコミ人など二十数人を引き連れてやってきた打ち上げの席に同席したことがあった。てる子こと吉田久枝によると、小澤と出会ったのは京都の有名な割烹旅館「土井」での江戸英雄の座敷で、若き日のことだった。その後、「兄妹のような関係」は続き、芸妓を退いたてる子の会員専用バーに小澤は海外オーケストラのメンバーを連れてきたりした。最期まで小澤を応援した「戦友」でもあった。

さて、フェスティバル創設のために、小澤はローム財団の設立に関わった小川進吾を佐藤より紹介してもらい、企業からの寄付で「サイトウ・キネン財団」の発足にこぎつけた。

理事長には旧制成城学園高等学校ＯＢの大先輩である法学者・加藤一郎元東大学長がつき、小川が専務理事になった。フェスティバルの主催は「実行委員会」と「サイトウ・キネン財団」となった。

共催となる松本市と長野県からも予算がついた。セイコーエプソンほか、八十二銀行、信濃毎日新聞社、アルピコグループ、キッセイ薬品工業などが特別協賛である。こうして、一九九二年夏、第一回「サイトウ・キネン・フェスティバル松本」が開催されることになった。本拠地となる長野県松本文化会館も完成していた。総工費七十億円あまり、約二千席の大ホールである。

ところが、松本市ではある事件が起こっていた。

この年に行われた春の市長選挙で、「音楽とスポーツ都市宣言」を行ってサイトウ・フェスを誘致した和合正治《わごうしょうじ》市長が落選してしまったのである。選挙戦ではフェス開催か否かが争点となり、反対派として立候補した元県会議員の有賀正《あるがただし》が市長となった。

このあたりのいきさつについては、当時、松本青年会議所の理事長をつとめていた青山織人が詳しい。

「新しく市長となった有賀さんも内心ではフェスティバル反対ではなかったのだが、選挙戦の都合上、現職と反対の立場をとり当選してしまった。そのため意地をはってか、なかなかフェスティバルの準備にとりかかろうとしなかった。一方で、行政側の市役所の担当者も新市長に進んで話をしにいかなかった。だから運営については何も進んでいなかった。フェスティバル三ヶ月前のことですよ。ついに有賀さんが副市長を呼んで、『どうなっているんだ』となったらしい。まあ役人にしたら、お墨付きをもらわないと動けないのでしょう」

この数年前に松本市では、市立の小規模の音楽文化ホール「ザ・ハーモニーホール」が作られていた。税金が投入されるホール建設にあたっては、侃々諤々の論争が市民の間に巻き起こり「音楽ホールを考える会」がつくられた。

青山はこれに大きく関わり、運営は市民によるものとなり、市民から会員を募る「ハーモニーメイト」という組織がつくられ、総会を開くようになった。事務局長は市長、チケット取扱は市役所、運営はハーモニーメイトが行う形である。つまり会員は企画に関わり、会場でのチケットもぎりもする。もともとは音楽に縁遠かった青山が会長になった。

九二年五月、市役所でフェスを担当する赤廣三郎が青山のもとを訪れた。

「サイトウ・キネンを手伝ってくれということでした。でも僕のほうは『なんだそれは。競輪か？』と思ったほど何も知らなかった。小澤征爾さんが松本に来るというのはすごいことだけれど、松本にお客がくるのかとも思った。ハーモニーホールのような運営をやってくれと言われたけれど、みなに手弁当で頑張ってもらうのはいいが、責任と権限を同時に持たせないとだめだ、と返した。赤廣さんのほうは、ともかく手伝ってくれたら何でもいい、と。それくらいギリギリの時期になっていた」

結局、新設の長野県松本文化会館で開かれた第一回のサイトウ・キネン・フェスティバルはハーモニーメイト二十四人ほどが運営を引き受け、もぎり、会場案内、ドアの開け閉め、グッズ販売も行った。しかし、人手はとうてい足りず、青山は自分が経営する学校の職員から親戚までかり出した。

「コンサートには（当時の）天皇皇后両陛下もいらっしゃるとのことで、もう、わけがわからない状態でしたね」

第一回サイトウ・キネン・フェスティバル

「斎藤先生はね、ティーヤンティーヤンティーヤンティーヤン、アーンとやったのね。切ったの。そうじゃなかった？　僕は眼に浮かぶんだけどさ……」

私が見学にいったリハーサルでは、小澤の口から斎藤の言葉が昨日のことのように語られていた。斎藤の名前が出れば、それだけで気持ちは一つにまとまるかのようだった。

メンバーたちは、楽器別に分奏を重ね、そののちに全体で合わせるリハーサルが開かれる。このやり方は、斎藤が桐朋のオーケストラで行った練習そのものだった。

第一回のプログラムに、総監督として小澤は決意を書いている。

〈サイトウ・キネン・オーケストラは、私が齋藤先生から預かった、とても大事な宝物です。（略）

齋藤先生がやろうとしたことを、私たちなりのやり方で引き継ぐために、サイトウ・キネン・オーケストラは日本に腰を据えて音楽祭を開くことにしました―それがこの「サイトウ・キネン・フェスティバル松本」です。（略）

齋藤先生に音楽家にしてもらった私が、若い音楽家たちに今いちばん伝えたいのが、オペラの重要性です。これがサイトウ・キネンがオペラに挑戦する理由です。この音楽祭では、毎年オペラを取り上げていきます。

今年はオーケストラ・コンサートとオペラのほかに、サイトウ・キネンが子供たちのために開く演奏会も計画しています。聴いてくれた子供たちの中から、将来のサイトウ・キネンのメンバーが現れるかもしれないのですから、責任重大です。

最後になりましたが、私たちを受け入れて下さった長野県と松本市のみなさんに御礼を申し上げます。長野県と松本市のみなさんにも、サイトウ・キネン・オーケストラが自分の宝物と思っていただけるよう、よい音楽祭を作っていきます〉

この年はエグゼグティブ・プロデューサーとしてピーター・ゲルブが招かれた。ボストン交響楽団の広報にいた彼は、その後カラヤンなど大物音楽家と仕事を重ね、ロストロポーヴィチを撮った映像などで三度にわたってエミー賞を受賞し、ソニー・クラシカル米国社長を経て二〇〇六年にはニューヨーク・メトロポリタン歌劇場総裁となる。

彼が小澤のために企画したオペラはストラヴィンスキーの「エディプス王」だった。エディプス王にはテノールのフィリップ・ラングリッジ、同役のダンサーには田中泯、ヨカスタには世界を席巻していたソプラノ歌手ジェシー・ノーマンが招かれた。コーラスは東京オペラシンガーズである。演出は、その後まもなくミュージカル「ライオン・キング」の成功で世界的な名声を得るジュリー・テイモアをゲルブは指名した。文楽やジャワの影絵芝居など東洋演劇を学んだ彼女はここでもそうした影響を垣間見せ、これまで一般的だったオラトリオ形式によるものでなく、演劇的なダイナミックさを追求する独創的な舞台を作り出した。語りには唯一舞台で日本語を話す白石加代子、衣装にはワダエミ、振付に花柳寿々紫《すずし》と、日米の総力をあげたともいえるスタッフが揃った。

公演は、オーケストラ・コンサートに武満徹の「セレモニアル」、斎藤の思い出の曲となったチャイコフスキー「弦楽セレナーデ」、ブラームス交響曲第一番を小澤が指揮することになった。

九月五日の初日に向けて、準備は急ピッチで進められた。だが初日前に舞台関連の支払いを要求する会社が現れた。総監督の小澤が財団に支払いを頼んでも、金を握っている財団常務理事が融通をきかせてくれない。実は財団には、この時点では想定以上に高額となったオペラの経費六億円が集まっていなかったのだ。

板挟みになった小澤は嫌気が差してきた。九月一日の真夜中三時、平佐が小澤にかわって武井に電話をしてきた。「金は出ないし、やる気が出ない、フェスティバルをやるのは間違っていた、帰る」と小澤が言っているというのである。

九月二日も、午前中にリハーサルの予定である。いまさらそんなことを言い出すとは。こういう場合には、家族である。武井は征爾の母さくらを頼り、小澤を帰京しないよう説得してほしい、と懇願した。その日、小澤はさくらに説得されてか、しぶしぶ出てきたが、終わると東京・成城の自宅に戻ってしまった。武井は青ざめ、今度はファックスを自宅に送った。電話だったら小澤に押し切られてしまうかもしれないと、いちかばちかの作戦に出た。

明日、新宿発十時のあずさに乗れば間に合う。もしフェスティバルができないようなら、自分は会社を辞める——。それはいくぶん脅迫めいたものになってしまった。

その後、小澤からはなんの連絡もなかった。中央線の途中駅まで行って、小澤が乗るはずの電車に乗り替えた。

必死で探すが、グリーン車に小澤の姿はない。武井が小澤の姿を見つけたのは、自由席のいちばん後ろだった。そこで小澤は背中を丸めてスコアを見ていた。

松本駅に着くと、武井は腫れ物に触るように、小澤の好物の蕎麦を駅下の店で食べさせて、リハーサルにのぞんでもらった。それでも小澤は気乗りしない様子だったが、いきさつをまったく知らないオーケストラと練習を開始すると、音楽にのめり込んでいった。

こうして、両陛下も迎えて無事初日は過ぎた。郊外にあるハーモニーホールでは室内楽演奏会も開催され、十日間にわたるフェスティバルは、「ジェシー・ノーマン　ソプラノ・リサイタル」で締めくくられた。

フェスティバルのメインであるオペラ、小澤指揮の「エディプス王」はこの年のクラシック界最高の話題といっても過言ではなかった。

しかし、市役所内に置かれた実行委員会は、オペラという総合芸術がいかに経費を必要とするものかを初めて知り、財政面での危惧を感じた。

財団との訴訟問題

この第一回の金銭にまつわる小さなトラブルは、その後大きな問題となっていった。財団と常務理事との間に内紛が起こり、その詳細を「週刊新潮」（九八年四月二十三日号）が伝えている。そこでは創設時からの小川進吾常務理事と小澤の見解の相違が指摘されていた。

当初、財団事務所は赤坂にもうけられていたが、小澤が自宅に近い世田谷にも事務所を開いた。世田谷の事務所の方でオペラ公演計画は独自に進められ、コロンビア・アーティスツ・マネージメント・インク（ＣＡＭＩ）やＮＨＫとの放映権契約を勝手に結んでしまった。

北半球でのビデオ放映権はＣＡＭＩに、南半球のものをＮＨＫに与えるかわりに、ＮＨＫは五千万円をＣＡＭＩに支払う契約だった。なぜサイトウ・キネンの公演でアメリカの会社が利益を出し、財団がその公演で一億四千万円もの赤字を出さなくてはならないのか、というのが常務理事側の意見だった。

しかし、この契約書には加藤一郎理事長のサインがあり、加藤は「すべては芸術のためだ」と小澤をかばった。

延々と続く争いに追い詰められた小澤は、園遊会で美智子皇后に会ったとき、宮内庁の了承も得ず突如として、自分の芸術活動が苦境に立たされていると訴えたという。皇后には、このフェスティバルの「総裁」になってほしい、と懇願したとの話も記されている。第一回フェスの赤字は、協賛会社ほかから借りることによって解決となった。

その後、当時の桐朋学園大学長で、財団理事と実行委員をつとめる作曲家・三善晃に皇后からの電話があり、心配している旨が伝えられたという話が関係者間にいっせいに広がったという。

実際、三善は加藤理事長と小川常務理事の間に入って両者に「協議書」に署名させ、いったんは休戦となったという経緯があった。「週刊新潮」は、三善晃の談話を掲載している。途中から引用する。

〈現実にCAMIが世界の主な指揮者、演奏家を押えていますから、大変な力を振るっているのです。その力の前では、小沢征爾といえども、自分の自由にならないところがある。（略）オペラ「エディプス王」の放映権がいつの間にかCAMIの手に渡っていたことで争いが始まったのですが、オペラという総合芸術は規模が大きいだけに色々なものが入り込む余地があり、その公演に際しては、僕らの知らない設計図が描かれているものです。ところが、小川元常務理事がCAMIにガードを固くしようとしたため、オペラを成功させようと思っていた加藤理事長側と対立を生んだのです。（略）

そもそも財団を作るに当っては、小川氏に全面的に頼っています。資金集めのノウハウを知っている小川氏なしに財団は成立しなかった。小沢も、その点については〝小川のお陰だ〟と言っています。ただ、小沢は芸術活動では自分がやりたいことをする、という気持が強い。が、小川氏が財団の財布を握っていて、自由に活動させてくれない。なんだ、あいつはという気持になるんです。加藤理事長が、小沢の言うことは承認しようという姿勢ですから、ますます対立が深まった〉

加藤は退職金つきで退任を迫ったが、小川が拒否し、初期に小川が集めて管理していた十二億五千六百万円の奪い合いも起こり、加藤は二回にわたり仮処分を申請し、同時にその資金を預かっている銀行、証券会社に対して訴訟を起こした。これは長きにわたる裁判となったが、元東大学長の加藤は法学の泰斗でもあり、裁判所の調停の結果、資金は加藤理事長の管理下へ移すことになった。小澤はオペラは音楽祭になくてはならないと主張し続けた。

その困難な時期を乗り越え、フェスティバルは松本に定着していった。

市民ボランティア

九三年夏、第二回フェスティバルを運営したのも市民ボランティアで、青山織人はその後二十数年にわたって、サイトウ・キネン・フェスティバル・ボランティア協会を率いることになった。初年度の運営の混乱から、このフェスティバルには百名のスタッフが必要だと思った。それにしても、ボランティアが運営をしていいのか、と青山は危ぶんだ。音楽祭のボランティアなど聞いたことがなかったからだ。

しかし、総監督の小澤も実行委員長のセイコーエプソンの中村社長もボランティアによる運営に賛成だった。ことに小澤は、タングルウッドでもボランティアが運営していると青山に告げた。そこで二年目にボランティアの公募をしてみると五百八十名もの人々が応募してきて、青山も驚いた。

「世界のオザワが自分のための音楽祭をやりたいといい、財団、市民、ボランティアの応援が集まった。なぜか秋山和慶さんはいなくなってしまったから、結局、松本の音楽的土壌は小澤さんによって耕されたと思う。

なにかイベントを行うときには、共同幻想って必要でしょう。最初の十五年は、みんなでやろうと盛り上がりました。この音楽祭の最大特徴は、オーケストラがプロデュースする音楽祭であること、地域とべったりくっついてやること。これが大切な要素だった。昔からお祭りには氏子がいるでしょう。奉仕でなくて、氏子と同じで皆で持ち寄って自分のところの祭りにきてください、というようなね。ボランティアは〈客呼び主義〉〈持ち寄り主義〉〈もてなし主義〉〈地域の遺伝子〉であるべき。松本の人のため、松本の人が喜べばいいのです。だからこのフェスティバルではボランティアは漬物をもっていくとか、オーケストラやスタッフのために三百人分用意した蕎麦パーティーをしたりしました」

ＪＡ中信青年部協議会にも協力を要請し、メンバーやスタッフの名前を入れたリンゴを作付けることになった。リンゴが成熟する前に名前を書いたシールを貼って白地に抜くのだという。練習の合間のバス遠足で、皆は赤いリンゴのなかに自分の名前が白く抜かれているのを見て感激した。バーベキューでは鮎や岩魚、地ワインが提供され、メンバーは最高の贅沢を味わった。

「ボランティアとは個人個人と文書で仕事内容について契約しました。音楽祭のボランティアは松本が先駆けです。毎年参画してくれる人はいろいろな仕事をなんでもこなすのが松本方式で、ＯＪＴ（オン・ザ・ジョブ・トレーニング）もあったし、いろいろな出会いもありました」

十人分の仕事を八人でこなし、達成感が唯一の報酬だった。

公演はシェーンベルク「浄夜」、シューベルト交響曲第七番、ベートーヴェン交響曲第七番、オペラはオネゲルの「火刑台上のジャンヌ・ダルク」だった。

青山はこれに万全の体制をしいたつもりだった。

「しかし、第二回のフェスティバルでは小澤さんが、ベッドから起きられない、とコンサート公演を当日にキャンセル。その日、僕はボランティアをアジり倒しましたよ。というのは、それに対応するのがボランティア。お客にはひたすら謝れ、自分のこととして謝りなさい、と。丸めたチラシでお客から殴られた女の子もいました。小澤さんは最終日だけ振ったんですね。

その後、またキャンセルになったことがありました。そのときには水戸芸術館が小澤さんのキャンセルで払い戻ししたことが前例であったので、こちらもその払い戻しにはボランティアが関わった。そのときには我々は〈振る振る詐欺〉だなどと言っていたものですよ」

幽霊とハクビシン

ボストンで広大な敷地に住み続けてきて一人暮らしが習わしとなっていた小澤は、夏の松本でも一軒家に住むようになった。株式会社ヤマサの当時の社長、大久保典昭所有の家である。食糧、燃料、建築をコアビジネスとし、小澤に家を提供するようになった頃、介護老人保健施設を開設した。その名称の「ハーモニー」は小澤が命名した。大久保は前述した市立の「ザ・ハーモニーホール」と同じだと気にしたが、小澤は自分が市長に頼んでやるから大丈夫だとのことで、それに決まった。

サイトウ・キネンの〈出前コンサート〉も何年かにわたってその「ハーモニー」で開かれた。

そもそも大久保が家を提供したのは、青年会議所で一緒のボランティア協会会長青山織人に「お金も何もない人もフェスティバルを手伝っているんだから、お前も何かしたら」と言われたからだった。

そんな時、来日する歌手が家族たちと一緒に長期滞在したいと言っているからホームステイできないか、家を提供できないかという話がきた。妻も外国人なら語学の勉強になるから面倒を見てもいいと了承した。

大久保は蟻ケ崎台という市郊外に両親が住む家を建てたが、ほとんど住むこともなく亡くなってしまい、その家が空いていたので無償で提供することにした。ところが歌手の家族たちは来日しなかった。

「そのうちに英語を喋る日本人が使いたがっているという話が来て、それが小澤さんでした。すべて一人でやるから放っておいてくれ、いない時に来て掃除をしたり、ゴミを捨てたり、ときどき買い物をしたりしてくれればいいということで、蟻ケ崎台の鬱蒼とした小高い山の環境が、タングルウッドに似ているというので気に入られたようでした」

その純日本風の家に小澤が住むことになって、大久保は冷蔵庫やレンジを購入して備え付けた。二階が寝室になるだろうとエアコンも設置した。しかし、小澤が寝室にしたのは、一階の床の間付きの居間だった。蒲団は敷きっぱなしで、座卓で譜面を勉強しているようだった。テープがたくさん並んでいた。その雰囲気はまるで学生の下宿のようだった。ヒューズが飛んだと連絡が入れば飛んでいき、小澤が留守の時に妻や大久保が出向いて掃除をした。

「ある時小澤さんが、ここ幽霊出るよ、と言ったことがあった。夜中に天井の方で音がするという。そんなはずはないのに、それでも足音がすると。結局、屋根裏を調べました。すると動物の気配があって、信州大学の先生に聞くと、五、六センチのすき間からでも入るハクビシンかもしれない、と。当時は天然記念物に指定されていたので捕まえるわけにもいかず、空いているところを塞ぎました。小澤さんが寝ていたのは一階。ハクビシンは二階の一番端の部屋の屋根裏で、全く正反対の方に巣を作っていた。学者の先生によると、ハクビシンの足音が聞こえるような距離ではなく、小澤さんの耳の良さはさすがだと驚きました」

食事は簡単なもので、小澤が自分でカレーを買ってきたり、リハーサルの帰りにスーパーに寄って、惣菜を買ってきたりした。玄関を開け閉めせずに、鍵一つで台所の勝手口から出入りして、シンプルな生活をしている様子だった。

「小澤さんはエアコンが嫌いで、夏の暑い時には庭に水を撒いてくれと言ってきたことがありました。行くと縁側で浴衣を着て、胡座をかいてテープを聴きながら譜面を見ている。そういう姿を見ると、根っからの日本人なんだと感じました。

そういう意味では、ご家族とは違う。フェスティバルのパーティーで奥さんにお目にかかったことがありますが、小澤さんが、僕がお世話になっている家の大家さん、と紹介してくれても、あまり関心はない。いつだったか奥さんや娘さんが泊まりに来ることになって、事前に見学にいらした時に畳はだめでベッドじゃないと寝られないとのことでしたので備え付けました。

小澤がいつもお世話になっていますと言われたのは、知り合いに連れられて京都祇園のバーにたまたま行った時。それは元芸妓のてる子さんで、毎年お客さんを引き連れてフェスティバルにもいらしていて、若い頃からの付き合いのようでした」

てる子は、祇園名物の夏の団扇に、小澤のサインを使って客に配ったことがあった。それほど公然と小澤を応援しているのだ。

蟻ケ崎台の一軒家では、オーケストラを呼んだ飲み会もあった。そういう時、小澤はリラックスして胡座をかき、料理は手でつまんで食べた。小澤へのプレゼントと思われるありとあらゆる種類の酒瓶も並んでいた。一本何十万というシャンパンもあったようだ。

「小澤さんからそれをいただく？　そんなことはないですよ。色紙にサインをもらおうとしたことがあるのですが、それはできない、と言われて、ＣＤを買ってサインしてもらったことはあります。スナップ写真もダメで、マネージャーに管理されているという。ザルツブルク郊外のカラヤンの隣のお墓を購入したと写真を見せてもらったことはありました」

こうしてボランティアの支えによって、サイトウ・キネン・フェスティバルは続いていった。

小澤にとってフェスティバルは「世界級の音楽祭」でなければならなかった。そのためにはオーケストラが欧米で評価され続けなくてはいけない。第三回の九四年には、アテネの野外円形劇場での公演にのぞんだ。さらにケルンへ、ザルツブルクへ、そして帰国して松本へ。

オーケストラのリハーサルは公開されることになり、希望者二千人が見学した。オペラやオーケストラの公演以外にも、歓迎吹奏楽パレードや子供のための音楽会が総合体育館で続けられた。

これには県下の小学六年生八千百人が招かれた。室内楽、図書館コンサート、桐朋学園オーケストラ公開リハーサル、野外スクリーンコンサートなど、第三回は盛りだくさんの充実ぶりを見せた。

オーケストラ内部には、オペラを取り上げなくてもいいのではないか、との意見もあった。オペラだとオーケストラが伴奏になってしまうからだった。しかし、小澤は、一流のオーケストラはオペラもできるといい、そう言われれば納得するしかなかった。

九四年はオペラを欠いたが、九五年にはストラヴィンスキー「道楽者のなりゆき」、翌年にはプーランク「ティレジアスの乳房」、九七年はふたたびヨーロッパ公演を行い、この年には海外から初めて指揮者が招かれた。日系アメリカ人三世で、小澤の「アッシジの聖フランチェスコ」初演にあたっては、作曲家本人から小澤のアシスタントとして後任に指名されたケント・ナガノだった。

九八年には、パリ・オペラ座との共同制作でプーランクの「カルメル会修道女の対話」、九九年はベルリオーズ「ファウストの劫罰」と続いていく。

この音楽祭では、いわゆる知名度のあるオペラはほとんどとりあげられていない。

小澤と桐朋で同級だった堀伝は、「サイトウ・キネンでポピュラーなオペラをやってもしようがない」と語ったが、小澤はあまり上演されていない、むしろ興行的成功が危ぶまれるようなオペラを指揮している。しかし、これは小澤の経歴からも当然のことと思える。

いわゆるオペラ指揮者が歌劇場の音楽監督を渡り歩くのに対して、小澤は歌劇場の音楽監督になったことはなく、シンフォニー指揮者としての経歴を積み上げてきたからだった。

また、小澤ならではのバトン・テクニックが難曲オペラの指揮を可能にし、楽器編成の拡大した作品、たとえばベルリオーズの「ファウストの劫罰」も舞台にのせ、独自路線を切り開いた。しかし、県外から聴衆がきても、海外から押し寄せるほどにはならなかった。

小澤は「寝ても覚めてもサイトウ・キネン」と言うようになっていた。

長野オリンピックとＮＨＫ

さて、小澤は、奥志賀高原常会の人々と極めて親しい関係となり、長野オリンピックにも関与した。常会で「我々にとってオリンピックは悲願だ」と酒の場で話題になり、長野が九八年の冬季オリンピックに立候補した段階で、小澤はプレゼンターとして壇上に上がったりもした。

九八年二月、札幌以来二十六年ぶりに日本で開催された長野オリンピック開会式は、小澤のＮ響事件からの友人である浅利慶太を総合プロデューサーに迎えた。小澤は音楽アドヴァイザーである。

当日は善光寺の鐘が響き、開幕が告げられると、会場には県内各地に逸話が伝わる御柱《おんばしら》が建てられ、会場の四方の門から化粧回しを締めた大相撲力士に先導されて、選手団が入場した。

厳粛で勇壮なセレモニーの後には、おとぎ話の世界が待っていた。雪蓑《みの》を着た子供たちが登場してそれを脱ぎ捨てると各国の国旗をイメージしたカラフルな衣装に早変わりした。これは小澤の妻ヴェラのデザインだった。

開会式フィナーレは、小澤の指揮で五大陸の会場を衛星中継で結んだベートーヴェン第九の合唱で、常会の山の男たち二十数人も参加していた。

ボストン響の四人をふくむ世界各国から集合したメンバーにより編成されたオーケストラと、タングルウッド・フェスティバル・コーラスをふくむ五大陸のコーラスで「歓喜の歌」を長野オリンピックスタジアムから指揮した。

「小澤さんはこのときNHKだけが持っていた衛星放送の技術に眼を見張ったようだ」と語ったのは、NHKで音楽部長を務め、N響副理事長、サントリーホール総支配人をつとめた原武である。

「日本にいる小澤さんが指揮をして世界を結ぶのだから、当然ずれも生じるはずだが、NHKはそれを見事な映像にまとめた。それから小澤さんとNHKの関係は改善しましたね」

小澤は、滑降競技ではテープカットをしたうえで競技開始の宣言をし「つゆはらい」として少年たちの先頭に立って滑った。ところがアイスバーンのスロープに足をとられ、防護用のネットの端までコースを外れていってしまうというハプニングもあった。それでも、小澤にとっては家族や仲間に囲まれた最高のイベントとなった。

このころ長男征悦《ゆきよし》が芸能界デビューをしている。その際には、小澤自身が芸能界の中心にいる黒柳徹子を訪ねて息子のことを頼んだ。黒柳の父の守綱はN響の前身の新交響楽団でコンサートマスターを務め、斎藤秀雄とも親しい関係にあった。弟紀明は桐朋でヴァイオリンを専攻していた。

黒柳によると、「ゆきちゃん（征悦）が俳優になると言ったとき、私の楽屋までわざわざいらして『息子が俳優になると言ってるけど、どうしたもんだろう』とおっしゃってました。私は『大丈夫でしょう』と言いました。俳優になってすぐ映画に出たときは、小澤さんも一緒に試写室でその映画を見たように思います」（「スポーツ報知」二〇二四年二月十日）とのことである。

征悦は九八年にはNHK大河ドラマ「徳川慶喜」で、結核で早逝したとされる新撰組の沖田総司役でテレビ・デビュー、九九年公開の崔洋一監督「豚の報い」の主演でスクリーン・デビューした。征悦が出演していたテレビ朝日のドラマ「トットちゃん！」（二〇一七年）放映中に、本人に話を聞いたことがある。

「僕は父のような表現者になりたかった。最初は映画監督になりたいと思ってボストンに留学し、父はあちこち指揮に行きましたが、ボストンの家で二人で住んで、酒はよく一緒に飲みました。煙草吸ってるのは家族には言うなよなんて。役者になると言ったとき、その世界はわからないけど、できることがあれば協力すると言ってくれた」

征悦は父を尊敬し、ボストン大学に留学していた。

小澤がN響を三十二年ぶりに指揮したのがオリンピック前の九五年である。

九〇年代後半は、NHKとの和解や息子の華々しいデビューもあり、小澤にとって幸せそのものの毎日が過ぎていったはずだ。

母校の運営方針にも関わるようになっていた。小澤は桐朋学園の理事になっており、帰国した時には突然桐朋に現れてオーケストラ指導をすることもあった。

九五年に富山に桐朋オーケストラ・アカデミー創設が予定された時には、北陸では広くアジアから生徒が集まらないと、桐朋音楽部の同窓会としてこれに反対することを決め、会長の江戸京子とともに動いたこともある。

当時ヤマハに勤務し、その後スタインウェイジャパンの社長となった鈴木達也は、桐朋とは初代井口基成学長時代から関わってきた。

「桐朋の富山問題で小澤さんと江戸京子さんとの交流が復活しました。桐朋では三善学長の後の学長選挙も控えていたようで、小澤さんが立候補するような雰囲気があった。小澤さんが学長になったら、ということでしょうが、私に事務局に入れとか、江戸さん側から話が来たこともあった」

小澤は桐朋学園大学キャンパスでチラシを配ったりもしていた。

「江戸さんは〈東京の夏〉音楽祭を続けて来ていましたが、内容がアカデミックすぎてなかなかお客が集まらず、毎年打ち上げパーティーでは、江戸さんのいつ辞めようかという挨拶から始まるのです。小澤さんが来て、寄付を呼びかけたこともありました」

レクチャーやシンポジウムなどを通してテーマを多角的に追求する江戸京子が企画して来た音楽祭は、小澤の華やかな志向との違いが顕著で、この二人の価値観では生活をともにするのは難しいと私は感じたものだった。

九七年の江戸英雄の葬儀には、海外にいる小澤の代わりに長男征悦が参列した。江戸の死を知った小澤は、泣いて京子に電話してきたという。

第7章

世界の頂点へ

予想外の記者会見

一九九九年六月、驚きのニュースが世界をかけめぐる。小澤が、オペラの総本山であるウィーン国立歌劇場の音楽監督に就任することになったというのである。

歌劇場の音楽監督になった経験がない小澤が、ウィーン国立歌劇場音楽監督にまで上りつめたことは、日本の誇りとなった。とうとう日本人がここまできたかと、マスコミの報道は過熱し、国中が祝福の気分で盛り上がった。小澤にとっても、つねづね口にしていた「日本人が西洋音楽をやる」という実験がついに成功したと感じた瞬間だろう。

ウィーン国立歌劇場は、ミラノ・スカラ座、ニューヨーク・メトロポリタン歌劇場とともに世界三大歌劇場のひとつといわれている。このなかでメトロポリタン歌劇場は後発だが、ショー・ビジネスの米国での象徴としてほかの歌劇場にくらべて倍近い収容人数を誇る。

オペラはヨーロッパが発祥の地であり、とくにウィーン国立歌劇場は、ボヘミア・ハンガリーから北イタリアを支配していたハプスブルク帝国が威信をかけて、一八六九年に宮廷歌劇場として完成させた代物である。柿落《こけら》としは、モーツァルトの「ドン・ジョヴァンニ」の上演で、伝統を誇る一方、内部は伏魔殿ともいわれる。一八九七年にはグスタフ・マーラーがDirektor（総監督）となり、リヒャルト・シュトラウスもここで総監督をつとめた。彼自身の指揮で「ナクソス島のアリアドネ」や「影のない女」の世界初演も行われた。第二次世界大戦後はカール・ベームが十三年にわたって、またカラヤンが一九五六年から六四年まで総監督を務めた。オーストリアでは国立劇場の監督は首相にも匹敵するほど、社会的文化的に重要なポストであり、彼らはワンマン監督として、ひとりで歌劇場を背負っていた。そのため様々な問題も起きてきた。

その後、八二年になって小澤の五歳年上のロリン・マゼールがその任に就いた。二年の任期の間にマゼールは、上演のシステムを変革した。ウィーン国立歌劇場は、世界でも最大のレパートリーを誇り、九月から翌年六月のシーズン中は毎日日替わりでオペラを鑑賞できたが、団員たちはぶっつけ本番、つまり初見でオペラの伴奏をすることが多かった。これをマゼールは、数週間のスパンでいくつかの演目を固定してブロック化し、それをいくつも並べてシーズン・プログラムを作る「ブロック・システム」とした。それにより歌手や指揮者を確保し、練習時間も取れるようになった。歌劇場管弦楽団は通常のオーケストラの二倍に当たる百五十人の団員、コンサートマスターは四人を確保しているが、それでもギリギリで回している。歌手の練習に指揮者が立ち会うとは限らず、歌合せや演技の確認はコレペティトゥア（練習用の指揮者兼ピアニスト）に任せて、いきなり本番となる場合も少なくない。

団員も忙しい。彼らには歌劇場のみならず、自主運営するウィーン・フィルの定期演奏会、演奏旅行、ウィーン少年合唱団が毎日曜日にミサ曲を歌う王宮礼拝堂での合奏団としての仕事もある。ほぼ月一回、日曜日にあるウィーン・フィル演奏会は十一時に始まるので、司祭の説教が長引けば途中でオーケストラが引き上げてしまうこともあった。ある意味でオーケストラは指揮者よりも忙しかった。

彼らはドイツオペラとイタリアオペラの両方をカバーし、年間三百以上の公演で演奏する。ウィーン国立歌劇場の観客動員数は六十万人、衣装ストックは十八万点と言われている。国立バレエ団の本拠地でもある。なかでもオペラは恐ろしい数の人々の手によって、やっと成立する代物だった。どこかでひとつタガが外れれば、一挙に崩れ落ちる舞台芸術である。

ところで、小澤のポストは総監督でなく、音楽監督である。

もともと歴代総監督のもとには、Musikdirektorといわれたポストがあった。音楽だけに責任をもつ、いわゆる楽長である。たとえばマーラー総監督のもとではブルーノ・ワルターが楽長だったが、このワルターを最後に、つまり一九一三年をもって楽長のポストはなくなり、総監督のポストのみが存在するようになった。

その後、八四年にオーストリア文化相は、ドイツの主要な劇場で総監督を務めてきたクラウス・H・ドレーゼを総監督に任命した。彼はクラウディオ・アバドをMusikdirektorに選び、八六年、七十余年ぶりにこのポストが復活し、翻訳の際には「音楽監督」という日本語が使用された。

このアバドの時代の八八年、小澤はウィーン国立歌劇場にデビュー。フレーニ、ギャウロフの「エフゲニー・オネーギン」の指揮だった。キラ星のごとき世界的なスター歌手を招き、過度な出費が指摘されることになった時期で、文化相はドレーゼに九一年までの任期を言い渡した。後任にはオーストリアの名家出身で、バリトン歌手でありながら、ウィーンで二番目の規模を誇るフォルクスオーパー劇場の総監督をしているエバハルト・ヴェヒターがついた。彼は自分が所属しているウィーンの音楽エージェントのイオアン・ホーレンダーを片腕として選んだ。九一年、二人による両劇場の運営が始まると、アバドは対立して孤立、契約が残っていたが、二ヶ月も経たずに音楽監督を辞した。しかし、ヴェヒターも半年もしないうちに九二年に心臓発作を起こして亡くなってしまい、ホーレンダーが代行を経て総監督に昇進し、十九シーズンにわたりその座につくことになった。これは前人未到の最長在任記録であり、いわば独裁政権を築くことになるのである。

小澤と同年生まれのホーレンダーはルーマニア出身で、大学では工学を学んだが、ハンガリー動乱の後、ウィーンで声楽を学んだ。三十余歳でその音楽エージェントに入社し、劇場へ足を運んでは人脈を広げて、のちにこのエージェントを譲り受けた。ウィーン国立歌劇場とフォルクスオーパー両劇場の総監督となったのは、五十七歳のときである。テニスのプロコーチとして働いたこともあり、小澤とはテニス仲間でもある。

そんなホーレンダーが小澤の音楽監督就任を秘密裏に進め、任期最後のパートナーとして抜擢したのだ。

屈指の歌劇場制覇

小澤音楽監督就任が発表される前年、小澤はプレミエ（新演出上演）でヴェルディの「エルナーニ」の指揮をして手応えを感じていた。九九年、五月末から六月中旬にかけては、「スペードの女王」と「エルナーニ」の八公演に出演し、ウィーン・フィルの定期演奏会指揮、ロンドンなどへの演奏旅行にも同行し、ウィーンに舞い戻った翌日に、小澤の音楽監督就任が唐突に発表されたわけだった。

もともとこの記者会見は、恒例となっている新人オペラ歌手へ与えられる賞の発表と授賞式のためだったが、授賞式のあと再度現れたホーレンダーは小澤をともなっていた。

ウィーン在住の音楽ジャーナリスト山崎睦によると、突然の小澤の音楽監督就任の発表に「場内は騒然となった」という。アバドの退任以降、音楽監督については論じられたことがなかったから、つめかけた報道関係者にとっては寝耳に水であり、劇場内部でも極秘扱いにされていた。

ウィーンは予想外の展開に動転したが、実はすでにアメリカでは「小澤二〇〇二年にボストン響辞任、ウィーン国立歌劇場へ」と報道されていて、ニューヨーク駐在の某商事会社の駐在員は、この記事を目にしていた。彼はクラシック音楽の大ファンで、聴きたい演奏会があれば飛行機でヨーロッパまで飛ぶほどである。ある時、馴染みの「レストラン日本」に行くと、たまたま小澤と妻が隣席にいたのを認め、店主に頼んで夫妻と一緒のテーブルにしてもらったという。

そのとき彼は「ウィーン国立歌劇場の音楽監督就任おめでとうございます。海外で働く私たち日本人の誇りです」と挨拶した。そのあとで小澤に「日本人が西洋音楽、とくにドイツものをとりあげるトップの歌劇場の地位につかれるというのは、目に見えない障碍や、もしかしたら差別とか相当ご苦労もあるのでは」とやんわりと聞いた。小澤の回答はこうだった。

「あなたは京都の寺に朝行ったことある？　苔むした古い庭と深い山から霧がおりてきて、そんな中で筧《かけひ》が跳ねる音がカッツーンて山に響いてエコーになって……、こう言うだけであなたの頭のなかにはもうその景色、その筧の音、森林の匂いまで浮かぶよね、それは僕らが日本人でそういう体験や感覚を体の底で共有しているからなんだよ。伝統音楽もそういう面はあるよね。俺はドイツやウィーン出身の連中と同じにはベートーヴェンやモーツァルトを振れないかもしれないけど、でも彼らができない、気づかなかったようなやり方で、あそこで新しくできるかもしれないと思っているんだよ」

この商社マンは経済界の事情も熟知している。

「小澤さんのウィーンの音楽監督就任にあたっては、日本財界、わけてもトヨタの財政支援とセットだったというのは、公然の秘密と聞いていました。

レクサス・ブランドの立ち上げに注力するトヨタと、財政危機を打開するために大口スポンサーをもとめるウィーン国立歌劇場側との利害が当時一致してうまくいったと、トヨタの方からもお聞きした記憶があります。

芸術家がこうした有力スポンサーをバックに、ご自身の活動の幅をひろげていくのは、枚挙にいとまがないのではないでしょうか。わたし自身はもちろん悪い話ではないと思っています」

二二八〇名収容のウィーン国立歌劇場は、九九年から民営化されることになっていた。装置、衣装、小道具、入場料販売などの部門は有限会社となり、裏方で働く人々はそれまで公務員であったのに、会社員という身分となってしまった。劇場として自助努力をもとめられ、売り上げを伸ばすためにグッズをつくり、宣伝活動を活発化させて寄付やスポンサーを獲得することが急務となっていた。いかに経営していくかは総裁であるホーレンダーの手腕ひとつにかかっており、トヨタ側との思惑が一致したわけだろう。

トヨタ・レクサスは小澤の就任に合わせて、二〇〇二年より十年以上にわたり最大のスポンサーとなる。その額は、現地在住の音楽ジャーナリスト野村三郎が口外しないことを約束して関係者に聞くと、「なるほどさすがトヨタ！」というに相応しい巨額の数字だったという。

レクサスのロゴは、劇場内通路の大理石のモニュメント、歌劇場のプログラムのトップやチケットにも明記されていた。また内外でつかわれる歌劇場の大判のポスター上部にも、〝General sponsor〟と書かれ、レクサスのロゴが掲げられた。音楽関係者の間では、それがちょっと恥ずかしいという声もあったほどである。

さて、ホーレンダーは記者会見で、「我々は音楽監督を探していたわけではありません。格好の状況が発生したので、その機会を利用したのです」と公言した。

劇場運営が危機に陥る前に手を打つ戦略に出たということだ。小澤はカルロス・クライバーやリッカルド・ムーティのように、作曲家と聴き手を繫ぐことができる数少ない音楽の仲介者であり、音楽を比類ない器用な身体的動作で、オーケストラやソリストに伝えることができ、「音楽の同僚でこんなに正直で性格の良い人を私は知りません。人道主義者であり、敵がいないという音楽界では非常に稀な人柄」と語り、「自分の契約は二〇〇五年までだが、もしわたしの後継者が承認するなら、それ以降も音楽監督として国立歌劇場にとどまってほしい」と付け加えた。

一方、小澤の発言はいささか拍子抜けするようなものだった。

「歌手と仕事をするのが好きなんです。さらになぜか理由はわかりませんが、ホーレンダーといっしょに仕事をするのも好きなんです」

小澤がはるか遠い東洋とヨーロッパの架け橋になって日本人聴衆を増加させるはずだし、世界のトヨタがスポンサーであれば盤石である。

オーストリア政府文化大臣は、「新体制発足にあたり、小澤を獲得できたことですばらしいアクセントを与えることができました。これによってウィーン国立歌劇場が将来も、世界一の座を保ち続けることが保証されたのです」と結んだ。

小澤のウィーンとの契約は二〇〇二年九月一日から二〇〇五年八月三十一日までの三年間で、一シーズンに五ヶ月ウィーンに滞在して、最低二十五公演を指揮、そのなかには最低一本のプレミエを含む、というものである。作品としては、ベルカント・オペラやロッシーニをのぞいて、モーツァルトから二十世紀にいたるオペラになると示された。

旅を住処とする

ウィーン国立歌劇場の音楽監督に就任する二〇〇二年、小澤は、日本人として初めてウィーン・フィルのニューイヤーコンサートに出演した。それは、秋の国立歌劇場音楽監督への就任を寿ぐものとなった。このコンサートの指揮を複数回務める者がいる一方、小澤が初めてということのほうが驚きだった。

それを聴くために暮れもおし迫った師走二十七日、日本航空ジャンボジェットの機長である白崎邦雄は休暇をとって、コンサート・チケットの含まれているツアーにわざわざ申し込んでウィーンに向かった。ウィーン国際空港で入国し、ターンテーブルの荷物をとろうとしたとき、偶然にも家族といっしょにいる小澤の姿が遠くに見えた。小澤はターンテーブルからスーツケースをつぎつぎと一人で、必死におろしていた。

日本航空に入社してパイロット養成カリキュラムでカリフォルニアに滞在していたとき、小澤指揮のサンフランシスコ響をよく聴いた。小澤がタートルネックのシャツに数珠のようなネックレスを下げていた時代である。白崎は高校時代、札幌のジュニア・オーケストラでトロンボーンを吹き、「オーケストラがやって来た」に出演したことがあった。パイロットとなってからは世界中のコンサート情報を集めて、聴きたい演奏会には文字通り飛んでいくようになった。

小澤と面識を得たのは八九年のＪＡＬ東京＝ニューヨーク便である。

「僕が音楽好きというのは客室乗務員もわかっていて、『きょう小澤征爾さんが乗っています』と報告を受けて、彼をコックピットに案内しました。テロもなく、いい時代でした。『いつもニューヨークで、ボストン響の定期公演を聴いています』と言うと、『じゃあ今度来て、切符用意するから』と。それから小澤さんを楽屋に訪ねるようになった。カーネギー・ホールではいつも黒人の女性秘書がこまごまと小澤さんの面倒をみていて、僕が行くと、『俺のフレンドだからチケット用意して』と言ってくれました」

　終演後、カーネギー・ホールの楽屋では多くのファンが列をなしている。白崎は列の最後に並んで、すべてのファンが去ったあと小澤と二人で帰ったものだった。小澤はホールに近い北野ホテルに滞在していて、途中にある和食屋で弁当をピックアップしたりした。

　小澤が楽屋に入るのは、だいたい本番三十分前、ゲネプロがあるときは一時間前で、わりとぎりぎりだった。万が一、事前にチケットが手に入らない場合でも、白崎が楽屋口で待ち伏せしていると、ああ、白崎君か、とチケットを用意してくれた。一時期は毎月のように世界中のどこかで小澤を聴いていた。

　白崎はどの国に行っても終演後、小澤の楽屋にできているファンの列の最後に並ぶようになった。パリ、ハンブルク、ロンドン、フランクフルト、ウィーンへと、小澤を追って飛んだ。楽屋ではときに小澤から「白崎君、ちょっと手伝って」と頼まれ、燕尾服の着脱を手伝った。公演後の黒い燕尾服は、水につけたのではないかというくらいに汗だくで重かった。それをそのまま自分で持ち運びして、そのときはコンセルトヘボウ管弦楽団のあるアムステルダムへと飛んで、公演を続けていくというのだ。

「ボストンに訪ねた時はシンフォニー・ホールのなかを案内していただき、指揮棒をいただいた。あそこではイタリア系の運転手がいて送り迎えしていたけど、ほかの国では小澤さんは一人で行動していた。ボストンだったら小澤さんのケースがあって、そこに燕尾服を入れれば自動的に持って行ってくれてクリーニングしてくれた。ウィーン・フィルの本拠地のウィーン楽友協会にも世話係がいて、お茶を出してくれたりした。でも演奏旅行となると小澤さんに付く人がいない。濡れた燕尾服をそのまま自分で、次の公演に持って行かなくてはならない」

海外公演でたった一人で行動している時も、突然飛んでくる白崎の存在は、小澤を和ませたに違いない。それにしても白崎は特別待遇である。フランスのシラク大統領夫人主催のロストロポーヴィチの七十歳を祝う演奏会がパリ・シャンゼリゼ劇場で開かれた時には、小澤が招待状を手配してくれた。パリではバスティーユ近くの貝料理の有名店「ボファンジェ」にも誘われ、小澤が好物のシャンパンを飲む姿を覚えている。このときにはレコード会社の社長など、ほかの連れは外国人ばかりだった。

全日空の元客室乗務員で、夫はロンドン生まれのピアニスト、ローナン・マギルであるマギル・キクコからは、こんな話を聞いた。

「小澤さんは、ボストンに向かうとき、ニューヨークで一泊してから行かれることが多かった。よくニューヨーク線の機内でお目にかかることがあり、いつのまにか顔見知りになりました。『ニューヨークに着いたら一緒にご飯食べようよ』と私たちクルーを誘ってくれて、だいたいが日本食で、とても楽しい時間を過ごしました」

世界各国を飛びまわるクルーたちは、小澤に親近感を抱かせたようである。白崎は「まるで、僕達が『次のフライトどこにいくんだっけ？』というように、小澤さんも『次は何の演奏会だっけ』とおっしゃる。曲目よりも作曲家の名前が先に出た。リハーサルでも『ブラームスの二楽章から』なんていうように」

きょうはボストン、明日はニューヨーク、さらに大西洋をわたってヨーロッパを移動する。旅を住処とする人生である。

ニューイヤーコンサート初登場

二〇〇二年のニューイヤーコンサートのリハーサルは十二月二十八、二十九の両日の午前と午後にあった。テレビ朝日「題名のない音楽会」のプロデューサー磯村健二はこれに立ち会っていた。

「小澤さんが日本でウィーン・フィルを振った『こうもり』序曲の出来に比べると、ニューイヤーコンサートの出来はまあまあ良かった。でもリハーサルの時、小澤さんの振るシュトラウスの『ウィンナ・ワルツ』の乗りがウィーン・フィルのそれと違い、オケとの間で少々きな臭い雰囲気となった。その時、コンサートマスターが小澤さんを舞台袖に連れて行って、ここはオケに任せてくれと言っていたようだ」

またチェリストの岩崎洸の話も、コンサートマスターがなぜ小澤を連れ出したかという話に結びつく。

「ニューイヤーコンサートは旅行中のイタリア・アッシジでテレビ中継を聴いた。この時の小澤さんの指揮ぶりが、ちょっと例年のニューイヤーコンサートの指揮者たちとは違っていましたよね」

世界中に中継されるニューイヤーコンサートは遊び心に満ちているのも恒例である。ロリン・マゼールが指揮をしたときには、コンサートマスターのウェルナー・ヒンクが演奏中に救急箱を取り出して、彼の手の甲に湿布を塗った。ウィーンでサッカー欧州選手権が行われる年には寸劇のような演出があった。演奏中にサッカー・チームのタオルを振り回したヒンクに対し、フランス人指揮者のジョルジュ・プレートルがイエローカードを出した。曲が終わった瞬間、今度はヒンクがプレートルにレッド・カードを突きつけた。翌日の新聞には「パリのエスプリとウィーンのチャーミング」との見出しが載った。演奏中に指揮者がシャンパン・ボトルを持ち出し、コンサートマスターのライナー・キュッヒルに注いだこともある。取材を受けたキュッヒルは「シャンパンは、おいしかったですよ！」と答え、余裕を持ちながら演奏を楽しんでいるのがうかがえる。

しかし、小澤はいつもどおりで、音楽に真剣に対峙し、ひとつの音符も漏らすまいとするような指揮ぶりだった。岩崎は苦笑して語った。

「小澤さんは休憩のときに、楽員からあまり振らなくていいよ、と言われたと、誰かから聞いた。斎藤先生が黒といえば、我々も黒というふうに、勉強してきたでしょう。小澤さんは斎藤先生を尊敬しているし、指揮法はぜったいにかえない。このニューイヤーコンサートのときも、同じ指揮だったよね。でも、楽員のほうは、ワルツは三つに振らないんだよ、と言ったとか。

ワルツって、日本では三拍子と言われているけれど、均一に三つではない。むしろ二つに振る。二つとちょっとみたいなリズム。ワルツを踊る時、しっかりとステップを三つ踏むことはないでしょう？」

また、松原千代繁は小さな声で指摘した。

「実は、小澤さんのニューイヤーコンサートは見ていて恥ずかしかった。小澤さんはいつも通り、細かく振っていたでしょう？　ウィーン・フィルの団員は毎年演奏してきているし、自分たちの音楽だからわかっているわけ。それを必死になって振る。小澤さんの指揮は管理音楽ですからね。吉田秀和さんはほめていたけどね、僕は小澤さんに気をつけた方がいいと言わずにはいられなかった」

つまり楽員側にすれば、小澤よりも自分たちの方が、シュトラウスの曲を知り尽くしていて、そんな指揮には従うことができないとなって、コンサートマスターが小澤を舞台袖に連れ出したのではないか。小澤はこの年の秋から国立歌劇場の音楽監督を務めることになっている。小澤よりオペラを知り尽くし、一つのオペラを何十回、いや百回を超えて演奏してきた楽員がいる。何十年も続けているコンサートマスターとなると、三百以上のオペラを知っている。それも歴代の著名な指揮者たちと共演してきた団員たちである。

ウィーン・フィルは日本でも最高の人気を誇るオーケストラで、室内楽や個人的な活動でも多く日本を訪れる。コンサートマスターだったヒンクが来日した時に質問をぶつけてみると、

「いや、我々はセイジの指揮を見ないようにして演奏しよう、と言い合ったんですよ」

と茶目っ気をまじえた口調でウィンクが返ってきた。

小澤のニューイヤーコンサートについて、地元新聞は「生命力、演奏のよろこび、輝ける火花」（「ディ・プレッセ」）、「日本風？　ナイン（いいや）、ウィーン風だよ」（「クーリエ」）、「まじめな、

ほとんどまじめすぎるくらい」（クローネン）と記している。

このニューイヤーコンサートを収録したCDは、日本で二〇〇二年一月十九日、即座に発売され、商業的に大きな成果を収めた。ライヴCDではこれまでクラシックでトップだった「アダージョ・カラヤン」（一九九五年発売）の七十万枚を超え、新記録を樹立した。また、地元オーストリアでも四万枚を売り上げ、プラチナ・ディスクを受賞した。世界での売り上げは累計百万枚という数字になった。

「ふだんはクラシックなど聴かない若い人たちが親しみを持ってくれたとしたら、これ以上嬉しいことはないです」

ウィーンでの授賞式で小澤はこう喜びを語った。

音楽監督の重責

二〇〇二年、小澤がニューイヤーコンサートに出演した翌二月、ウィーンは舞踏会シーズンである。その舞踏会の頂点にあるのが国立歌劇場の舞踏会だ。古き良き時代、貴族や良家の若者たちはここで社交界にデビューした。オーストリアの大統領夫妻をはじめ、政界、財界、文化界の人々が華やかな礼装をまとって見守るなか、小澤は舞踏会のオルガナイザー女史をエスコートして、賓客の列の先頭に立っていた。軽やかにステップも踏んだ。ウィーン国立歌劇場のトップに立つということは、そういうことだった。

その後、前年サイトウ・キネン・フェスティバルで成功した「イェヌーファ」で指揮台に立った小澤は、この復活上演で絶賛された。

四月には二十九年間にわたって関わってきたボストン響、三十一年間務めたタングルウッド音楽祭監督を退き、ウィーンに飛んで、ホーレンダーと並んで、〇二／〇三シーズンのプログラム発表記者会見に臨んだ。このなかには、小澤の松本市での経験を生かした「子供のための『魔笛』」が含まれていた。

「日本では十二歳の子供たちを対象にしていたけれども、こちらだと十歳がいいようだ」

小澤は記者会見で語った。

「千人聴いて、そのなかで五人でも十人でも将来それがきっかけでオペラ好きになる子がいればいい」

総監督ホーレンダーの方は、「ヴェヒター亡き後、いつも孤独に感じていたが、オザワが来てくれれば、もうそれも感じなくてすむ」と笑みを浮べた。六月の歌劇場ファンの集いでも、『イェヌーファ』のすばらしい出来に満足している」と切り出し、小澤への信頼の篤さを示した。

九月からの任期が始まり、十一月に「イェヌーファ」を四公演、十二月にはR・シュトラウス「サロメ」を二公演振った。

国立歌劇場音楽監督の就任披露は、この年末から翌〇三年一月にかけてのクルシェネク「ジョニーは演奏する」の七十一年ぶりの復活上演だった。

かつてウィーンで評判をとったこの二十世紀のジャズ・オペラは、発表当時ナチスに退廃芸術の汚名を着せられたものの、アメリカという新世界やジャズへの憧れから爆発的な人気を呼んだ。ホーレンダーが小澤にデビュー作品の希望を聞くと、オーストリアの現代作品を望み、そこでホーレンダーが提案したのがこのオペラだった。

しかし、結果は、音楽そのものが新しく聴こえないことや、演出の不適切さが指摘され、成果をあげたとは言えなかった。

〇三年一月から三月にかけて、小澤は因縁の「コジ・ファン・トゥッテ」を五公演振った。ウィーン国立歌劇場で繰り返し指揮した演目の一つが、「コジ・ファン・トゥッテ」となったのである。小澤はウィーン入りの際には、ニューヨーク・メトロポリタン歌劇場所属でモーツァルトが専門のチェンバロ奏者をコレペティトゥアとして伴った。レヴァインがモーツァルトを取り上げるときには必ず演奏していた演奏家だった。

また日本での「小澤征爾音楽塾」でもこの演目を何回も扱った。この徹底的な執着が、世界のオザワをつくってきたとも言える。こうして、小澤は着実にレパートリーを増やしていった。

軽井沢の四千坪の土地に

小澤がウィーン国立歌劇場の音楽監督に就任する前後、国内ではさまざまな動きがあった。

一つは、軽井沢に音楽家の育成にあたる施設が作れないかと考えている小澤の意向を汲んで、前出のエプソンの武井勇二が動いたことである。

たまたまサイトウ・キネン・フェスティバルのレポートを十年間にわたって書いてきた松本市在住の公式ライター・金井奈津子の叔父・松葉邦男が軽井沢町長で、この件に関与していた。「ライターは陰の存在だから小澤総監督に話しかけてはいけない」と言われていたので、金井は小澤とは二回しか言葉をかわしたことがなかった。一回はインタビュー記事のため、もう一回は、小澤から「あんたの叔父さんは軽井沢の町長なんだってね」と話しかけられた時だった。

「叔父は軽井沢に小澤さんのためにホールをつくろうとしました。一九九九年に三期目を目指した選挙があり、その『小澤ホール』が選挙の争点となって反対派に敗れました」

松葉は軽井沢でタクシー会社を経営する一方、町長を二期務めた。ある時、旧軽銀座通りの奥にある四千坪の土地の所有者が、それを町に寄付したいといっているという話がもたらされ、その寄付を受けるかどうか決議する前に、小澤が軽井沢に教育施設を作りたいと望んでいると伝えられた。

この仲介に、武井が絡んでいる。武井は軽井沢を訪れ、小澤が松葉をタングルウッド音楽祭へ招待したいと望んでいると伝えた。

「小澤さんにとって軽井沢は思い出の場所ですし、それに、室内楽のセミナーを開いている奥志賀高原が東京からちょっと遠すぎると思ったようなのです」

松葉は町長二期目の九八年、その誘いに応じ、小澤に現地で会うことになった。

「松本はフェスティバルで、文化の町としても名前が売れたでしょう。それは大きな価値があると思う。小澤さんは軽井沢という町に魅力を感じたのでしょうし、斎藤秀雄先生が北軽井沢に別荘をもっていて、学生たちも毎年、合宿をしていました。斎藤先生は軽井沢駅からは北軽井沢までタクシーに乗ることが多く、帰りの予約も入りました。距離が出ますから、よく覚えていますよ」

小澤がきてくれるなら、軽井沢がウィーンのような音楽の街になることも可能なのではないか、と松葉は思いはじめた。

六月末から九月初旬まで、ボストン響は全機能を内陸のバークシャー郡タングルウッドに移転して、広大な敷地で音楽祭を開く。オペラ、古楽、現代音楽、ジャズから教育プログラムまでを含んだ音楽祭である。

この土地はボストンの大商人から寄贈されたもので、「クーセヴィツキー・ミュージック・シェド」という扇形の半野外ステージは、シェド内部に五千席、後方には扉もなく、内部の客席から放射線状に延びた先は屋外で芝生になっている。ほぼ一万人がピクニック気分で音楽に耳を傾ける。

武井の随行により、松葉は職員一人と自費でついてきた妻を伴って、ニューヨークから四時間ほどリムジンを走らせ、深い森の避暑地に夕方着いた。その後、小澤指揮のチャイコフスキー・プログラムで、交響曲第五番と、イツァーク・パールマンのヴァイオリン協奏曲を聴いた。森の演奏会場の上はすでに満天の星である。終了後、楽屋に案内された。

小澤は「征爾」と描かれている浴衣に着替えていたが、額や首筋からはまだ汗が吹き出ていた。

次々とアメリカ側の関係者や知人が紹介され、武井がすかさずカメラを向けた。このあと町に繰り出し、ラフな恰好に着替えた小澤がワインのグラスを傾けながらホールへの思いを話し続けた。日本とほぼ正反対の時差で強行スケジュールだったにもかかわらず、松葉の気持はすっかり高揚していた。翌日は、午後から小澤の別荘での打ち合わせである。

丘陵にある開放感のある別荘には、ケータリングでさまざまな料理が用意されていた。サービング・フォークとスプーンを使って、小澤自身が松葉の皿に料理を盛ってくれた。

黄色いサン・シェードが軒先を飾り、食卓テーブルが大きな窓際にあって、広大な森が望まれた。傾斜面をおりたところには、小さなプールがあった。

「小澤先生の人柄に触れて一生懸命やらなくちゃ、と、先生の気持と合致したんですね。先生としても、なんとか軽井沢で後進の育成をしたいというお気持が強かった。タングルウッドには、ソニーの大賀さんが主導して寄付を集めて建てたホールが出来ていました。これは参考になると思いました」

これがいわゆる「セイジ・オザワ・ホール」である。

翌日は、車で一時間のノーフォーク室内音楽祭とイェール大学のホールを視察した。

松葉のホール建設への気持ちは具体的になってきた。軽井沢は別荘地開発百周年記念事業として、国有林内にさまざまな施設を作ろうということで毎年積み立てを行ってきていた。この計画を、ホール建設へと切り替えたらいいと考え始めた。軽井沢にはその頃まだホールがなかった。国道沿いの中学校の隣にあった社会体育館が唯一のホールといえばホールだった。

小澤と別れ、翌日はボストン響の本拠地「シンフォニーホール」で、ふつうは見られない音楽監督の部屋などを案内され、ホール内部の説明を受けた。その後、ニューヨークでカーネギー・ホール、メトロポリタン歌劇場などを訪ね、武井に案内された六泊八日の日程は瞬く間に終わった。

セイジ・オザワ・ホール

タングルウッドの「セイジ・オザワ・ホール」は一九九四年に竣工されていた。これはバーンスタイン・キャンパスという敷地内にあり、おもに室内楽や古楽のコンサートに使われている。ホールは音響効果と、シェド同様に外への開放性を鑑みて設計された。外壁はレンガで、室内は木材である。一一八〇席の座席に加え、後方の扉が開くので、ここでも芝生で演奏を聴けるようになっている。これらは、松葉の眼に深い印象を残した。

セイジ・オザワ・ホールについては、竣工当時にソニーのトップをつとめていた大賀典雄の妻・緑から話を聞くことができた。典雄と緑はベルリン留学時期を同じくしている。大賀は声楽、緑はピアノ科出身である。

ベルリン在住の田中路子は大賀にカラヤンを紹介し、路子がいなければ小澤とカラヤンとの縁も結ばれなかった。

「主人が小澤さんと知り合ったのも、ベルリンにいらした田中路子さんのところで、主人はカラヤン先生の最期をみとることにもなってしまいました。世界で初めてソニーがCDを開発した時、ヨーロッパのどこに工場をつくればいいか、とカラヤン先生にお尋ねすると、ご自分の自宅のあるアニフ村に工場をつくればいいじゃないか、と。現在、アニフの先生の墓所の向かい側に銅像がありますが、アニフの方たちによって主人の銅像もその脇に建てられています。

タングルウッドのホールについては、主人は最初、盛田昭夫さん（ソニー元会長）に話をしたのですが、興味ないとのことでした。小澤さんからは、少しでもいいから寄付をしてくれと言われていたとのことで、主人は企業やら個人から寄付を集め、自分は個人的に寄付しました。ホールの名前をどうするかということになり、個人でポケットマネーを出したなかでは主人の金額がもっとも多かったようで、名前を大賀にくださるということになりました。でも『ノリオ・オオガ・ホール』なんて『ノリエガ・ホールみたいで、おかしい』と私が、ケチをつけたんですの」

ノリエガはパナマ共和国の独裁者として君臨した同国軍の最高司令官である。

「そうしたら、主人は、じゃあ、征爾にやるか、と言って、その場で小澤さんに電話したんです。自分より小澤さんのほうが貢献してらっしゃるということでね。小澤さんは、ええ!? なんて言ってらしたようです。主人は小澤さんとは親密だったようですが、私は個人的には親しくはしておりません。いつごろだったか、小澤さんがよく軽井沢にいらして、体育館で指揮してらしたので、軽井沢の我が家にいらして、とは伝えていたのですが、いらしたことはありませんでしたね」

無料で聴ける演奏会

松葉が訪ねた九八年のタングルウッド音楽祭の翌月、小澤は軽井沢を訪ねてくると、「子供たちのためにきた。町民でもだれでも無料で聴ける演奏会を開く」と松葉に申し出た。小澤は自分でベンツを運転してきた。松葉は小澤のフットワークの軽さに驚いた。奥志賀の室内楽セミナーの後、長野から信越線で来たこともあった。

「最初いらしたときは、社会体育館の真ん中で手を叩いて、首をかしげている。音響を試してたらしい。私は屋根がありゃいいと思っていたんですが。タングルウッドは芝生に寝転んで聴く人もいたでしょう。しかし、やっぱり音響のこととか、気になるらしい。

社会体育館には二階の観覧席に五百人ぐらい入れて、ずいぶん町民にも喜ばれました。もちろん無料だし、小澤先生にもギャラはお支払いはしていない。ご多忙のなか演奏会が終わられるとすぐにお帰りになったけれど、二回演奏会をしてくれました」

松葉は町の年間予算百億のうち、音楽ホールの予算は約二十億円との見込みを立てた。国から補助金をもらうことも考えなくてはいけないが、町の百周年事業についての条例を変え、その予算を振りかえるのがいいだろう。

二百人の観客席、オーケストラ・ボックス、小さないくつかのリハーサル室……。小澤はどういうホールがいいなど具体的なことは言わないが、ノーフォークやイェール大学のホールが参考になるとのことで見学にも行ったわけだった。大まかな設計もできてきた。

ところが、町会議員たちの思わぬ反対にあった。選挙も近く、それは町立の音楽ホール建設に向けて邁進してきた松葉の信を問うものとなった。選挙戦では通称「小澤ホール」建設が争点の一つとなった。一九九九年一月、町長選の投票率は八〇パーセント余りで、三期目を狙った松葉の得票数は五〇三一票、対立候補とは十六票差で敗北した。

この軽井沢のホールには後日譚もあり、松葉はこうつけ加える。

「小澤さんも軽井沢に愛着があり、なんとか軽井沢で作ろうということで、力をいれて演奏会をやったり、皆をその気にさせようとなさったりしたのですが、私は三期目の町長選に落選。武井さんが自宅に慰めに訪ねてきてくれました。そのあとその四千坪の土地を武井さんが地元の下諏訪でどうにかできないかと動いた。下諏訪の人が軽井沢の土地を所有して、ホールを作ってくれるのはありがたいと思いましたよ。でも、結果的にあちらの議会でも駄目になってしまったらしい。私の後任の町長は関心もなく、それからしばらく経って大賀さんが『大賀ホール』を寄付してくださった。運営は町職員がやっていて、年間の運営費は億単位でかかります」

大賀の妻・緑は祖父の代から軽井沢に縁があり、二〇〇四年十二月、大賀はソニーの退職金を使って「軽井沢大賀ホール」を寄贈したのだ。

「まつもと市民芸術館」問題

一方、松本市で行われているサイトウ・キネン・フェスティバルは、教育プログラムも取り入れられ、広がりを持つようになった。

当初は一九九二年に新設された長野県松本文化会館（キッセイ文化ホール）が主たる会場で、第一回からオペラやシンフォニー演奏が行われてきた。その後、オペラ上演のために二〇〇四年に「まつもと市民芸術館」が新設されることになる。

もともと「まつもと市民芸術館」の敷地には、いわゆる普通の市民会館が建っていたが、市長の有賀正によって、この劇場建設が推進されるのである。

第一回のフェスティバル当時、有賀はまだ市長になったばかりだった。前述したように、フェスティバルを誘致したのは前市長で、クラシック・ファンというわけではない有賀だったが、サイトウ・キネンの音色を実際に耳にすると、その虜となったようだった。市長就任五年目の九六年には、小澤を松本市の名誉市民に推薦した。このときすでに有賀は、オペラのための新たな劇場建設に思いを馳せはじめていた。「小澤さんの意向を忖度した」と実行委員会関係者は漏らし、ホールについての細かい要望を伝えるために、使者となって有賀邸を訪れたメンバーもいた。

九七年の九月には、市民会館の「改築検討懇話会」が発足、これに対して十二月、芸術文化関係の「利用者懇談会」が、「新市民会館は中ホールに」と陳情した。老朽化した会館を改築することに異議はないが、すでに大ホールはあり、争点はホールの規模をめぐる議論となった。前述の通り、九八年にはサイトウ・キネン財団の金銭にまつわる訴訟問題が「週刊新潮」に掲載され、暗雲が立ち込めたが、九九年六月、流れが変わった。小澤のウィーン国立歌劇場の音楽監督への就任発表だった。有賀としてはこのニュースを機にどうしても小澤の意向を汲んだ劇場の建設を進めなければならないと感じただろう。市議会も有賀の改築案を支持するようになった。

一方で、大ホール化反対有志による「計画の見直しを求めるみんなの会」や、「市政をよくよく考える市民の会」などが発足した。二〇〇一年春には翌年度予算としてさらに改築費十九億円余りが計上され、基本設計案もできた。小澤は九月のフェスティバルでヤナーチェク「イェヌーファ」を振り、翌年に予定されていたウィーン国立歌劇場でのこの復活上演の準備を整えた。ところが、十一月には起工式が行われ着工したにもかかわらず、十二月には市議有志と市民らが市長に工事一時中止を要請。応じられなかったため、二〇〇二年には市民四十七人が工事差し止めと既支出費の返還を求めて住民監査請求をした。

〇二年正月には小澤がウィーン・フィルのニューイヤーコンサートに登場したが、松本での火種はおさまらず、二月には市民グループが「一時中止」の署名運動を起こし、約六万人がこれに応じ、署名簿が市の選管に提出された。

有賀の考えとしては、百四十五億円の建設費用のうち百十九億円は借金だが、四十三億五千万円程度は国からの交付税でまかなうつもりだった。

市民団体側は「使いやすい市民会館を望んでいたのに、オペラ上演主体のオペラハウスにすり替わった」と指摘。それに対して有賀は、演劇、歌舞伎など他の舞台芸術も上演可能で、けっしてオペラハウスではない、と強く反論した。

九月に小澤はウィーン国立歌劇場音楽監督に就任、夏の松本では、オペラではブリテンの「ピーター・グライムス」が取り上げられた。この頃には新市民会館の人件費、維持管理費、運営費などが年間五億一千万から七億八千万円ほどかかることもわかってきたが、建設は粛々と進行していた。翌二〇〇三年のフェスティバルでのヴェルディのオペラ「ファルスタッフ」も、ウィーンに備える演目だった。

二〇〇四年三月、任期満了にともなう松本市長選が行われた。争点は、有賀の多選の是非、新市民会館の建設や運営などだった。選挙期間中のただ中で、「まつもと市民芸術館」と名付けられた新市民会館の内部が公開された。

主ホールは馬蹄形をしており、オーケストラ・ピット使用時一六三三席、四層のバルコニー席をそなえている。客席の天井は昇降し、大ホールあるいは中ホールとして利用できる。座席は豪奢な深紅でヨーロッパの歌劇場を思わせ、壁面は赤を基調とした柔らかな曲面で、舞台に向かって徐々に黒みがますように色彩が変化する。「国内トップクラス」(新市民会館建築課)の舞台装置や音響効果に配慮された劇場で、設計は日本を代表する建築家伊東豊雄によるものである。

だがこの劇場建設は市民からの評判は悪かった。それは私が松本市内でタクシーに乗った時にも感じられた。「まつもと市民芸術館へ」と行き先を告げると、かならずといっていいほど運転手が、「あんな立派な劇場つくっても、わたしら市民には関係ないんですよ」と言うのだ。

三月十四日の選挙では、有賀は敗れ、チェルノブイリ原発事故の医療支援活動に参加した医師で、帰国後は長野県知事田中康夫の指名により長野県衛生部長に就任していた菅谷昭《すがのや》が当選した。

その直後、二十一日、舞台開きで芸術館の事業がスタートし、二十八日に市長に就任した菅谷は、建設経緯の検証やコストの開示、運営方法の再検討を方針にあげ、民意を反映したかどうかを検証する審議会を設置した。

演出家で館長となった串田和美《かずよし》は、「こんな素晴らしい劇場を生かさない手はない。ぜひ、市民と一緒にいい方法を探りたい」とし、「僕も市民の声を聞きたいし、自分もその中に入りたい」と発言した一方で、「芸術はコストだけで評価されるものではない。運営内容をまず見てもらい、それから評価や判断をしてほしい」と訴えた。小澤の方は芸術館そのものの運営には関わらず、すでに本拠地をウィーンに移していて、五月中旬からのサイトウ・キネン・オーケストラのヨーロッパ演奏旅行には現地で合流した。ヴァレンシアやベルリン、ウィーン、パリ、ロンドン、ミラノなどを回り、夏の松本では、音響の素晴らしいオペラ向きの新ホール「まつもと市民芸術館」での本番が実現した。ウィーンで指揮予定のベルクの「ヴォツェック」だった。


ウィーンでは、二〇〇三年五月はふたたび「ジョニーは演奏する」を四公演とプッチーニの「トスカ」三公演、六月にはモーツァルト「ドン・ジョヴァンニ」五公演、しかし、ジャーナリズムからはレチタティーボの合わなさを指摘された。

新しいシーズンとなる九月、十月にかけては「イェヌーファ」四公演、十一月「フィガロの結婚」六公演、十二月ワーグナーの「さまよえるオランダ人」六公演と大車輪の活躍をした。

二〇〇四年一月から二月にかけては、モーツァルトのいわゆるダ・ポンテ三部作といわれるオペラ「フィガロの結婚」「コジ・ファン・トゥッテ」「ドン・ジョヴァンニ」が、三公演ずつ行われた。五月には「さまよえるオランダ人」である。このあたりまでは小澤の音監就任以前から決定されていたものと思われる。小澤の振るオペラは定着しつつあったが、音楽ジャーナリストの東条碩夫は、楽屋に小澤を訪ねたときのことを語ってくれた。

「小澤さんの楽屋は、いつどこにいっても一杯というのが常でした。でも、ウィーンで僕が訪ねたときは、僕のほかにあと一人、日本人がいたくらい。小澤さんは、扉一枚開ければ楽屋に来られるんだから来てよ、と言っていたけれど。淋しいものです。小澤さんはパリで絶大な人気を誇ってきた。ウィーンに行ったことは果たしてよかったのだろうか。小澤さんにとっても、けっしてハッピーな選択ではなかったと思うし、これがパリだったらと残念でたまらない」

トヨタ側からは小澤にレクサスが提供されることになったが、小澤は拒否し、小型車を入手した。住まいは劇場の近くにあるウィーンの象徴というべきシュテファン教会からすぐのところで、プラシド・ドミンゴが使っていたアパートメントである。歌劇場や楽友協会に行くときはほとんど歩いていった。そうすることで小澤は矜持を示していたのかもしれない。

ボストン交響楽団時代は運転手が送り迎えをしてくれたが、ウィーンではどこに行くにも一人で、車を運転しなければならなかった。

外を歩けば理解できないドイツ語が飛び交っている。冬になれば、午後三時には薄暗くなり始める。ウィーンっ子はアメリカ人ほどフレンドリーでもない。市場に行けば顔見知りのいる店や、ホイリゲ（オーストリアのワイン酒場）にも行くようになったが、食文化もそれほど多彩ではない。テレビでアメリカのメジャーリーグ中継が見られるように衛星放送と契約したことくらいが、楽しみといえば楽しみだった。

「小澤征爾音楽塾」と、石原都政の「東京のオペラの森」

小澤は一心不乱に、世界一のオペラ歌劇場の音楽監督になるべく行動を始めていたのだろう。松本での芸術館建設と同時に二つのオペラ関係の事業を興している。

一つは、京都のローム株式会社社長の佐藤研一郎と共に立ち上げた教育プログラム「小澤征爾音楽塾オペラ・プロジェクト」で、ウィーン国立歌劇場音楽監督就任が発表された翌年、モーツァルト「フィガロの結婚」を世界一流の歌手たちを招き上演した。一方オーケストラはアジア諸国の若い音楽家たちで構成し、小澤自身が一流歌手に接する機会と、若手たちの教育を兼ねたオペラ教育を始めたわけだった。翌年からは「コジ・ファン・トゥッテ」「ドン・ジョヴァンニ」と、オペラの王道を歩もうとした。斎藤の語っていた「教えることは、学ぶこと」の実践だった。

また、松本での芸術館建設とほぼ並行して進められたのが、「東京のオペラの森」の開催だった。二〇〇三年七月三日、東京都の都知事に転じていた石原慎太郎と小澤は、都庁においてそろって記者会見に臨んだ。二〇〇五年から都などの主催で、小澤が音楽監督を務める「東京のオペラの森」を開催すると発表した。

「オペラの森は石原さんが名付けた。森番は僕がやり、東京から芸術を発信したい」と小澤は述べ、日本での音楽活動の比重を増やす意向も明らかにした。この音楽祭は一ヶ月の間、桜の季節に上野の森で開かれ、その間、小澤は全てに目配りすることになった。

「小澤さんは日本の生んだ逸材。日本に根を下ろしてもらい毎年開催していきたい」

小澤が旧知の石原に持ちかけ、〈世界のオザワ〉の頼みを石原が即座に受け入れた形だった。

しかし、小澤が指定してきた二〇〇五年二月下旬から三月下旬にかけて、会場に指定された東京文化会館には、二期会を始め他のオペラ団体などの公演予定が入っていた。それも東京都主催の「都民芸術フェスティバル」の関連公演である。先約団体は全て東京文化会館を追い出されることになった。

館長だった作曲家三善晃は、「まったく蚊帳の外で、いきなり話を聞かされた」「子供への教育プログラムなど、まだまだやらないといけないことをおざなりにして、権威主義的できらびやかな催しに会館を明け渡すのは、私の考えと全く相いれない。予算引き締めの最終に新たな大企画を始めるやり方にも、矛盾を感じた」(「読売新聞」二〇〇四年三月二日)と容赦なく、小澤についても「本当に主体的な哲学があるのか」と批判し、サイトウ・キネン財団の理事を辞任する意向を漏らした。翌年春、年度変わりの三月で三善は館長を辞任、その時も「読売新聞」「朝日新聞」など各紙が取り上げた。このようなこともあってか、小澤は「東京のオペラの森は、チケットが売れないんだよ」と成城学園の同級生にぼやき、チケット購入を依頼していた。

この音楽祭の事務所は発表のあった〇三年に起ち上がったが、そもそもこの構想自体は小澤と実行委員長を務めることになる実業家鈴木幸一が出会って、酒を飲みながら語る中で「東京で新しいオペラをやりたい」ということから始まった。

運営にはウィーン国立歌劇場総裁のホーレンダーが加わり、ウィーン国立歌劇場と共同製作し、本拠地ウィーンより先に東京で世界初演が行われることに意義があるとされた。毎年、一人の作曲家をテーマとするフェスティバルで、創立年の二〇〇五年にはR・シュトラウスがテーマで、彼のオペラ「エレクトラ」、交響曲で「アルプス交響曲」、作曲した歌曲、また松本同様に子供のための音楽会も開かれた。

二年目はヴェルディだった。小澤が初めて「オテロ」を指揮するのが大きな話題で、前売り券は即座に売り切れとなった。

小澤としては、ウィーンの前にオペラを練り上げる場を求めたのだろうが、「小澤さんはいいようにされた」との声もある。ウィーン国立歌劇場でキャスティングされるソリストが「東京のオペラの森」には並んでおり、ここでのプロダクションはそのままウィーンでも上演される。ウィーン側は制作費をかけずにオペラ制作ができると喜んでいるとも噂された。都税がつぎ込まれ、オーケストラはこの会館を本拠地とする東京都交響楽団でなく、特別編成の楽団だった。

ホーレンダーは、その後、小澤が病を得て退いた後もこの「東京のオペラの森」に関係し、音楽祭の名称が変わってのちも毎年、中心になって関わり続けている。

小澤のボストン響退任後、ベルリンを始め、世界の名だたるオーケストラの指揮者としてのポストを得ることは厳しかった。というのも、世界ランキングされているようなオーケストラは世代交代の時期を迎えており、三十年近くもボストン響を率いた小澤に適切なポストは見当たらなかった。

コンセルト・ヘボウ管にリッカルド・シャイー、ベルリン・フィルはアバド、シカゴはバレンボイム、ロンドン響には、ボストン響でスタインバーグの後任としてデビューしたマイケル・ティルソン・トーマスが就任していた。ニューヨーク・フィルはズービン・メータである。この頃NHKと関係を強めていたことから、古巣のN響の常任指揮者になるならまだしも、小澤ほどの業績のある指揮者が就任するなら歌劇場しかなかったのかもしれない。

第8章

初心に戻る

降板

ウィーン国立歌劇場で四シーズン目に入った二〇〇六年一月二十七日、小澤はウィーンのアン・デア・ウィーン劇場で上演される予定だったモーツァルトの歌劇「イドメネオ」をキャンセルした。この劇場は普段はミュージカルに使われ、五、六月にはフェスティバル「ウィーン芸術週間」のメイン会場となる劇場だった。

その五日後の二月一日には、ウィーン国立歌劇場が、小澤が健康上の理由でその年の年末まで音楽監督としての活動をすべてキャンセルすると発表した。

日本での所属事務所は、小澤が前年十月ごろ急性気管支炎を起こし、十二月には白内障の手術をしたことと、年明けからウィーンでリハーサルをしていたが、一月十七日に帰国して都内の病院で診てもらうと帯状疱疹があり、慢性上顎洞炎と角膜炎も併発しており、そのまま一週間の入院を告げられたことを発表した。

さらに二月三日には、第二回の〈東京のオペラの森〉で指揮予定だったウィーン国立歌劇場との共同制作の「オテロ」をキャンセル、新聞には「小澤征爾〈東京のオペラの森〉降板　巨匠の不在　衝撃隠せず」などとの活字が躍った。この年の音楽祭はヴェルディがテーマとなっていて、イタリア人指揮者ムーティが「レクイエム」を指揮することになっていた。音楽祭アドバイザーはホーレンダーである。日本から新制作のオペラを世界に発信するようになってまだ二年目のことで、ウィーン国立歌劇場の秋の「オテロ」に出演予定の歌手たちがキャスティングされていた。

小澤に、なにが起こっていたのか。

この年はモーツァルト生誕二百五十周年にあたり、ウィーン国立歌劇場では当然のことながらモーツァルト特集が組まれた。ところが、小澤が得意と自認してきたダ・ポンテの三部作を指揮することにはならなかった。

「コジ・ファン・トゥッテ」は二〇〇三年に五公演を指揮、「ドン・ジョヴァンニ」は前年までに十二公演、「フィガロの結婚」は十六公演も指揮していた。

二年後の二〇〇八年のウィーン国立歌劇場来日公演では、「小澤征爾率いるウィーン国立歌劇場……」と広告トップには載っているものの、初日の東京文化会館での「コジ・ファン・トゥッテ」の指揮は「《皇帝》ムーティ」とのキャッチコピーが掲げてあり、小澤は二番手として神奈川県民ホールでのベートーヴェンの唯一のオペラ「フィデリオ」の指揮となった。日本のマスコミのインタビューにもムーティは、モーツァルト解釈に自信を見せていたし、キャスティングはホーレンダーが思いのままに行っていた。ウィーン国立歌劇場ではいかに指揮者同士のせめぎ合いが激しいかも想像できる。

ヴィオラ奏者の店村眞積は、七〇年代から八〇年代にかけてムーティ率いるフィレンツェ市立歌劇場の首席ヴィオラを務めていた。

「マエストロ小澤は演出には全然興味がなく、オーケストラを中心としてオペラをつくるのは面白かった。一方ムーティは、歌手に前日よりちょっと長く歌うことも許さなかったですね。あくまで楽譜に忠実に、それもどれだけ原作に忠実にやるかを追求して、楽譜を無視したところは一つもなかった。イタリアの楽譜出版社リコルディからは色々な版が出ていますが、そのどれを使うかに指揮者の考え方が出る。彼は研究し尽くしていてか、一度決めるとそれを変えませんでした。スカラ座でオーケストラがストライキに入った時には、オーケストラの代わりにピアノを演奏して公演を決行しちゃったくらい。マエストロ小澤の方は、新しい版が出ると、それを取り入れることが多く、絶えずそういう照らし合わせをして勉強していました」

また元上野学園大学長の船山信子は、小澤のオペラへの対処についてつぎのように話した。

「サイトウ・キネンでは『カルメル会修道女の対話』のように海外でなかなか取り上げそうもないオペラを取り上げ、まあ、その方が紹介しやすかったとも言えますが、それらは全て印象的で結果を出しました。けれど小澤さんは、イタリア語もドイツ語もわからない。言葉がわからないし、歌手と呼吸が合わない。歌手を待ってやるということはなく、オーケストラだけ作っちゃうわけですから、それに合わせる歌手は大変だったでしょう。

小澤さんは歌手の最後の言葉だけ覚えるやり方なんですね。歌手はその時によって歌う長さも違ったり、舞台上で動くから、最後の言葉のニュアンスが違ってくると、どこで次の演奏に入ったらいいかわからなくなる。だから小澤さんは、同じようにやってくれ、となる。それはオペラの中では大変だったろうと思う。そんな話は海外からも聞こえてきました。

ただ彼には人を惹きつける魅力があったから、いろいろな歌手も彼の指揮で歌った。小澤さんは演出による動きには全く興味がなく、音楽的に破綻が来るような演出は受け入れない。『そんなところにいたんじゃや、オーケストラに合わない』と、オーケストラ中心にオペラを構築していたのです。海外の指揮者は舞台あってのオペラでしょう。そこがちょっと違っていた。まあ、面白いタイプということもできますが」

その秋のウィーン国立歌劇場の「オテロ」プレミエは、東京との共同制作であり、一方では、同劇場で活躍したオペラ歌手の八十五歳の誕生日を祝う公演とも銘打たれていた。指揮者はイタリア人のダニエレ・ガッティがキャスティングされていた。プログラム上部には〈東京のオペラの森〉との共同制作と銘打たれて、このプロダクションは二〇一八年までに四十数回にわたる公演を行い、〈東京のオペラの森〉は知名度を高めた。しかし、この年新しくプレミエを迎えるワーグナーの「ニーベルングの指環」四部作も小澤ではなかった。歴代音楽監督は必ずと言っていいほど振ってきた「指環」である。

「『指環』は振らせてもらえない。『スペードの女王』は飽きた」

小澤はそう語っていた。世界一の歌劇場の音楽監督にまで上り詰めたのに、小澤はワーグナーの代表作すら指揮できなかった。

一年間にわたるウィーン国立歌劇場での活動中止を、年初に早々と発表した裏には、肉体的疲労のみならず、小澤の不満が隠されていると考えるのはうがち過ぎだろうか。というのも、ウィーン以外ではその後も活動を続けていたからだ。正月のキャンセルから半年後の六月、小澤はスイス西部モントルーに近いブロネー村にいた。

奥志賀高原の室内楽勉強会だけでなく、スイス・ブロネーの自然に囲まれた修道院のような雰囲気の館での勉強会も始めたのだった。指導者は元ジュリアード弦楽四重奏団の第一ヴァイオリンのロバート・マンや、ヴィオラの今井信子、チェロの原田禎夫、ヴァイオリンのパメラ・フランクら、小澤が信頼を寄せる音楽家たちだった。

指揮者人生で初めて半年の休暇をゆったりと取り、「スイス国際音楽アカデミー」でモーツァルトの「ディヴェルティメントK１３６」、チャイコフスキーの「弦楽セレナーデ」など、斎藤秀雄から叩き込まれた曲を振り、翌七月には音楽塾でマーラーの交響曲第二番「復活」、夏のサイトウ・キネン・フェスティバルではまつもと市民芸術館でメンデルスゾーンのオラトリオ「エリア」、オーケストラ・コンサートには内田光子を迎えてベートーヴェンのピアノ協奏曲第五番、ショスタコーヴィチ交響曲第五番などを精力的に振った。小澤は、ロストロポーヴィチのショスタコーヴィチを聴いて、自分にはできないと演奏してこなかった。だがこの夏、スラヴァは体調を崩し活動できなくなり、彼へ捧げるかのような、名演と称えられるサイトウ・キネン・オーケストラのショスタコーヴィチ交響曲第五番が、小澤のタクトで実現した。

年が明けて〇七年四月にはベルリン・フィルの指揮をし、五月にやっとウィーン国立歌劇場に戻り「さまよえるオランダ人」を指揮した。ところがまもなく歌劇場総監督ホーレンダーの二〇一〇年の勇退にともなって小澤も同時退任することが発表された。小澤には「歌劇場名誉会員」の称号が送られることになった。

「オペラとシンフォニーは車の両輪」と小澤に諭したのはカラヤンだった。彼はそのあとに、オペラを振らないとモーツァルトの半分はわからないし、ワーグナーやヴェルディを知ることはできない、といったはずである。

しかし、小澤にヴェルディの「オテロ」は与えられず、ワーグナーの「ニーベルングの指環」を振ったのは、チューリッヒ歌劇場を飛躍させ、クリーヴランド管弦楽団の音楽監督を務めていた地元出身のフランツ・ウェルザー＝メストだった。ワーグナーのリングを振らないで退任した音楽監督はいるのだろうか。

小澤はそれを取り戻すつもりかのように、日本で音楽塾やサイトウ・キネンでオペラを中心とした活動を活発化させた。病であっても瑞々しい雰囲気をふりまく小澤も七十五歳となっていた。

〇六年以降、「スペードの女王」のみが小澤の新しいプロダクションであり、音楽監督として最初に交わした契約は二期目には適用されなかった。それでも小澤はまだ歌劇場の音楽監督である。引き続き「スペードの女王」と「エフゲニー・オネーギン」を振った。小澤は退任の前年〇九年十月までに両演目をそれぞれ、二十公演前後も振った。

フィレンツェ歌劇場には「エレクトラ」、〈東京のオペラの森〉では「エフゲニー・オネーギン」、ニューヨーク・メトロポリタン歌劇場には「スペードの女王」で出演し、国内では〇八年に文化勲章が与えられた。しかし、小澤は冗談っぽく、「（受章は）あまり命が長くないと思われているからだ」と友人に言っていた。

この頃、ロストロポーヴィチとの〈コンサート・キャラバン〉などに同行していた元アナウンサーの頼近美津子が食道がんと診断された。頼近は子供の頃、「子供のための音楽教室」で広島

文化勲章受章時（左：丸谷才一、中央：吉田秀和）

にだけ作られたチェロ科の生徒だった。広島には斎藤や門下生が東京から教えに行き、そこから幾多のチェロ奏者が巣立ったのだが、「斎藤が教えてプロにならなかった唯一の人」と言われていた。頼近については、ある年の松本市でのフェスティバルで、斎藤秀雄夫人の秀子の車椅子を押している姿を見たことがある。スラヴァとも話が合った。「彼女が来ないと行かないよ」と言っていた小澤だったが、キャラバンは〇五年の一関市と平泉町を最後に企画されなくなった。頼近は小澤から勧められて「コンサート・プランナー」という肩書きで演奏会の企画などをしていたが、〇九年五月に逝去、七月の日本大学のカザルスホールでのお別れの会には、ピアニスト辻井伸行らが登場した。最後に小澤が現れて、十数人のオーケストラを指揮して頼近を見送った。

発病

その〇九年十二月、小澤は新しく政権をとった民主党の小沢一郎幹事長を訪ねている。事業仕分けで文楽を含む芸術関係予算が槍玉に上がり、日本オーケストラ連盟の田邊稔らが〈世界のオザワ〉の力を頼って来たのだ。

小沢一郎が「同じ小沢だね。こっちは一番評判が悪いほうで……」と苦笑気味に語ると、小澤は「同じ名前だから前から非常に興味を持ってました。僕も音楽界で嫌われているから同じだ」と応じ、意気投合したと「産経新聞」が報じている。その場の状況を読んで味方にする小澤の本領が発揮された一場面となり、文科省への陳情メールもすでに十五万六千通が集まっていて、二〇一〇年度の文化予算は縮減から前年度比〇・五パーセントアップという結果を導きだした。

その数日後の十二月十三日、新日本フィルハーモニー交響楽団の演奏会には、桂冠名誉指揮者となった小澤が登場し、ブラームスのヴァイオリン協奏曲を指揮した。しかし、この日の小澤には、全身全霊で音楽に没入する姿はなかった。背中か腰に痛みでもあるのか、振りは小さく、腕も上がらない。果たしてこの後受けた人間ドックで、早期の食道がんがみつかった。

二〇一〇年一月七日、都内のホテルで記者会見が開かれた。

「定期検診で、食道がんが見つかって治療することになりました。なんとか半年以内に戻ってきたい」

意欲に満ちた表情で復帰を誓った。

「七十九歳の兄貴も十五年前に食道がんで手術して、今ではぴんぴんしている。おふくろの姉さんの子も食道がんだった。一つだけ言えるのは、人間ドックは大事だということ」

食道がんの権威の執刀で食道全摘の手術が一月下旬に行われ、入院は一ヶ月に及んだ。闘病を乗り切った直後にはＮＨＫで会見が行われ、その席上、小澤は家族に感謝の意を示しておもわず涙をぬぐった。

六月末のウィーンでの小澤と総監督のフェアウェル・コンサート、夏の松本やウィーン・フィルとサイトウ・キネンとの演奏旅行には参加し、年末のニューヨークのカーネギーホールの「ジャパン・フェスティバル」の芸術監督に就任したことも明らかにした。

その後、小澤の動静はＮＨＫのニュース番組でもこまごまと報じられるようになり、その年の小澤関係の報道は、天皇陛下に関する報道を上回ったとまでいわれた。かつてジャーナリストの筑紫哲也が松本によく来ていて、彼の番組によく出演し、筑紫がフェスティバルの司会をするなどしていたが、この頃には長野オリンピックをきっかけに知り合ったアナウンサーの有働由美子やキャスターの大越健介との交流を深め、彼らの担当する番組に出演したりするようになっていた。

しかし、それから三ヶ月後、サイトウ・フェスでのオペラ降板が発表され、小澤の登場はシンフォニーのみとされた。欧州への演奏旅行も中止となった。

六月中旬にはフェスティバルの新聞広告が出た。元気なころの小澤の写真とともに挨拶文が掲載された。

「皆様には年頭から私の病気療養のことでご心配をおかけしておりますが、お陰様で治療も無事に終わり、現在夏の復帰を目指して、懸命にリハビリに努めております。最近は体力もだいぶ回復し、九月のコンサートのために楽譜での勉強も始めました。松本では皆様に元気な姿をお見せできると思います」

二〇一〇年　復帰会見

二〇一〇年八月三十一日、小澤の会見が長野県松本文化会館で行われることになり、中ホールには数十人の報道陣が待ち構えていた。小澤の登場とともに、テレビカメラが回りはじめた。トレードマークの白髪はかつてほど豊かではなくなっていたが、小澤は笑みを浮かべながら代役の指揮者に指名された下野竜也とともに、正面の長テーブルに座った。

「今年は弦楽セレナーデの第一楽章、冒頭の七分間の指揮を決断しました」

腰痛がひどくそのうえ十五キロ痩せたために筋肉が落ち、リハビリ病院に入ったものの疼痛のため訓練ができなかった。

「九月にはできると思っていたが残念、申し訳ないです。本格復帰と書かれちゃったけれど、コンサートはなんとかやりたい」

「弦楽セレナーデ」が追加され、小澤はその一曲だけを振ることにしたのだ。

「来年はバッチリ。完全復帰を果たすつもり。今年十二月のニューヨークにはサイトウ・キネンと行くつもりです」

さらに、二〇一一年夏にはサイトウ・キネンでのオペラ「青ひげ公の城」公演の直後にサイトトウ・キネン・オーケストラと中国へ、そしてイギリス、フランスにも行きたいと、降板の重圧と焦りを跳ね返そうとでもするように、小澤は先の先までの予定を滔々と述べた。

その後、記者たちからの質疑応答で「なぜチャイコフスキーの弦楽セレナーデなのでしょうか」との質問が発せられた。

「これは斎藤先生が大好きだった曲で、子供のころからやってきて、サイトウ・キネンの最初の年からテーマソング。それと、長いのはいやだということ。本当はテーマソングはモーツァルトの『嬉遊曲』なんだけど、これは斎藤先生が最後に病身で指揮した曲で、これを振ると斎藤先生を思い出して哀しくなって泣いちゃうので、〝弦セレ〟にしました。

二十分すると息が切れてきて、ごろりと寝転がって休まないといけない状態。だけどどうしても指揮したいと思った。残念だけど、それしかできないんです、いまはまだ」

歩き方こそぎこちないが、小澤は座っている分には以前とまったく変わりなく見え、声の張りもある。足を動かしたり、股を拡げたり、手の表情も豊かだった。

そのあとで小澤は、フェスティバルの改称に言及した。いまのままの名称では、これから外国で活動するのに、外国人にはなかなか理解できない、公式サイトで広く意見を募ると発言した。病を得てもなお、世界を視野に入れていた。

フェスティバルの名称変更はサイトウ・キネン・オーケストラ内でも議論された。世界中のフェスでは地名をつけるケースがほとんどだが、どのような「外国人にも理解できる」名称が選択されるのか。

そのときは公式サイトに集まった名称は公表されず、また改称にも至らなかった。新聞には、オーケストラのメンバー側から反対の声があがり、小澤も納得したとの記事が載った。このころ「フェスティバルを小澤の名前にするのは、こんなこと言っちゃなんだが、生きているうちはやめたほうがいい」と助言した者があった。小澤は自分の名前をつけるように計っていたのだが、まだ時期早尚だった。

会見が終わってから小澤の個人事務所のマネージャーに会うと、「きょうは大きいオケを振るのが手術後初めてだというので、アドレナリンが出過ぎてしまった」と苦笑いを浮べていた。

その後、リハーサル会場に移って見た小澤の後ろ姿は、記者会見のときの活気に溢れた言動とは裏腹だった。小澤の肩からは筋肉がそげおち、骸骨のように尖った肩だけが眼についた。

食道癌の手術は大手術である。肋骨を切断することもあり、全摘した食道の代わりに胃袋を引っぱりあげて再建する。小澤の場合、それは肋骨の上につくられたため、Tシャツを着ていても、身体の正面中央が縦になんとなく盛り上がっていた。

練習では、二十分ごとに休憩をとる原則が守り通された。

このときの小澤は、立って歩くのは六分が限界だった。気力だけが小澤を支えていた。総監督として公演を下見し、関連行事にも積極的に参加しようとした。しかし、周囲が必死で止めにかかった。

オフの間は松本市内のスポーツクラブのプールに行き、水中歩行に励んでいた。地元の人々はすぐに小澤だとわかったが、手術痕があまりにも痛々しかったため、声をかける者はなかった。手術の侵襲も大きいうえに、腰椎の三番と四番の間にも変調をきたし、もともとの腰痛がここにきて悪化していた。

数ヶ月にわたる家族による看病を経て、八月半ばからのフェスティバル一ヶ月近くの期間中は、相変わらず松本に一人で滞在し続けていた。

松本で小澤に家を無料で提供していた大久保典昭は、レトルトのおかゆが置かれているのを見た。胃からの食道形成のため、食道に本来あるはずの蠕動運動がなく飲み込みが辛いのだろう、それでは栄養が摂れず、小澤はますます痩せるばかりだと思い、経営する介護施設の栄養士と調理師を派遣し、一日に必要なカロリーを五回に分けて摂ってもらうようにした。

七分間の本番

いよいよ小澤の本番である。チャイコフスキー「弦楽セレナーデ」第一楽章。聴衆は小澤の姿が舞台上に見えただけで、感極まった拍手を送った。小澤はマイクを握りしめ、「僕の口からひと言謝らせてください。癌は卒業したんですけれど、前からあった腰痛が悪くなっちゃって……。五分ぐらいしか歩けないし、立っていられない」

指揮台には椅子も用意されていたが、小澤は曲が盛り上がってくると立ち上がってこぶしを振り上げた。たった七分間の舞台だったが、聴衆は惜しみない拍手で小澤を送った。

しかし、フェスティバルの課題は明らかだった。これまでは小澤のオペラ公演が目玉だった。しかしこの年、二年ぶりの計四回のオペラ公演では、各公演とも約一六三〇席のうち二〇〇席から四〇〇席が売れ残った。ボランティア協会長の青山織人は「オペラでこれほど空席が目立ったのは初めてだ。やはり、小澤さんが指揮者だからこそのフェスティバルなんですよ」と語った。音楽評にも「低カロリーなオーケストラが、演出とまったくかみあわない」（岡田暁生「朝日新聞」）というものもあった。

ウィーン・フィルやサイトウ・キネンとの欧州演奏旅行はキャンセルになったものの、十二月のニューヨークのジャパン・フェスティバルの開幕演奏会のために小澤は渡米した。

だが、練習の段階で消耗がひどく、ブラームスの交響曲第一番は下野竜也に委ねることにした。十二月十八日、ブリテン作曲「戦争レクイエム」で小澤はステージに現れた。これは前年夏、四回にわたって指揮した曲でもあった。

通常最後まで通して演奏される作品だが、この日、小澤は途中休憩をはさんだ。小澤のコンディションを理解しているオーケストラのメンバーは渾身のタクトのもとで一体となった。

この直後、チェリストの岩崎洸は、小澤との演奏では最高のものだったと回想した。

「小澤さんは斎藤先生を尊敬しているから、斎藤先生が黒といえば黒。僕もそうです。自分なりの音楽をと、リハーサルでは弾いていても、本番で斎藤先生がフォルテ！　と叫んだ気がしてその通りに弾いちゃったこともある。斎藤先生の欲しい音楽は、ジョージ・セルやトスカニーニ系。

テンポがありクリア。小澤さんも斎藤先生から抜けきれず、必死で斎藤方式でやっていた。でも病気の後、小澤征爾の音楽になってきた。チャイコフスキーの弦楽セレナーデだって、違う。楽譜に書かれないことをしてる。モーツァルトのディヴェルティメントも。タクトを持たず、手で振るようになり、それで斎藤先生のいわゆる叩きもアンクリアになった。ずぼらになったことで、深みが出てきた。

ニューヨークで『戦争レクイエム』をやったときは、ものすごい迫力でした。狂気というか、鬼気迫るものだった。自分でもチェロを弾いているのを忘れてしまった。感動的だったなあ。弾いていても感動したという経験をさせてもらった」

最後の一音が終わると、観客は総立ちとなった。合唱の質の高さも絶賛され、ニューヨーク・タイムズは「単なる虚飾に溺れない、感情の爆発と激烈さ」と称讃した。小澤自身も、「オーケストラと反応して『音楽の深みがある爆発』とでもいったらいいような、すごい演奏ができました」と演奏会の出来に満足した。

上野学園石橋メモリアルホール

年が明けると、二〇一一年三月の音楽塾のオペラは中止、ベートーヴェンの交響曲第七番に変更となった。七月の室内楽セミナーの発表会は奥志賀だけでなく、急遽都内でも企画されて会場探しが行われ、上野学園大学の石橋メモリアルホールに持ち込まれた。このとき館長をつとめていた船山信子が語った。

「室内楽勉強会の発表会を七月末にできないか、という話でした。チケットのモギリなどは外注する必要があるけれど実費だけいただくことにして、無料でお貸しすることにしたのです。ホールは五百席、小澤さんはその年、まだ指揮をしていなくて、特別に振るので広告もするなといわれましたが、切符は十分で売り切れました。

練習のときTシャツで現れた小澤さんは、痩せ衰えちゃって背中からは肋骨がみえていました。十分指揮したら休むという状態で、その時は『G線上のアリア』と『嬉遊曲』の二曲でした」

本番三十分前に、「館長さんよ、ステージの上に椅子置いて学生に聞かせようよ」と小澤が言い出し、急遽、舞台上に左右二十席ずつの椅子が用意された。

「小澤さんの『アッシジの聖フランチェスコ』の日本初演は印象深かった。『ホフマン物語』のとき演出について聞くと、僕は演出は関係ないからね、というので驚いたこともありました。小澤さんてこよなくチャーミングで、偉ぶらないでしょう。記者会見では感じ良く応答し、それが終わるとさっと表情が変わるようなところもありましたが」

江戸京子や船山が参画して始めた〈東京の夏〉音楽祭は一九八五年から毎年開催され、二十五回のこの年で終止符がうたれるが、江戸は小澤が二〇〇五年から始めた音楽祭〈東京のオペラの森〉という名称が自分のつけた音楽祭の名前と似ているので問題にしていた。でも、と船山は回想する。

「小澤さんと江戸京子さんは、いい友人になったのでしょう。江戸さんのところに電話はよくかかっていたようだし、その後、京子さんの具合がおかしくなったことがあって、小澤さんは彼女を強引に聖路加国際病院に連れて行ったりもした。小澤さんは、京子さんになにかあったら教えて、と私に携帯番号を伝えてきたくらい」

船山は、病後の小澤が石橋メモリアルホールに出演することになったとき、京子に声をかけた。

「小澤さんが振るからいらっしゃいよ、と言ったのですが、京子さんは来ませんでした。京子さんのほうは、小澤さんを若いころから知り尽くしているからか、彼の音楽活動について批判的だったところがあった。

京子さんはともかく頭脳明晰で、そのうえたいへんな読書家で、いっしょに海外旅行に行った時は五十センチの高さにもなるくらい評論や難しい本を持って行くんですよ。教養があって感性はピアニストのお母様譲り。文章もたつし判断力や決断力もすごい。江戸さんが〈東京の夏〉音楽祭や奨学金制度など、音楽関係のために作った財団の将来についても、他に二人の妹がいるのだから譲ることもできたでしょうが、京子さんは親戚だからという斟酌はまったくない。きわめて公正公平で、それは驚くばかりなのです」

室内楽セミナーの発表会を石橋メモリアルホールで行った時、小澤は指揮しなかったが、近くのイタリアン・レストランで行われた打ち上げでは講師たちと最後まで残って、ドアのところで生徒たちを一人ずつ見送った。その姿に船山は驚いた。

小澤にとっては、いまや生徒たちが生きる支えのひとつでもあるようだった。

夏の松本のサイトウ・キネンでは「青ひげ公の城」初日は指揮したものの、二日目は代役、三日目は開場後に小澤が交代するというアナウンスによる告知があり、その後「お詫び告知」の紙が手書きでロビーに張り出された。開演前にはゼネラルマネージャーがお詫びの挨拶を行なった。その年の海外公演も当然キャンセルになった。

二〇一二年一月の水戸室内管弦楽団の定期演奏会では二年ぶりの指揮のはずが指揮者なしの演奏となり、三月中旬の音楽塾「蝶々夫人」は演奏会形式となり、小澤は第二幕の二場のみを振ることになった。

小澤の個人事務所はこの年、約一年間、小澤がすべての指揮活動から降板すると発表した。夏の松本では、初めて総監督不在のフェスティバルが開催されることになった。小澤がいなくても成立するのか。

しかし、ことはフェスティバルの存続に関わる問題である。後継体制や今後はどうなっていくのか。客演指揮者はほぼ毎年のように替わり、小澤が後継者を指名することはない。

地元ではフェスの行方に関心が強まっていた。会場入口では、税金を使ってこのフェスティバルを続けるべきかどうかなどを問うアンケート用紙が、聴衆に配られた。

水戸芸術館館長就任

一年間の活動休止の後、二〇一三年四月、小澤は水戸芸術館館長就任の記者会見にのぞんでいた。

数十人の記者を前に、水戸市長の高橋靖は「小澤さんの就任によって水戸市に新たなブランド力が生まれ、質の高い芸術文化の発信地として、子供の教育の場としても街が賑わうようになる」と謝意を述べた。水戸芸術振興財団理事長の森英恵と地元の支援者が並んでいた。

病を得ていた小澤は、指揮者が館長をできるかどうか、健康問題を懸念したが、つい最近、「がんから無事卒業」という結果が出たので引き受けたと、饒舌な口調で語り、復調を感じさせた。

「定期演奏会のたびに水戸を訪れるなかで、この管弦楽団が市民のみなさんに支持され愛されてきたことが解りはじめたし、子供のブラスバンドが優秀で、そうした繋がりができれば親御さんたちも興味を示すのは今までの経験でわかっている」

ＮＨＫの記者が「初めての館長という仕事が水戸という地方都市で行われることをどう思うか」という質問を発すると、

「日立にはおふくろの親戚もいるし、僕は二度結婚しているが、江戸京子ちゃんのおやじさんの江戸英雄さんは、財団の最初の理事長だった。おやじさんは茨城生まれで完全に水戸弁なんです。亡くなるまで僕を息子として扱ってくれて。また五つ上の兄貴は筑波大学の副学長もやっていた。芸術というと難しくなっちゃって、僕の考えている音楽と違うから身近なものにしたいと思う。それを水戸の人にもわかってもらう。ファッションにも芸術ってあるんですか」

と小澤は隣の森英恵に話を振り、「森さんは僕の女房の大先生で、先生のおかげで商売ができたんです」と口にした。東京ではないからか、軽口を叩いてリラックスしている様子だった。

小澤は芸術館裏にある蕎麦屋萬庵によく足を運んだ。冷たい蕎麦が好みで、いつもけんちんつけ汁だったが、手術以降は鍋焼きうどん一辺倒で、全部食べることはなくなった。小澤の姿に店の雰囲気は華やいだ。小澤は芸術館で開かれる華道の展示会にも顔を出し、「僕のおふくろもお花を教えていたんですよ」などと客に話しかけ、館長としての務めを果たそうとした。

五十歳を過ぎてから始めたテニスを水戸までしに来ることもあり、この時も翌日にテニスをし、夜には帰京してＮＨＫの九時のニュースに生出演した。三日連続で小澤は飛び回り、病気からの完全復活を印象づけた。そのあと休養のためにハワイに向かったが、時差がきつく風邪をひいてしまった。六月末のスイスの国際アカデミーは断念した。

室内楽セミナー

しかし、七月の「小澤国際室内楽アカデミー奥志賀」では復活した。会場となった奥志賀高原のカフェテリアに現れた小澤は長女征良に伴われていた。

「手綱を引き締めないと、すぐ突っ走って無理をするから」

征良が小澤のそばで笑みを浮かべていた。小澤もどことなく嬉しそうである。この頃から小澤の傍には常に征良が付き添うようになった。

若い奏者たちへの挨拶もそこそこに、小澤はすぐに指揮者用の椅子に座るとそのまま手を振り下ろした。

日本のみならず、オーストラリアやシンガポール、韓国、中国からも集まった音楽家の卵たち二十四人は、小澤の一挙手一投足を見逃すまいと眼を輝かせた。小澤は相変わらず痩せたままだったが、すぐにうなりながら立ち上がった。緊迫感と強力なエネルギーが伝わってきた。グレーのシャツ姿で、チノパンからは真っ赤な靴下がのぞいていた。

本番さながらの集中力で、眼鏡を鼻まで落として上からのぞきこみ、手のひらを細かく動かす。

「リッスン、リッスン、聴いて！」

英語と日本語を自在にまじえて比喩を使って指示を出す。

「ディス・イズ・ノット・ヤング・ウーマンズ・クライ！」

「スマイル、スマイル。インテンポ！」

曲は斎藤秀雄から徹底的にしこまれた「弦楽セレナーデ」だった。

ここは本来、四重奏を学ぶ場だが、「遊びじゃないけど最後に僕が指揮して」「お客さんに集まってもらう」ことを意識して、発表会で指揮するこの曲を練習しているのだ。

ザンバラ髪をかき上げ、眼を見開いて人差し指で演奏者の一人を指す。拳を振り上げ、後ろから水でも掻くように動いたかと思うと、長い舌をぺろりと出し眼をつぶる。その指揮は身体全体で音楽を導こうというものだった。

生徒は晩にはそれぞれの講師から教えを請う。講師の原田禎夫の指導は夜の十時まで続いたが、その指導に生徒たちも必死で食らいついていた。原田はまさに室内楽まで徹底的に教えた斎藤秀雄のように見えた。

弦楽合奏は毎日は行われず、練習にも代役が立てられていた。全身を使う小澤の指揮であれば、致し方ないだろう。

そういえば、小澤は指揮者朝比奈隆に、「先生の指揮だったら疲れないでしょう」と言ったことがある。背筋をのばした直立不動のスタイルの朝比奈に対して、小澤の指揮は全身全霊の体力勝負のような指揮である。ふたりは両極にあるのだ。

朝比奈は「指揮者は立っているのが仕事」とうそぶき、果たして最期まで立ち続けた。意識が朦朧とするなかで、楽員が朝比奈の揺れる体を見ながら演奏し続けた。最後の楽章に辿り着き演奏が終わったとき、大阪フィルのコンサートマスターは「先生、もういいんです」と意識があるかどうかわからない朝比奈に囁かずにはいられなかった。がんで逝去するほぼ二ヶ月前のことだった。小澤も、最後までどんな姿であれ、舞台に登場することに命をかけたのだった。

初心に戻る

二〇一三年八月、小澤の体調に合わせて練習スケジュールが組まれ、小澤はサイトウ・キネンで二年ぶりにオペラで復帰するつもりだった。それは「子供と魔法」で、プログラムは一幕物二本立てだが、小澤は約四十五分の「子供と魔法」だけを指揮することにした。

リハーサルは予定より二時間も遅れて始まった。しかし楽屋口に現れた小澤の姿には力がみなぎっていた。

小澤はこの年のフェスティバルの記者会見で、「初心に戻る」と言い、このオペラも最初に振ったものだったし、フェスティバル当初の気持ちに戻るつもりで、創立メンバーの多くが再招聘された。

フェスティバルが始まってだいぶ時間が経ってくると、決められた時間内での練習だけやっていれば自分の仕事が終わりという感覚の奏者が増えていた。かつては、音楽をよりよく演奏するために集まっただけでそもそも仕事という感覚がなかったから、そんな意味でも「初心に戻る」べきと小澤は考えたのだ。

オペラ初日の午後は、松本は激しい雷雨にみまわれ、まだ雨の止まないなか、天皇皇后両陛下が観劇なさるというので、芸術館への沿道には日の丸を持った人々が連なっていた。二十一年ぶりのご鑑賞だった。

まずは五月に急逝した創立メンバーの潮田益子を追悼して、モーツァルトの「ディヴェルティメント」が奏された。斎藤秀雄の最期の曲である。小澤は曲が終わっても動かない。劇場を静謐が支配した。

いったん袖に下がった小澤は、今度はオペラのために現れた。

最初モノクロだった舞台は、次第に色彩豊かに変化し、ファンタジーは最高潮を迎えた。小澤の指揮でオーケストラが澄んだ鋭角的な響きを創り出し、抽象的な舞台にとても合致していた。

オペラが終わると、一五三〇席ほどの聴衆からブラボーと喝采の渦が巻き起こった。

舞台上では賑やかに歌手たちのカーテンコールが繰り返される。その下のピットでは小澤がすべてのメンバーと握手をかわしていた。まもなく舞台にのぼった小澤は、オーディションで選ばれてオペラに出演した子ども達全員ともハイタッチで触れ合った。ソリストらと手をつないで何度も客席に頭を下げたり、両手を突き上げたり、小澤は悦びの表情を満面に浮べた。復活の夏となった。

この年の冬、私の知人が下りの長野新幹線に幼い息子を連れて乗車した時のこと、たまたま通路を隔てた隣に小澤が座っていた。連れはいなかった。彼女の方は有名人に気付かないふりをしていたのだが、小澤の方がニコニコしながら幼子を飽くほど見つめ、気安く話しかけてきた。

「僕にももうすぐ孫ができるんですよ」

セイジ・オザワ松本フェスティバル

二〇一四年正月、水戸芸術館では小澤指揮による定期演奏会が行われ、第一部は、ナタリー・シュトゥッツマンの指揮、第二部が小澤のベートーヴェンの交響曲第四番だった。

第一部で盛り上がった会場は、小澤の姿でさらに熱気に満たされた。指揮が始まると、聴衆は一挙手一投足に集中して息をつめた。小澤は楽章が終わるごとに用意されたペットボトルの水を口にし、指揮台を下りてヴィオラトップの店村眞積の脇に置かれた背もたれつきの椅子で体を休めた。一つのコンサートすべてを振るのは困難となったようだった。

五月には、新日本フィルで特別演奏会が行われ、第一部は十束尚宏が振り、第二部に小澤が出演した。

小澤を出演させるために、指揮者をもう一人、依頼する方法だった。主催者側にとっては、二人の指揮者を置いたほうが安全だった。もし小澤がキャンセルした場合は、彼がこなしてくれるだろう。一度販売した切符の払い戻しには想像を絶する手間がかかる。小澤にとっても、この方式は心休まるものであるはずだ。病気になる以前でもときに降板し、その翌日には平然としていたのだ。本番を前にして病気になってしまうほど、舞台出演には緊張を強いられる。健康に自信をもてない小澤に追いうちをかけてはいけない。

この年の松本のフェスティバルのハイライトは、小澤によるベルリオーズ「幻想交響曲」だった。前半は指揮者なしの曲で、後半一時間ほどの同曲を振った。ヴィオラ奏者の川本嘉子は、「小澤さんの気迫は昔とまったく変わらない。むしろ若返ったと思うくらい」と話した。

九月二日のカーテンコールでは、メンバーが一日遅れの誕生日を祝って「ハッピー・バースデー」を奏し始めた。すると、感極まった小澤はふいに両手で顔を覆って一瞬しゃがみこんだ。食道がんの手術後、小澤を元気づけるためには孫が必要だ、と言われていたが、実際にこの夏、初孫が誕生していて、小澤の思いはそこに飛んだのだった。

恩師の名前を冠してきたフェスティバルは、二〇一五年、小澤が八十歳を迎える節目で「セイジ・オザワ松本フェスティバル」への改称が決まった。四年前に検討され、先延ばしされた改称問題だが、ようやく機が熟したのだ。

「総監督の小澤さんを称えたいというのが、松本、長野の思い」とフェスの実行委員長は発言し、理事で小澤と桐朋同期の堀伝も、「このフェスは斎藤先生の教えを前提に、小澤君が種をまき花を咲かせてきた音楽祭」と同調した。サイトウ・キネン・オーケストラは小澤のウィーン行きが決まった頃から創立メンバーが大幅に消え、音楽塾の生徒や都内オーケストラの首席奏者たちが中心となって若返ってきていた。いまやまさに小澤のオーケストラだった。

フェスの名称については、小澤自身はこういう。

「客演の指揮者を招く際に、サイトウ・キネンだとキネンの意味を説明しなきゃならない。僕の名前がついていればセイジの音楽祭だとすぐわかってくれる」

「オザワの名前がついて国際的知名度があがると、フェスに金が集まりやすい」

「膨大な金のかかるフェスの資金を潤沢にするため」と語る関係者もいた。一方で「その割には寄付は集まっていない」ともいう。

新しいオザワ・フェスの旗は青地に金色である。松本を表わすＭの字は小澤自らの手で書いた。左から真ん中にかけて「SaitoKinenOrchestra」と書かれている。オーケストラの方は名称を変更していないのだ。

さて、二〇一五年の八十歳を祝うバースデー・コンサートは九月一日に予定通り開かれた。舞台横には巨大なスクリーンが備え付けられ、小澤の生い立ちが映される。司会はＮＨＫの有働由美子だった。新しいオザワ・フェスの設立と傘寿を祝う世界中の人々の姿とメッセージが映し出される。ボストン・レッドソックスの選手、ウィーン・フィル、ベルリン・フィル……。演奏会自体も盛りだくさんで、ジャズやポピュラー、室内楽とジャンルを超えた祭りとなった。オペラは小澤の転倒による腰の骨折のためキャンセルとなった。

国内外の多くのセレブリティにこの会への招待状を出したのだろう。その返信のようなメッセージが、一冊の赤いパンフレットに収められていた。

メモをとりながら演奏やビデオを見ていると、隣の席から話しかけられた。三十から四十歳と思える神奈川から来たというその女性は、フェスには毎年来るわけではないが、今年はシンガーソングライターのジェームズ・テイラーも出演するというので、高額チケットの購入を決意したという。S席五万円、A席三万円という価格帯である。休憩時間のロビーでは、「高いけど来てよかった！」という声が漏れ、話からリピーターが多いこともわかった。

最後はベートーヴェンの「合唱幻想曲」だった。のちの「第九」へいたる実験的な作品だが、演奏される機会は少ない。

激しい拍手のなかピアニストのマルタ・アルゲリッチとともに小澤は現れた。彼女の腕をつかみ、もたれるようにして小澤が舞台に進んで来た。

アルゲリッチのほうはその曲が初めてというので楽譜を置いていた。小澤の前にはもちろん楽譜はない。全幅の信頼を置いてか、小澤はアルゲリッチに自由に演奏させ、ピアノのむこうで最初は椅子に座ったままだった。その後、途中からは立ち上がったり足踏みしたりした。

演奏が終わると、時の駐日アメリカ大使キャロライン・ケネディや、文芸評論家のドナルド・キーンが舞台に上がった。妻ヴェラの姿は舞台にはなかったが、征良と征悦によってバースデーケーキが舞台に運ばれ、ボストン・レッドソックスの赤いタオルが父に手渡された。それをもらった小澤は顔を紅潮させて「サンキュー」を繰り返し、涙が流れているのだろう、顔をぬぐう仕草を繰り返した。

この小澤の誕生日の晩、何十回「ハッピー・バースデー」という祝辞を聞いただろうか。小澤ほど日本人で幸せな音楽家はいないだろう。病後、痩せに痩せた小澤だが、スクリーンには二月に奥志賀高原でスキーをした映像もはさまれていた。小澤は風邪さえひかなければ、元気に過ごしているのだ。ケネディ大使とスキーをしたという話もあった。

九月六日、小澤はオーケストラ・コンサートの二人目の指揮者として登場した。曲はブラームスの交響曲からベートーヴェンの交響曲に変更となった。椅子に座ってだったが、三十分にわたってオーケストラを率い、約二千人の観客から総立ちの拍手を受けた。

小澤はフェスティバルの途中には一時松本を去り、京都に向かった。音楽塾の本拠地となるリニューアルオープンする「ロームシアター」の招待客を集めたオープニングのためだった。竣工式のあとにはホールが披露され、小澤は「二人組で指揮します。同時にはしませんから」と会場をわかせ、前半の指揮者のあとに、真打ちのように登場した。

この年末には、「ケネディ・センター名誉賞」が小澤に与えられ、家族でワシントンに飛び祝賀式に参加した。音楽を通じて東西の橋渡しをしたことが授賞理由で、オバマ大統領から授けられた。会場には長女征良と孫も同行した。妻ヴェラと長男征悦は会場外のスクリーンで見守った。

小澤は孫ができて元気になったように思われた。

二〇一六年二月中旬にはグラミー賞の最優秀オペラ録音賞に松本で収録された「子供と魔法」が選ばれた。小澤はこの年四月、七年ぶりにベルリン・フィルをズービン・メータの代役で指揮することになった。前半は指揮者なし、後半がベートーヴェン「エグモント」とアルゲリッチ演奏の「幻想合唱曲」だった。ベルリン・フィル指揮の報道は、再び国内をかけめぐった。

ベルリン出発直前の三月には十日間にわたって奥志賀高原で例年のようにスキーも楽しみ、その月末が新日本フィルの特別演奏会、その一週間後に出国という強行スケジュールだった。

ベルリンの前には、大好きなパリに滞在した。コンサートの方は「幻想合唱曲」をアルゲリッチがキャンセルし、代役はピーター・ゼルキンとなった。

小澤はリハーサルの日に、ベルリン・フィルから名誉団員の称号を与えられ、フルトヴェングラー使用の楽譜を贈呈された。さらにリハーサルでは、楽員による作詞作曲の小澤讃歌も歌われた。それは日本通と見られる楽員によるもので、東京の地下鉄の駅名に新しく小澤の名前を入れた歌だった。しかし終わっても小澤は、疲れているのか、英語で喋るのも億劫なのか、「サンキュー」とそっけなくただ一言発しただけで、「レッツ・スタート・ミュージック」と指揮の態勢になった。

本番では日本人聴衆の姿も目立った。ニューヨークのレストランで小澤に遭遇した前出の商社マンは、このときロンドン在住で、このコンサートのためにベルリンに出向いた。

「『エグモント』序曲にあれほどのドラマを聴くのは生演奏では初めてでした。冒頭の和音は重厚なバランスで、以前の小澤さんでは考えられない、フルトヴェングラーばりに極端に長く引っ張るなど、歴史の針が逆戻りしたかと思うような、全く違う緊張の張りつめた演奏でした。最後のコーダはベルリン・フィル特有のかさにかかった爆発的な演奏で素晴らしい高揚感でした。特別な演奏会だったと思います」

　演奏後、小澤は満場の拍手のなかでオーケストラに何度も起立をうながしたが、誰も立とうとせず、会場と一緒になって小澤に長く拍手を送り続けた。体調のためにリハーサルも限られた中での本番だった。地元メディアは、「闘病中のセイジが五十年間振ってきたベルリン・フィルにやっと戻ってきてくれた。だけど本当に最後のお別れ、白鳥の歌」と報じていた。瀕死の白鳥は死の直前に最も美しい声で鳴くというヨーロッパの伝承になぞらえていた。

　小澤はこのあとパリに戻ったが、発熱のため何日間も床についていた。夏のオザワ・フェスはブラームスから昨年同様、ベートーヴェンへと替わった。

　店村眞積は、前年とこの年、ブラームスの四番をやると言ったのにできなかったのは残念だったと振り返る。

「小澤さんの音楽家としての締めくくり方を見てみたいよね。ブラームスの交響曲四曲は全て成果を出した。サイトウ・キネンができて初めて取り組んだのもブラームス。ヨーロッパでの演奏会もそうだし、録音もした。だから気の入れ方も違ったし、結果も良かった。そのブラームスがどういう経年変化をしたのか、お互いに見たかった。マエストロも替わり、こちらも年を重ねた。その時弾いたメンバーも残っていたから。でも、公演回数や最初の頃のたいへんだった準備の印象がついてくるのかもしれない」

　夏のオザワ・フェスでは、ベートーヴェンの交響曲第七番の第一楽章が終わると、小澤は指揮台から降りて、ヴィオラの店村の脇の背もたれ付きの椅子にぐったりと座り、肩を落とした。そして店村が作る特製の調合による飲み物のペットボトルを口にした。聴衆は小澤の動きを見つめ、会場は静寂に支配された。その間がこれまでにないほど長い。

第二楽章を振れるのだろうか。やっと第二楽章が始まり、第三楽章との間は少し短い間となり、第三、第四は続けて振った。指揮台でもこれまでにないほど長く椅子に座っていた。

演奏が終わると、拍手は鳴りやまない。オーケストラのほとんど全員と握手をした。客は総立ちである。拍手がやまず再び舞台に引っ張り出されたが、小澤は立って応える体力もないのか、奏者の椅子に座り込んでしまった。観客の一人だった私は、演奏がどうのというよりも、小澤の健康状態が先ず気になった。これ以上頑張る必要があるのだろうか。聴衆の中にはこれが最後の演奏かもしれないと思って、涙を浮かべた者もいた。その夜には関係者によるパーティーが市内ホテルで開かれたが、小澤は出てこられなかった。

「最後まで振れてよかった」

兄の俊夫は口にした。肉親も楽員も、小澤が最後まで振れるだろうかと危ぶんでいたのだった。小澤はフェスティバルの将来をどう思っているのだろうか。

しかし、この二日後、小澤は東京・青山のスポーツクラブにいた。しばらく前までは、近くの大坊珈琲店でよく打ち合わせをしていた。小澤はすぐにエネルギーを充電できるようだった。

ところで指揮者のファビオ・ルイージは松本に四度の招聘を受けている。これは客演指揮者としては例外的な回数で、二度呼ばれることすら稀だった。このイタリア生まれの才能を小澤が発見したのは、ウィーン国立歌劇場音楽監督時代のことだった。「蝶々夫人」の代役としてルイージが登場し、小澤はその舞台を見て感心して楽屋を訪ね、オーケストラと何回リハーサルをしたのかと尋ねた。すると彼は、「一度もしていない。リハーサルは歌手とだけだった」と答えた。オーケストラと一度も練習をせずに、あれほど見事な舞台をつくったのか。小澤は松本のフェスへ出演することを要請した。

水戸室内管弦楽団では、一七年五月にアルゲリッチとベートーヴェンのピアノ協奏曲第一番、十月の水戸の第百回記念定期演奏会では第九の第三、四楽章を振った。

二〇一八年四月には、大動脈弁狭窄症の手術を行ったが、夏のオザワ・フェスティバルでは協奏曲を指揮、年末はサントリーホールでのドイツ・グラモフォン創立百二十周年ガラ・コンサートの指揮をディエゴ・マテウスと振り分けた。

小澤の側でコンサートマスターをつとめ続けてきた豊嶋泰嗣は、この頃次のように感じていた。

「小澤さんは素晴らしい経歴で日本の音楽界の歴史を変えてきた。ただ人間はいつかは終わらないといけない。周りも気を使って、ステージに長く出さないようにしていたが、一つのコンサート全てを任せた方がよかったかもしれない。ステージに出ることが、元気を与えたから。小澤さんの活動のサポートを自分なりに務め、それを守ってきた自負はある。けれど、活動自体をどうこうすることはできない。小澤さんは群馬交響楽団にも最初お世話になった。そのお返しはまだしてないし、やり残したことがないように、と思う。三十年も脇で弾いてきて、指揮者としての最後がどうなってしまうのか。それだけが気がかりです」

小澤は自らの名前のついたフェスティバル、そして水戸の館長、小澤征爾音楽塾での教育と、できうるかぎり活動を続けていくようだった。

一九年五月には再びアルゲリッチと水戸芸術館で、ベートーヴェンの「ピアノ協奏曲第二番」で共演している。

その後、世界中がコロナ禍に見舞われた。二一年の夏は感染症対策が行われた上で二年ぶりにフェスティバルが開催され、小澤はストレッチャーで横になったままで松本に向かった。娘と孫が一緒だった。秋にはウィーン・フィル来日の折、車椅子に座ったままサントリーホールで「ディヴェルティメント」を指揮した。風邪のはやる冬になると、皆が小澤の容態を心配するようになっていた。

二〇二二年には征良がＪＡＸＡ（宇宙航空研究開発機構）に持ち込んだ企画で、サイトウ・キネン・オーケストラと十分ほどの「エグモント」序曲を指揮し、音楽と映像を国際宇宙ステーションに送った。小澤は車椅子に座ったままで手もほとんど動かなかったが、コンサートマスターの豊嶋率いるサイトウ・キネン・オーケストラは自在に演奏し、あたかも小澤に聴かせるような響きを提示した。小澤は眼の前で繰り広げられる生の演奏を聴いた聴衆のように感激し、涙を何度もぬぐった。

小澤はほぼ言葉を発することができないようだった。

そんな状態でも二三年夏のオザワ・フェスティバルに車椅子で現れた。ボストン・ポップス・オーケストラの桂冠指揮者で九十一歳となるジョン・ウィリアムズが招かれ、『スター・ウォーズ』や『E.T.』など世界的ヒットをした映画音楽の自作を矍鑠《かくしゃく》とした姿で指揮し、演奏が終わっても会場は熱狂の渦が収まらなかった。舞台袖にいた小澤はジョンに「セイジ！」と呼ばれると、車椅子を押されて舞台に出てきた。ボストン・レッドソックスの赤いスタジアム・ジャンパーや赤い靴下を愛用していた小澤らしく、真紅のブランケットで襟元や膝が覆われたマスク姿だった。拍手をしようとしているが両手が合わず、感動の涙が溢れているように見えた。

指揮者とはそこにいるだけで、エネルギーを放射する人間だった。すでに言葉は失っていたが、それでも小澤はコミュニケーションをとることができた。しかし、その秋には入院し、死線をさまよった。

二〇二四年二月五日、夜になって東京に大雪警報が出され、雪が降り始めた。成城の自宅のベッドに横たわっている小澤には、白く夜を染める雪に孫が喜んでいる様子が伝わってきた。一月には、その夏の松本のフェスティバルに首席客演指揮者として沖澤のどかを指名したことが発表されていた。

小澤はどんな姿でも舞台に登場し続けた。そもそも楽器を奏でるわけでもない指揮者は、小澤の言葉を借りればステージに上がることが「商売」だった。舞台での小澤は常に火の玉と化し、全身でオーケストラに胸に響く音楽を伝えて演奏してもらおうとした。世界の頂点を目指し、若い日本の演奏家たちは常に小澤の背中を見て研鑽を積んできた。感動すると小澤の眼にはすぐに涙が溢れ出てきた。小澤ほど涙を流す男を私は知らない。この晩小澤は、次第に呼びかけに反応を見せなくなっていった。

天国に持って行くとしたら、なんの曲かという問いに、小澤は「バッハ」と答えたことがある。たくさんの恩人や友人を、小澤は自分の大好きなバッハで見送ってきた。奇しくも、一月二十三日に江戸京子が亡くなっていた。京子も天国の仲間の中に入っていったのだ。小澤はバッハを振ろうとして、皆の中心に立ったことだろう。世話になった人々や仲間たちが皆笑っている。

「さあ、音楽を！」

雪が降りつづけるなか、小澤征爾は静かに逝った。享年八十八。

その二月六日の朝、降り積もった雪は瞬く間に溶けはじめ、冬の青空は天を衝くがごときに晴れ渡った。

小澤征爾　年表

1935年　父・開作、母・さくらの三男として、旧満州・奉天（現・瀋陽）に生まれる。

1936年　一家で北京に転居する。

1941年　母と兄弟と共に帰国。父は43年に帰国。

1946年　長兄・克己からピアノを習い、その後小田原までレッスンに通う。

1948年　成城学園中学校に入学、ラグビー部に入部。ピアノを豊増昇に師事する。

1950年　友人と賛美歌グループを結成、後に「城の音」と名付ける。斎藤秀雄に指揮者の弟子入りを申し出る。

1952年　成城学園高校一年を中退し、桐朋女子高校音楽科第一期生として入学。斎藤秀雄に師事する。

1955年　桐朋学園短期大学に入学。

1959年　**2月**、貨物船に乗り込み、フランス・マルセイユへ向かう。マルセイユからパリまで、ラビットスクーターで旅する。**9月**、フランス・ブザンソン国際若手指揮者コンクールで優勝。

1960年　**7月**、タングルウッド音楽祭（バークシャー・センター音楽祭）で優れた若手指揮者に贈られるクーセヴィツキー賞を受賞。**9月**、ベルリンでカラヤンの弟子を選出するコンテストに合格し、10月よりカラヤンのレッスンを受ける資格を得る。

1961年　**4月**、バーンスタインが音楽監督を務めるニューヨーク・フィルハーモニックの補助指揮者に就任。同フィル日本公演に同行、凱旋帰国。

1962年　**1月**、江戸京子と結婚。**4月**、『ボクの音楽武者修行』発売。**6月**、NHK交響楽団と同年6月から12月までの指揮契約を結ぶ。**10月**、N響の東南アジア公演を指揮。**11月**、N響の演奏委員会が「小澤との演奏会や録音には今後一切協力できない」旨の申し入れを事務局に提出。小澤は演奏活動の継続・保障

1963年　を求めたが、話し合いは平行線をたどり、12月の定期公演と第九公演が開催中止に。小澤はＮＨＫを提訴。

1964年　**1月**、「小澤征爾の音楽を聴く会」主催による日比谷公会堂での日本フィル公演を指揮。**7月**、ジョルジュ・プレートルの代役でシカゴ交響楽団が出演するラヴィニア音楽祭にデビュー。

1965年　**1月**、カナダ・トロント交響楽団にデビュー。**10月**、日本フィルのアメリカ・カナダ演奏旅行全34公演のうち5公演を指揮。

1966年　**9月**、トロント交響楽団の音楽監督に就任（68／69年のシーズンまで）。

1966年　**8月**、ザルツブルク音楽祭でウィーン・フィルハーモニー管弦楽団を指揮。京子と離婚。**9月**、ベルリン・フィルの定期公演にデビュー。

1967年　**11月**、ニューヨーク・フィル定期公演で武満徹「ノヴェンバー・ステップス」を世界初演。

1968年　**1月**、ボストン交響楽団の定期公演にデビュー。**8月**、日本フィルのミュージカル・アドバイザー兼首席指揮者に就任（72年6月まで）。**9月**、モデルの入江美樹（ヴェラ）と再婚。

1969年　**7月**、ザルツブルク音楽祭でモーツァルト「コジ・ファン・トゥッテ」をウィーン・フィルで指揮。**12月**、パリ管弦楽団の定期公演にデビュー。

1970年　**6月**、タングルウッド音楽祭の音楽監督に就任。**9月**、サンフランシスコ交響楽団の音楽監督に就任（75／76年シーズンまで）。**11月**、父・開作逝去。

1971年　**12月**、長女・征良、サンフランシスコで誕生。

1972年　**4月**、第28回日本芸術院賞を受賞。**6月**、授賞式で天皇陛下に日本フィルの窮状を「直訴」。財団法人日本フィル解散。**7月**、日本フィルの一部楽員とともに新日本フィルハーモニー交響楽団を結成し、指揮者団の首席に就任。

1973年　**9月**、ボストン交響楽団の音楽監督に就任（発表は72年2月）。

1974年　**6月**、ロンドンのロイヤル・オペラ・ハウスにチャイコフスキー「エフゲニー・オネーギン」でデビュー。長男・征悦誕生。**9月**、恩師の斎藤秀雄が亡くなる。

1975年　**6月**、サンフランシスコ響の日本公演を指揮。

1978年　**3月**、ボストン響の日本公演を指揮。**6月**、中国人民対外友好協会の招きで北京中央楽団を指揮。

1979年　**3月**、ボストン響の北京、上海公演を指揮。**5月**、パリ・オペラ座にラヴェル「子供と魔法」、ストラヴィンスキー「エディプス王」でデビュー。

1980年　**3月**、ミラノ・スカラ座にプッチーニ「トスカ」でデビュー。

1982年　ベルリン・フィル創立100周年記念公演を指揮。

1983年　**11月**　パリ・オペラ座でメシアン「アッシジの聖フランチェスコ」を作曲家自身の指名により世界初演。

1984年　**5月**　ウィーン楽友協会でのウィーン芸術祭開幕公演でウィーン・フィルを指揮。**9月**、没後10年に際して開催された「斎藤秀雄メモリアルコンサート」を秋山和慶とともに指揮。

1986年　**10月**、サントリーホールのオープニングシリーズで、カラヤンの代役としてベルリン・フィルを指揮。

1987年　**9月**、サイトウ・キネン・オーケストラ初のヨーロッパ公演を指揮。

1988年　**5月**、ウィーン国立歌劇場に「エフゲニー・オネーギン」を指揮してデビュー。

1989年　**7月**16日、カラヤン没。ザルツブルク大聖堂で行われた追悼式典で、ウィーン・フィルとバッハ「G線上のアリア」を献奏。**8月**、ロストロポーヴィチの提案で「コンサート・キャラバン」を始める。**9月**、サイトウ・キネン・オーケストラ、第2回ヨーロッパ公演。**12月**、ベルリン・フィルのジルベスターコンサートでカール・オルフ「カルミナ・ブラーナ」を指揮。衛星生放送された。

1990年　**1月**、ウィーン・フィルの定期公演にデビュー。**4月**、水戸室内管弦楽団第1回定期演奏会。**6月**、ミ

1991年 ラノ・スカラ座で「スペードの女王」指揮。**10月**、バーンスタインがニューヨークで亡くなる。**5月**、ウィーン・フィル定期とウィーン音楽祭で「新世界より」を指揮。CD化される。小澤とウィーン・フィルの初レコーディング。

1992年 **9月**、第1回サイトウ・キネン・フェスティバル松本で「エディプス王」、ブラームス交響曲第1番等を指揮。**10月**、ベルリン・フィルからハンス・フォン・ビューロー・メダルが贈られる。**11月**、メトロポリタン歌劇場に「エフゲニー・オネーギン」でデビュー。

1993年 **9月**、ボストン響音楽監督就任20周年記念ベルリオーズ・ガラ・コンサートを指揮。

1994年 **5月**、生まれ故郷の瀋陽（旧奉天）で遼寧交響楽団を指揮。

1995年 **1月**、日本オーケストラ連盟によるチャリティーコンサートで、32年ぶりにNHK交響楽団を指揮。**5月**、ウィーン国立歌劇場のマーラー記念コンサートで交響曲第2番「復活」を指揮。

1998年 **12月**、ウィーン国立歌劇場にて初のプレミエ（新演出）でヴェルディ「エルナーニ」を指揮。

1999年 **6月**、2002／03シーズンからウィーン国立歌劇場の音楽監督Musikdirektorに就任することが発表される。

2000年 **6月**、若手音楽家の育成を掲げた「小澤征爾音楽塾オペラ・プロジェクト」公演が始まる。

2002年 **1月**、ウィーン・フィルのニューイヤーコンサートに初登場。ライブCDの売上が世界で100万枚に。**4月**、ボストン響定期でマーラーの交響曲第9番を指揮。同響音楽監督として最後のステージ。**9月**、ウィーン国立歌劇場の音楽監督に就任。母・さくらが亡くなる。**12月**、同歌劇場でエルンスト・クルシェネク「ジョニーは演奏する」を指揮。同歌劇場音楽監督としての就任披露公演。

2003年 **2月**、ウィーン国立歌劇場のオペラ舞踏会（オーパン・バル）に登場。子供のための「魔笛」を指揮。**3月**、ウィーン国立歌劇場で「コジ・ファン・トゥッテ」を指揮。

２００４年
2月、ウィーン・フィルのNY・カーネギーホール定期公演を指揮。5月、サイトウ・キネン・オーケストラのヨーロッパ・ツアーを指揮。10月、ウィーン国立歌劇場の日本公演で「ドン・ジョヴァンニ」と「フィガロの結婚」を指揮。

２００５年
3月、新たに創設されたフェスティバル「東京のオペラの森」でR・シュトラウスの「エレクトラ」を指揮。6月、ウィーン国立歌劇場で「マノン・レスコー」新演出を指揮。12月、白内障の手術を受ける。

２００６年
1月、帯状疱疹、慢性上顎洞炎、角膜炎と診断される。2月、ウィーン国立歌劇場での年内の活動キャンセルと、「東京のオペラの森」の降板を発表。6月、スイス国際音楽アカデミーにて活動を再開。

２００７年
4月、ウィーン国立歌劇場に復帰。6月、歌劇場総監督ホーレンダーの２０１０年勇退に伴い、小澤征爾の同時退任が発表される。10月、フランス国立管弦楽団を指揮。11月、ウィーン国立歌劇場で「スペードの女王」を指揮。同歌劇場名誉会員の称号が贈られる。

２００８年
1月、ベルリン・フィルの「カラヤン生誕１００年記念コンサート」を指揮。2月、フランス政府よりレジオンドヌール（フランス芸術文化）勲章の将校オフィシエ章を授与される。4月、フランス芸術アカデミー正式会員に選出される。11月、メトロポリタン歌劇場に16年ぶりに登場、「スペードの女王」を指揮。同月、文化勲章を受章。

２００９年
4月、「小澤征爾音楽塾オーケストラ・プロジェクト」を京都、東京の他、中国の天津・上海でも指揮。

２０１０年
1月、食道がんにより、食道全摘出の手術を受ける。同年6月までの活動を全てキャンセル。9月、サイトウ・キネン・フェスティバル松本でチャイコフスキー「弦楽セレナーデ」第1楽章を指揮。10月、ウィーン・フィルの日本公演を降板。11月、ウィーン・フィルより名誉団員の称号が贈られる。12月、カーネギーホールで行われた「JapanNYC」でサイトウ・キネン・オーケストラを指揮。

２０１１年
1月、腰の手術。8月、サイトウ・キネン・フェスティバル松本でバルトーク「青ひげ公の城」を指揮。

2013年　**4月**、水戸芸術館の第2代館長に就任。

2015年　**8月**、サイトウ・キネン・フェスティバル松本が「セイジ・オザワ松本フェスティバル」に改称される（発表は2014年）。

2016年　**2月**、前年松本で上演された「子供と魔法」の録音がグラミー賞最優秀オペラ録音賞を受賞。**4月**、7年ぶりにベルリン・フィル定期公演を指揮。名誉団員の称号を贈られる。**10月**、サントリーホール30周年記念ガラ・コンサートでウィーン・フィルを指揮。

2017年　**5月**、水戸室内管弦楽団でマルタ・アルゲリッチと共演。**10月**、水戸室内管弦楽団の第100回記念定期演奏会でベートーヴェン「第九」の第3、4楽章を指揮。

2018年　**4月**、大動脈弁狭窄症の手術。**12月**、サントリーホールでのドイツ・グラモフォン創立120周年ガラ・コンサートで、ヴァイオリンのアンネ＝ゾフィー・ムターと共演。演奏サイトウ・キネン・オーケストラ。

2019年　**5月**、水戸室内管弦楽団でマルタ・アルゲリッチと共演。

2022年　**11月**、サイトウ・キネン・オーケストラとJAXAの共同企画で、「エグモント」序曲を指揮し、音と映像をISS（国際宇宙ステーション）に送る。無観客。

2023年　**9月**、セイジ・オザワ松本フェスティバルでのジョン・ウィリアムズ指揮サイトウ・キネン・オーケストラのコンサートで、カーテンコールに登場。

2024年　**2月**6日、東京の自宅にて88歳で逝去。

あとがき

音楽は言い表しがたいものを表現する芸術である。小澤征爾は、特別な魔力を持ち、オーケストラへ磁力を放射し続けた指揮者だった。彼がオーケストラの前に立つだけでその響きは変わった。小澤は音楽をつかさどる祭司になったと言えるかもしれない。

二十三歳で渡仏した小澤は、突如として指揮者コンクールにチャレンジして優勝した。その裏には、斎藤秀雄という類い稀な音楽家から受けた強烈な七年余りにわたる鍛錬があった。

斎藤と小澤は、強い相互関係にある。

そもそも私が小澤の評伝を書こうと考えたのは、斎藤伝（『嬉遊曲、鳴りやまず――斎藤秀雄の生涯』）の執筆がきっかけであり、斎藤を描きたいと思ったのは、小澤が恩師の没後十年にサイトウ・キネン・オーケストラを立ち上げたからだった。

斎藤伝のために小澤を取材したのは、一九九三〜九四年ごろ、小澤の移動の車中だった。以前、縁あってミラノで酒を酌み交わしたことがあり、すでに面識があったために、話はいきなり佳境に入った。

「斎藤先生はオペラを教えてくれなかったのよ」

その時は、これが〈世界のオザワ〉の台詞かと思った。しかし、今ならわかる。小澤はオペラという大きな壁の前に佇み、その攻略に挑んでいた時期だったのだ。

小澤征爾の八十八年の生涯を描くことは、彼の青年時代の破天荒な考え方や行動、そして周囲の人々が巻き込まれずにはいられない彼の魅力、挫折とそこから奮起して、世界の頂点をめざし続けた強烈なエネルギーを描くことだった。恩師斎藤秀雄が想像したこともない世界であり、日本人として未開の分野に、小澤は初めて足を踏み入れた。

小澤が桐朋女子高校音楽科に入った時、斎藤は、あどけない幼児から十五歳までの子供たちのオーケストラをつくったばかりで、小澤は最年長として斎藤の助手的仕事を任せられた。しかし、このスポーツ少年は音楽だけにのめり込めず、子供たちの前で不勉強を罵られたこともあった。思わず斎藤に向かって拳を振り上げたこともあった。そして、新境地を求めて海外へ旅立った。しかし、その半年後、国際指揮者コンクールに優勝することによって、その教えがグローバルなものであることを知った。

小澤の天性のリズム感、人間的魅力、暗譜をして踊るように指揮をする姿は、世界の音楽人や聴衆を惹きつけ続けた。やがて斎藤は目を細めて「小澤がどこまで行くかは実験だ」と言うようになり、小澤もそれを公言した。小澤には十二分な胆力もあり、斎藤から宿命的なミッションを授けられたと思っただろう。

小澤が世界中で活動している間、私の方は、斎藤伝をきっかけとして面識を得た朝比奈隆とその周辺を取材し、『オーケストラ、それは我なり――朝比奈隆　四つの試練』を書いた。その後には日本ピアノ界の全盛をもたらした井口基成、妻秋子、妹愛子を描いた『鍵盤の天皇――井口基成とその血族』を刊行した。日本音楽界に欠かせない大きな山々を登る作業が続いた。それらの取材では小澤の話がしばしば出てきたし、思わぬ資料が手渡されることもあった。毎年夏の松本のフェスティバル行きは慣わしのようになっていた。

二〇一〇年頃、月刊誌「文藝春秋」で小澤のインタビューを計画していた。しかし、小澤の食道がんが発覚し、手術、療養となり、インタビューは頓挫したという経緯があった。それでも、これがきっかけとなって私は本格的に小澤伝を意識して、いつ終わるかわからない大航海に漕ぎ出した。

小澤伝を描きたいと申し出て、奥志賀高原の地元の人々の手によって運営されている室内楽アカデミーの見学に行った時、『嬉遊曲』の文庫版を、アカデミーの中心人物の杉山進氏に手渡そうとしていると、小澤が「その文庫は、俺、持ってない」と割って入ってきた。斎藤の本は全部手元に置いておきたかったのだ。その時に、小澤伝の第1章にあたる父開作の渡満から北京までの試文を小澤に手渡した。その後、当時産経新聞社が発行していた「モーストリー・クラシック」に小澤について八回の連載をし、雑誌や新聞に記事を書き、講演を行うこともできた。

二〇二四年は斎藤没後五十年にあたり、桐朋学園大学主催の記念演奏会が華々しく開かれた。それに合わせて追加取材を行って『嬉遊曲』を大幅に加筆修正した『斎藤秀雄　レジェンドになった教育家――音楽のなかに言葉が聞こえる』を刊行した。この本も小澤に読んで欲しかったし、追加取材の過程で、斎藤のオペラ解釈や小澤の初期の渡米期のエピソードも知った。どうあっても小澤＝斎藤の繋がりは切り離せなかった。

小澤に関するマスコミの記事は膨大で関連書籍もあり、それを執筆した先達たちに感謝の念を捧げたい。また多くのマネージメント会社の手を煩わせた。海外の演奏家の取材もできた。堀伝氏、店村眞積氏、豊嶋泰嗣氏、猶井正幸氏、原田禎夫氏、川本嘉子氏、堀了介氏、堤剛氏、岩崎洸氏ら音楽家、また平佐素雄氏、松原千代繁氏、田邊稔氏、國枝純一氏、武井勇二氏らのご協力なしに本書は成し得なかった。小尾旭氏、渡邉康雄氏、白崎邦雄氏から提供していただいた貴重な資料が、本書の大きな支えとなった。高橋靖氏、阿部真也氏、大津良夫氏、坪田明男氏、西原稔氏、杉山進氏、田中廣悦氏、赤羽一雄氏、宍戸秀行氏、倉田泰輝氏、江原和雄氏、藤平歩氏、酒井まり氏、滝口明氏、荒井宣之氏……数限りない方々にお世話になった。書ききれなかったエピソードも多々ある。

セイジ・オザワ松本フェスティバル実行委員会、松本市役所、桐朋学園大学、新日本フィルハーモニー交響楽団、小澤国際室内楽アカデミー奥志賀、水戸市役所、水戸芸術館、草津夏期国際音楽アカデミー&フェスティヴァル、群馬交響楽団、NHK交響楽団、日本フィルハーモニー交響楽団、ミリオンコンサート協会、カメラータ・トウキョウ、ヒラサ・オフィス、KAJIMOTO、音楽三田会、モーストリー・クラシック編集部、芸術現代社、音楽之友社、聖教新聞社、國民會館、杉並区立中央図書館にも心よりの謝辞を捧げたい。

本書の刊行は文藝春秋の大松芳男氏なしに成し得なかった。当初の雑誌段階の企画もそうだったし、本書の編集では大いなる示唆をいただき、最後まで伴走してくれた。宇賀康之氏の繊細な指摘や、最初から最後まで新鮮な感性で向き合って尽力してくれた桑名ひとみ氏なしには、この一周忌に合わせた刊行は難しかっただろう。
取材・執筆の間に故人となられた方々も多い。小澤さん、本当にお疲れ様でした。でも不思議なことだが、きっと小澤さんは、故人となられた方々とともに天国で笑っているようにも感じられるのです。

二〇二五年一月六日　一周忌のひと月前に

中丸美繪

参考文献

『父を語る』小澤征爾編　中央公論事業出版製作　小澤さくら発行　一九七二年
『父を語る　その二』小澤征爾編　私家版　一九七五年
『北京の碧い空を　わたしの生きた昭和』小澤さくら　二期出版　一九九一年
『ボクの音楽武者修行』小澤征爾　音楽之友社　一九六二年
『やわらかな兄　征爾』小澤幹雄　芸術現代社　一九八五年
『小澤征爾　対談と写真』小澤幹雄編　木之下晃写真　ぎょうせい　一九八〇年
『小澤征爾　指揮者を語る』小澤征爾　ＰＨＰ研究所　二〇一二年
『愛のいたみを』入江美樹　講談社　一九六八年
『愛をあなたに』入江美樹　山梨シルクセンター出版部　一九六九年
『ＮＨＫ交響楽団40年史　１９２６-１９６６』ＮＨＫ交響楽団編　日本放送出版協会　一九六七年
『ＮＨＫ交響楽団50年史　１９２６-１９７７』ＮＨＫ交響楽団編　日本放送出版協会　一九七七年
『群馬交響楽団50年史』群響50年史編纂委員会編　群馬交響楽団　一九九七年
『斎藤秀雄講義録』桐朋学園大学音楽学部附属「子供のための音楽教室」広島分室
第一巻　一九七二年十二月／第二巻　一九七三年八月十一日
第三巻　一九七三年十二月二十四日・二十五日／第四巻　一九七四年八月二十七日・二十八日
『指揮法教程』斎藤秀雄　音楽之友社　一九五六年
『桐朋学園大学音楽学部附属「子供のための音楽教室」二十周年記念誌』一九六九年

『焼け跡にバッハが聞こえる』河野俊達・別宮貞徳　一九九六年　ヤマハミュージックメディア
『すしやの証文』江戸英雄　中公文庫　一九九〇年
『時の光の中で　劇団四季主宰者の戦後史』浅利慶太　文藝春秋　二〇〇四年
『音楽批評・山根銀二の時代　山根銀二著作集』芸術現代社　一九八六年
『私の歩んだ道　滞欧二十年』田中路子　大空社　一九九九年
『ミチコ・タナカ　男たちへの讃歌』角田房子　新潮社　一九八二年
『満洲建国　満洲事変正史』山口重次　行政通信社　一九七五年
『泉は涸れず　丸山勝廣と群馬交響楽団』林健太郎・辻村明共編　毎日新聞社　一九九八年
『私のオーケストラ史　回想と証言』草刈津三　音楽之友社製作　デュオ ジャパン発行　二〇〇四年
『友よ！未来をうたえ　日本フィルハーモニー物語』今崎暁巳　労働旬報社　一九七五年
『日本フィル物語』日本フィルハーモニー協会編著　音楽之友社　一九八五年
『コンサートは始まる　小澤征爾とボストン交響楽団』カール・A・ヴィーゲランド／木村博江訳　音楽友社　一九八九年
『写真集　素顔の小澤征爾』キャロライン・スメドゥヴィク編　リンカーン・ラッセル写真　ヤマハミュージックメディア　二〇〇〇年
『ウィーン・フィル　コンサートマスターの楽屋から』ウェルナー・ヒンク　小宮正安構成・訳　アルテスパブリッシング　二〇一七年
『名コンサートマスター、キュッヒルの音楽手帳』ライナー・キュッヒル・野村三郎　音楽之友社　二〇一六年
『小澤征爾＝水戸室内管弦楽団　奇跡のオーケストラ　ヨーロッパを行く』吉田秀和・佐々木喜久　大窪道治写真　音楽之友社　一九九八年
『小澤征爾大研究』春秋社　一九九〇年
『ウィーン・フィルとともに　ワルター・バリリ回想録』ワルター・バリリ／岡本和子訳　音楽之友社　二〇一二年

『ウィーン国立歌劇場　すみからすみまで』野村三郎　音楽之友社　二〇一四年
『ところで、きょう指揮したのは？　秋山和慶回想録』秋山和慶・冨沢佐一　アルテスパブリッシング　二〇一五年
『楽団長は短気ですけど、何か？』金山茂人　水曜社　二〇〇七年
『嬉遊曲、鳴りやまず　斎藤秀雄の生涯』中丸美繪　新潮社　一九九六年
『斎藤秀雄　レジェンドになった教育家』中丸美繪　音楽之友社　二〇二四年
『オーケストラ、それは我なり　朝比奈隆　四つの試練』中丸美繪　文藝春秋　二〇〇八年
『鍵盤の天皇　井口基成とその血族』中丸美繪　中央公論新社　二〇二二年
「音の栞」Vol.17　音楽プロデューサー協会会報　二〇二四年五月
新日本フィル「小澤征爾特別演奏会」プログラム　一九八二年五月二十九日、一九八二年九月十日
「モーストリー・クラシック」二〇〇五年九月号、二〇一一年十一月号
「音楽現代」一九九九年七月号
「指揮者小澤征爾　世界のＯＺＡＷＡ　軌跡と継承」音楽之友社　二〇二四年七月
このほか本文中に記載した新聞、雑誌などの掲載記事、ラジオ放送、テレビ放送なども参考にさせていただきました。

カバー写真
時事通信
装丁
征矢武

中丸美繪（なかまる・よしえ）

斎藤秀雄没後50年の2024年、『斎藤秀雄　レジェンドになった教育家――音楽のなかに言葉が聞こえる』（決定版）を刊行。原本となった『嬉遊曲、鳴りやまず――斎藤秀雄の生涯』（1996年刊行）で日本エッセイスト・クラブ賞、ミュージック・ペンクラブ賞。2009年『オーケストラ、それは我なり――朝比奈隆　四つの試練』で織田作之助賞大賞。他の著書に『鍵盤の天皇――井口基成とその血族』『杉村春子――女優として、女として』『日本航空一期生』など。慶應義塾大学卒業。日本航空勤務を経て東宝演劇部戯曲研究科9期。

タクトは踊《おど》る

風《ふう》雲《うん》児《じ》・小《お》澤《ざわ》征《せい》爾《じ》の生《しょう》涯《がい》

2025年2月25日　第1刷発行
2025年7月25日　第3刷発行

著者　中《なか》丸《まる》美《よし》繪《え》

発行者　前島篤志

発行所　株式会社 文藝春秋
〒102-8008
東京都千代田区紀尾井町3-23
電話　03-3265-1211（代表）

印刷所・製本所　TOPPANクロレ

組版　明昌堂

定価はカバーに表示してあります。
万一、落丁・乱丁の場合は送料当方負担でお取替えいたします。小社製作部宛にお送りください。

ISBN978-4-16-391948-5